郭明瑞 著

LECTURES ON CIVIL LAW

郭明瑞民法

上海人民出版社

目　录

第一讲 民事主体和客体

今天我们谈民事主体和民事客体。我们知道民事法律关系从静态上来讲有三个构成要素，一个是主体，一个是客体，再一个就是内容。从动态上来讲，还有一个民事法律关系的变动。法律关系的变动涉及法律事实，有事实才会变动。法律事实中最主要的是法律行为，这个我们以后再讲。民事权利、民事义务、民事责任，这些应该都属于民事法律关系的内容。民事法律关系的主体，也就是参与民事法律关系，在这当中享受民事权利、负担民事义务的人，即民事主体。权利义务需要有一定的载体，这个载体就是民事客体。

一、民事主体

民事主体，也就是民事法律关系主体，也叫民事权利主体。这几个概念，严格说来有一定的不同，但指的都是一回事，都是指参与民事法律关系、享受民事权利、负担民事义务的人。因此，你要能够在民事法律关系当中享受权利、负担义务、承担责任，你就需要具有民事权利能力、民事行为能力、民事责任能力。怎么才会参与到民事法律关系当中？怎么去确立这种民事法律关系？就需要通过一定的行为，主要是实施民事法律行为。你要实施这个行为，去确立民事法律关系，你就需要有民事行为能力。因此，一个完整的民事主体要具有这三种能力：民事权利能力、民事行为能力、民事责任能力。

（一）民事权利能力

民事权利能力是享受权利、负担义务的资格。你有权利能力才可以、才能够享受权利、承担义务，也才能成为一个主体。因此，从法律上来讲，有权利能力也就意味着你是一个民法上的人，具有法律人格；如果你不具有权利能力，你就不是民法上的"人"，就不能成为民事主体。权利能力是包含义务能力的，能享受权利，也就能够负担义务。

权利能力是不能放弃的。为什么不能放弃？这应该涉及一个主体资格的问题。你放弃权利能力，你不享受权利，你也就不负担义务了，因此权利能力是不能放弃的。当然有权利能力，不代表你就有权利了，权利能力只是一个资格，你能不能取得具体权利，还需要有其他的事实来加以确定。权利能力本来应该是不受限制的，自然人都是具有的。但是，在现实生活中往往对权利能力进行限制，比如说，没有户口购买房子会受限制。这限制的是能力、资格、权利能力。我没有北京市户口，我为什么不能在北京市买房子？我没有这个资格吗？从权利能力上讲，应该讲的是这个问题。

权利可以限制，权利能力不能限制，当然这一点可能是立法者的事情，但是作为实务当中的例子来讲，我们也要讨论这个问题。权利是可以限制的，但是权利能力不能限制。权利的限制严格说来只有法律可以规定，地方性法规是不能规定的，所以依《立法法》的规定，涉及限制权利与人身自由的事项必须由法律来规定。

哪些主体具有这样一个法律资格即权利能力呢？我国现在的《民法总则》①规定了三类主体：自然人、法人、非法人组织。

1. 自然人

"自然人"指的是活着的人，自然出生的人。它不包括未出生的人和死亡的人。"自然人"当中，有一个比较特殊的问题，这就是胎儿利益保护的问题。也就是说未出生的人不具有法律上的权利能力，但是，因为他总要出生，所以有一些利益是需要保护的。怎么解决这个问题？在胎儿利益保护上有不同立法例：一种是概括地承认他具有权利能力，一种是规定在特别事项上他具有权利能力，视胎儿为已出生。以前《民法通则》②采取的是另外一种进路，不承认胎儿有权利能力，也无需在某些事项上视胎儿为已出生，只在涉及胎儿利益的事项上对胎儿利益给予保护。这次《民法总则》③采取的是第二种立法例，在涉及胎儿利益事项上，胎儿视为具有权利能力。这个"视为"，在这里是一个法律上的推定，法律推定是不能推翻的，它不属于事实推定。

哪些是涉及胎儿利益的事项？实际涉及胎儿利益的事项只有三类：

第一，遗产继承。在遗产继承上，胎儿是有权利能力的，因此胎儿是可以继承遗产的。《继承法》④当中讲的，分割遗产的时候要保留胎儿的份额，就是这个原因；但是，《继承法》中的这个保留份额，不是基于胎儿作为继承人的身份，只是对利益的保护。《民法总则》⑤中规定保留的这个份额，基于胎儿作为继承人的身份。

第二，赠与。胎儿可以作为受赠人接受赠与，当然，这时候他的父母是

---

① 《民法典》2021年1月1日施行后，《民法总则》已失效并废除。
② 《民法典》2021年1月1日施行后，《民法通则》已失效并废除。
③ 《民法典》2021年1月1日施行后，《民法总则》已失效并废除。
④ 《民法典》2021年1月1日施行后，《继承法》已失效并废除。
⑤ 《民法典》2021年1月1日施行后，《民法总则》已失效并废除。

要作为法定代理人代理的。

第三,侵权损害赔偿,如胎儿在未出生之前,在母亲怀孕期间受到伤害,出生以后可以以自己的名义请求损害赔偿。美国的责任比例份额规则就是在这样一个案例中产生的:有一个人的母亲在怀他的期间吃了一种药,导致他的健康出了问题,他出生以后就以他受到损害的名义起诉药厂赔偿。因为确定不了他母亲吃的这个药是哪个厂家生产的,许多生产这种药的厂家最后都成了被告了。法院按照各被告市场占有的份额,确定其赔偿责任的比例。但是这个案例与概括地承认胎儿具有的权利能力的情形是不同的。比如说一个胎儿在没出生之前,他的母亲受到侵害流产了,这时候,如果概括承认胎儿是有权利能力的,那么对于这个胎儿的死亡,加害人要承担责任,他母亲可以作为法定代理人代理,主张死亡赔偿金。反之,母亲只能以自己的身体健康受到损害为由请求损害赔偿。现在《民法总则》①规定胎儿视为具有民事权利能力,他可以就胎儿期间受到的损害请求损害赔偿,现在不当出生引发赔偿责任的案例就与这一规定有关。本来母亲怀孕期间去做 B 超检查,应该筛查出来胎儿患有先天性心脏病,结果医院没发现,生下来的孩子却有先天性心脏病,这就是不当出生,受害人就此要求赔偿。

现在我们经常讲,权利能力到底有没有区别?因为大家一提到权利能力,就说它是平等的,到底平等不平等?实际上讲权利能力平等,讲的是都具有权利能力。大家可能会讲到特殊权利能力、一般权利能力。讲到特殊权利能力往往会举例子:婚姻能力、劳动能力。这两个能力是不是权利能力?它涉及行为能力。这些能力仍然是具有平等性的,所有人都是一样具有的,权利能力不会因为其他原因事实而丧失,除了自然人死亡。死亡以

---

① 《民法典》2021 年 1 月 1 日施行后,《民法总则》已失效并废除。

后,也就不享有权利,不负担义务,没有权利能力了,但是死亡以后的人格利益仍需要保护。

我们常说英烈的人格利益受到保护,一般人呢? 其他不是英烈的一般人,也会遇到这个问题:侵害死者的名誉,侵害的是谁的权益? 针对这一问题,最高人民法院的态度是变化的,开始认定侵害的是死者的名誉权,最初在"荷花女"案中法院在判决中认定侵权行为侵害了"荷花女"的名誉权,后来好几个案例陆续出现,法院开始认定侵权行为并非侵害名誉权,而是侵害了死者的名誉。死者的名誉遭到侵害谁来主张权利? 当然会没有人主张权利,什么情况下有人主张权利? 公共利益遭到侵害的,可以提起公益诉讼。死者名誉遭到侵害,近亲属提赔偿请求可不可以? 这就要看侵害死者名誉是否损害了近亲属的名誉。因此近亲属应该以他自己的名誉权受到侵害为由提起诉讼,请求保护。此种场合保护的不是死者的名誉,而是死者近亲属的名誉权。

2. 法人

法人的民事权利能力有没有受限? 与自然人的民事权利能力有没有不同? 法人的民事权利能力与民事行为能力是具有一致性的。如果说法人的民事权利能力受限制,受什么限制? 对这个问题有不同看法。我认为,法人的民事权利能力受法人目的的限制。《民法总则》①中规定了三类法人:营利法人、非营利法人、特别法人。《民法总则》②规定了这三类法人,在立法过程当中大家有不同的意见和看法,甚至在全国人大常委会讨论当中也出现一些异议。因为传统民法对法人都是分成了社团法人和财团法人的,社团法人分为营利法人和非营利法人,或者分为营利法人、公益法人、中间法

---

① 《民法典》2021年1月1日施行后,《民法总则》已失效并废除。
② 《民法典》2021年1月1日施行后,《民法总则》已失效并废除。

人。《民法总则》①没有采取这种分类方式,直接分为营利法人、非营利法人和特别法人。这个分类的根据就是民事权利能力和民事行为能力是有区别的,我们谈所谓的限制只能从这上面来考虑。

营利法人以营利为目的,因此它可以从事一切的营利事业、营利活动。这跟《民法通则》②以前讲的企业的经营范围是不一样的。《民法通则》③规定了企业经营范围,最初认为超越了企业经营范围的行为就是无效的,后来最高人民法院开始转变,认定这种超越企业经营范围的越权行为并不都是无效的。如果单纯从民事权利能力上来考虑,营利法人的民事权利能力就是营利,就可以实施营利活动。

非营利法人就不能从事营利活动,不能实施以营利为目的的活动。它可不可以从事个别营利行为? 也不是不可以,但是它的目的不是为了营利,得到的利益不能在成员中分配。

我们国家现在规定的非营利法人包括社会团体法人、事业单位法人,还有捐助法人。这里所说的社会团体法人不是社团法人,社团法人也不是社会团体法人的缩写,像中华全国律师协会(简称律协)就属于社会团体,中国法学会也属于社会团体,但是不属于社会团体法人。社会团体法人只能从事一些公益事业。

事业单位法人主要从事教育、卫生、体育等这样一些公益事业。举个例子,民办学校是什么性质? 属于哪一类法人?《民办教育促进法》规定,举办民办学校以后可以从收入当中提取一定的回报,这样的民办学校就不能是事业单位法人。现在可以这么来区别:民办学校如果是营利的,那就是营利法人,就不是事业单位法人;如果不是营利的,那就可以是事业单位法人,可

---

① 《民法典》2021 年 1 月 1 日施行后,《民法总则》已失效并废除。
② 《民法典》2021 年 1 月 1 日施行后,《民法通则》已失效并废除。
③ 《民法典》2021 年 1 月 1 日施行后,《民法通则》已失效并废除。

以收费，可以取得资产，但这个资产永远是这个学校的，永远不能分配。比如说私立学校，学校的资产会越来越多，但是永远不是老板个人的，所以私立学校的收入不能拿去分配。

医院也存在此类情况。我们以前把营利与非营利都弄混了，没有弄清楚，营利法人与非营利法人两者在性质上是不一样的，不但在民事上不一样，在行政上也不一样。为什么我们现在要区分营利、非营利？因为《民法总则》①规定得很清楚，营利法人、非营利法人、特别法人，这三者要区别开。

非营利法人中还有一个捐助法人。捐助法人也就是财团法人，捐助法人最大的特点就是捐助以后，捐助人就什么也不管了，完全是这个财产、这个法人自行在运转。运转的时候一定不能违背捐助人的意图和目的。捐助人捐助的意愿就规定了法人的目的和范围，必须在这个限度内。按理说这是不能改的，但按照我国现行法的规定是可以改的，但是要经主管部门批准。

捐助法人是财团法人，营利法人肯定是社团法人，但是社团法人不都是营利法人。比如说体育俱乐部，就不是营利的，不从事营利活动，所以是社团法人。体育俱乐部在登记为社会团体的情况下有社员。社团法人跟财团法人的区别就在于有没有社员，有成员的就是社团法人，没有成员的就是财团法人。社会团体法人是社团，登记了的就是社团法人；社团法人如是以营利为目的的，就是营利法人；非以营利为目的的，按照传统分类来讲可以是中间法人、公益法人；从事公益事业的就是公益法人，不从事公益事业而从事其他研究等这样一些事业的那就是中间法人。中国法学会就属于这种情况，它有成员，我是它的会员，但它不是以营利为目的的，也不从事公益

---

① 《民法典》2021年1月1日施行后，《民法总则》已失效并废除。

活动。

3. 其他组织

《民法通则》[①]中没有规定其他组织,但后来其他法律,比如说《合同法》[②]里讲到了其他组织,承认它可以订立合同。《民法总则》[③]规定了非法人组织。非法人组织在社会生活中有很重要的意义,现在恐怕主要涉及的问题是:哪些是非法人组织?非法人组织是不是都需要登记?实际上来讲,我的看法是:非法人组织是有两类的,一类从事经营活动,一类从事非经营活动。如果不是从事经营活动的非法人组织,按照现在的规定要经过批准,已经批准了还去登什么记?没必要。相对来讲,从事经营活动的非法人组织的设立实行准则主义,按照法人成立相关理论,凡是设立时实行准则主义的组织,还需完成登记,以便管理。非法人组织中,业主委员会是比较典型的,还包括合伙企业、独资企业等等,还有个体工商户、农村承包经营户,再还有就是筹建中的法人、法人的分支机构。凡是能够以自己名义进行民事活动的法人的分支机构都是非法人组织。

现在社会生活中发生了变化,社会治理中更强调自治。因此从管理上来讲,我们在社会治理中应该越来越重视第三部门。国家是第一部门,企业和公司是第二部门,都是营利的,还有第三部门,第三部门是从事其他社会管理、社会公益事业的这样一些组织,现在许多事情是通过这些组织来做的。比如说刚才提到的律协,律所的管理主要靠律协来进行。我国的协会严格来说是自治组织,但有些协会是从行政管理机构转过来的,一直在行使一些管理职能,履行行政管理职能,这个就不合适了。行业协会的管理是很重要的,许多事情应该靠行业协会来管理。包括现在说的"假货泛滥",假货

---

① 《民法典》2021 年 1 月 1 日施行后,《民法通则》已失效并废除。
② 《民法典》2021 年 1 月 1 日施行后,《合同法》已失效并废除。
③ 《民法典》2021 年 1 月 1 日施行后,《民法总则》已失效并废除。

的出现,行业协会有很大的责任。如果我在这个行业里面造假,协会应该去考虑怎么取消我这个会员的资格。如果协会管理得好,如此"假货泛滥"现象将来是不可能存在的,是不可能继续干下去的。

(二)民事行为能力

主体都是要有民事权利能力的,当然主体还要有民事行为能力,能够以自己的行为去设立民事权利、民事义务。民事行为能力实际上是一个意思自治问题,因为民法讲的是意思自治,一个人只对自己在意思自由情况下所作出来的自由选择负责。你只有在能意识到自己的行为后果的时候作出了这种选择,这种行为后果你才承担。因此你要有能力去作出这个选择,作出这个判断。一个人只有能认识到行为后果,才会作出判断。因此,任何一个行为,行为人应不应当承担后果,取决于他实施行为的时候有没有行为能力,能不能认识到这种行为的后果,有没有自由来作出选择。如果说他是不自由的,是认识不到后果的,那么他对这个后果就不应当承担责任。如果这样,法院对每一个案子、每一个具体事务都要去审查:行为人他认识到后果了吗?有没有选择自由?这个就比较麻烦。因此法律就规定了一个界限,划定了一个范围,在这个范围之内的主体都是有认识和判断能力的,你要说你没有,你就要举证证明。在这个范围之外的就是没有行为能力的,自然人就有这个问题。当然有人认为,组织是不存在意思自治问题的,组织当中不涉及意思自由怎么确定。自然人会有行为能力上的差异,组织都是有行为能力的。

1. 自然人

自然人的民事行为能力分类有一个系"两分法"还是"三分法"的问题。我们国家现在仍然将自然人的民事行为能力分成了:完全民事行为能力、限制民事行为能力和无民事行为能力三种情况。未成年人都是不具有完全民事行为能力的人,在未成年人中间划了一个界限,八周岁以上是限制民事行为能力人,八周岁以下是无民事行为能力人。这次《民法总则》①的规定,跟《民法通则》②以前的规定有一个地方不一样。这次《民法总则》③规定限制民事行为能力人可以实施与他的年龄、智力状况相适应的和纯获利益的行为,而原来的《最高人民法院关于贯彻执行〈中华人民共和国民法通则〉若干问题的意见》讲的是,无民事行为能力人、限制民事行为能力人实施的纯获利益的行为有效。《民法典》把"无民事行为能力"去了,无民事行为能力人是不能实施纯获利益的行为的,实施了也是无效的。这一点是不是有利于保护无民事行为能力人?这是值得考虑的。

2. 组织

组织也有民事行为能力问题,组织的民事行为能力,我们说它是由章程、目的范围等决定的,它会出现一个越权行为,没有民事行为能力,超越了民事行为能力范围限制的行为就是越权行为。针对越权行为的效力,以前最高人民法院开始认定无效,后来认定可以有效。《民法总则》④跟《合同法》⑤的规定是一样的,越权行为是否有效要看对方知道不知道。这实际上采取的是法人内部限制说。法人对内部的限制,对法定代表人的限制也好,对具体工作的限制也好,是一个内部的问题,不能对抗第三人。第三人不知道,那就不能对第三人发生效力,越权行为有效。

3. 民事责任能力

获得民事主体资格还需有一个能力,就是民事责任能力。民事责任能力是主体对自己行为的不利后果承担责任的能力。民事责任能力实际是一

---

① 《民法典》2021年1月1日施行后,《民法总则》已失效并废除。
② 《民法典》2021年1月1日施行后,《民法通则》已失效并废除。
③ 《民法典》2021年1月1日施行后,《民法总则》已失效并废除。
④ 《民法典》2021年1月1日施行后,《民法总则》已失效并废除。
⑤ 《民法典》2021年1月1日施行后,《合同法》已失效并废除。

个主体独立承担责任的能力、资格,完全由主体自己承担自己行为的后果。就自然人而言,如果每个自然人有民事责任能力。你的行为造成了损害后果,你就独立承担责任。承担责任就是用你的全部财产来承担这个不利后果。

民事责任能力与民事行为能力有什么关系?你为什么让他承担责任?如果从归责原则上来讲,原因应该是有过错。什么是有过错?过错就是选择错误,因此按照自己原则,自己对自己的行为负责。首先我能认识到这个行为,有认识的能力,我也能认识到这个行为造成不利后果,我当然应该承担责任了。因此民事行为能力跟民事责任能力应该是有联系的,有民事行为能力你也就应当有民事责任能力。但是民事责任能力与民事行为能力是不是一致呢?也不完全一致。

《民法总则》①及《民法通则》②没有规定民事责任能力,只规定了民事行为能力,而《侵权责任法》③对自然人的民事责任能力没有明确规定,它在监护人责任里讲到了,有财产的被监护人以自己财产承担责任,有财产的人就有民事责任能力,没有财产的未成年人、无民事行为能力人、限制民事行为能力人,他就没有民事责任能力,这主要是就其跟监护人之间的关系来说的,如果从法律上来讲,这个规定未必是合适的。民事责任能力也应该与意识能力或者认识能力具有一定的一致性。

民事责任有它的特殊性,民事责任要由财产来承担。从刑事责任上来看,现在十四岁以上的未成年人就有刑事责任能力了,但是民事上还没有对从什么时候起就有民事责任能力的规定。按照通常说法有认识能力就满足承担责任的条件了,你选择错误,在附带民事诉讼的时候,在民事上也应该

---

① 《民法典》2021 年 1 月 1 日施行后,《民法总则》已失效并废除。
② 《民法典》2021 年 1 月 1 日施行后,《民法通则》已失效并废除。
③ 《民法典》2021 年 1 月 1 日施行后,《侵权责任法》已失效并废除。

承担责任。但是因为民事责任要用自己的财产来承担,没有财产就无法承担,因此,有人认为没有财产的未成年人不具有民事责任能力。但是我觉得这实际上是两回事。首先要看能不能承担责任,应不应当承担责任。应当承担责任,能够承担责任,和承担不了责任,是不同的问题。承担不了责任就不承担,因为他是没有财产的未成年人,但他还有监护人,由监护人承担责任。

其他组织、法人的民事责任能力之有无取决于能不能以自己的财产独立的承担责任。法人是有民事责任能力的,因此法人能够以自己的财产独立承担责任,法人责任具有独立性。当然,法人责任独立是以法人人格独立为前提的,法人跟其他组织的区别是有独立性,其人格是独立的,必须在这个基础上责任才独立。因此如果法人的人格独立受到了影响,法人的民事责任能力、独立民事责任就受到了影响,也就不是独立承担民事责任了,可能股东就要承担民事责任了。

其他组织之所以单独作为一个主体,而没有跟法人规定在一起,就在于其他组织是没有民事责任能力的。其他组织具有民事权利能力,可以以自己的名义享受权利、负担义务;具有民事行为能力,可以以自己的名义进行民事活动。但是非法人组织不具有民事责任能力,不能独立地承担民事责任。是不是它不用承担民事责任? 不是,而是说它不用独立地承担民事责任,除了它以外还有人替它承担责任。非法人组织的设立者、它的成员在非法人组织不能完全承担责任情况下,也要承担责任。它的责任不具有独立性。如果法人自己承担责任,但财产不够了,怎么办? 不够就破产了,没人替法人管。非法人组织不同,非法人组织承担责任时,其财产不够了,怎么办? 非法人组织的财产不够,就以设立人的财产来承担责任。

二、民事客体

（一）客体的定义

大家都认为客体是民事权利义务共同指向的对象，没有客体，民事权利义务就会落空。客体实际是一个载体，是权利义务的载体。因此在法律关系的构成上，客体是不可或缺的。

从立法规定来看，《民法总则》[①]制定中对于"要不要规定民事权利客体"有不同的观点，一种观点是主张规定客体的，一种观点是不主张规定客体的。我们国家从《民法通则》[②]起就没有规定客体，所以这次《民法总则》[③]也没有以单章专门规定客体，而是在民事权利中，在规定的每种权利中提到它的客体。我觉得民事权利当中，对知识产权的客体的规定是最清楚的。

哪些是客体？什么可以成为客体？当然是法律规定的。总的来说，客体的范围现在是越来越广，凡是能够满足人们的物质生活、精神生活所需要的一切物质财富、精神财富，都是可以成为客体的。但是客体须有这样几个特性：第一是客观性。客体是客观的，这里的客观是指跟人相比较来讲，它是人身之外的。人是主体，人身之外者才是客体。第二是有益性。如果没有益处，就不会成为客体。扔的垃圾一般不会成为客体，但有些人看它有用拿走了，它就成客体了。第三是稀缺性。有稀缺性就会存在交易的可能，如果根本不稀缺，每个人都可以有，那也无法成为客体。第四是可控制性，你能把它控制住，这才可以。这些是客体的基本特征。

---

① 《民法典》2021年1月1日施行后，《民法总则》已失效并废除。
② 《民法典》2021年1月1日施行后，《民法通则》已失效并废除。
③ 《民法典》2021年1月1日施行后，《民法总则》已失效并废除。

（二）客体的发展变化

就现代社会的发展来讲,客体的特征也是在变化的。比如讲客体的客观性,人身之外的事物都是客体。现在对主、客体有一定的混淆,比如说"人"在什么时候算是一个"人"? 胚胎算不算? 你说他是主体还是客体? 他有一定的主体性,但他又是客体;现在我们宣扬野生动物保护,特别是许多环保学者提出来,任何自然界的生命体都有共同性,都是主体,德国法也改了,规定动物不是物。它是不是客体? 这也是一个主、客体的相互混淆。客体的可控性也是这样,随着人们能力的扩大,可控性就在不断地扩大,比如说像风、电、气等等,原来不能控制,现在逐渐地可以控制了,其就成了客体。再比如说有益性,典型的过去有一些事物是没有用的,比如一些数据,你去逛了哪个商店,他去逛了哪个商店,这些数据在过去有什么用? 现在有用了,现在处于"大数据时代",这些数据就有用了。可见客体是在不断变化的。

我今天讲的题目叫民事客体,通常讲客体讲的都是权利客体,或者叫法律关系客体。民事客体跟权利客体不太一样。我觉得有的客体对民事主体而言是可以作为客体予以保护的,或者赋予其客体地位,但它不应当成为权利的客体,不能为某种人的某种权利所支配。这类物应属于公用物。

权利客体随着社会的发展,也是在不断发展的。有一些过去不重要的权利客体,现在显得特别重要,这是一个发展过程。比如说,知识产权。知识产权过去重不重要? 重要,但不像现在那么重要,它不像土地、厂房、机械设备那么重要。所以在农业经济时代土地是最重要的,工业时代机械设备等动产是最重要的,到了知识经济时代知识产权最重要了。所以可口可乐公司现在最值钱的是可口可乐的配方,我的企业一把火烧了无所谓,我有这个配方在。到了现代社会,知识产权显得特别重要,知识产权客体指的是知识产品、创造性的智力成果。现在大家越来越重视这一块,但是怎么才能真正取得创造性的智力成果？这很重要。到处都强调两个问题，一个是"人才政策"，一个是"双招双有"。招商实际上是叫你拿钱，招人才是引进智力，要的就是智力成果。价值在不断转换。再比如说我们传统民法当中讲到客体时区分动产和不动产。讲到不动产的时候，不动产就是土地及其地上定着物。现在就不一样了，现在不动产的范围不是这个了。最典型的，我们过去说中华人民共和国有约 960 万平方千米国土，这个说法就不对，因为我们没有把海域这块国土包括进去。我们传统只是重视了黄色的国土，而忽略了我们蓝色的国土。临海海域现在作为不动产来讲是非常重要的，像我们烟台靠海，这块资产非常重要。

　　现在出现了新的概念，比如说空间，它现在已经成为重要的权利客体了，是空间权的客体。比如，济南有个地方住宅后阳台封起来了，全楼都封起来了，结果被认定为属于违章建筑全部拆除。这个空间是谁的？我是不是享有空间使用权？空间权归国家，但是这个使用权我有没有？如果你在这个楼阳台以外又搭了一块板子，你没有空间使用权，说这是违章建筑是没有问题的。如果你在楼顶上又盖了一层，你没有空间使用权，绝对是违章的，要经过批准才可以加盖。如果这个楼就是一个阳台，我封不封，这个空间使用权是谁的？封和不封涉及外观的问题，如果外观上你控制了，我这个楼外观什么样，你不能动，这是物业的事还是政府的事？一个阳台如果真正有碍美观，而且如果你在买房子的时候物业已经下过通知了，规定了，你可以说这是物业应该管的。但是这个空间使用权应该是业主的，你说他封阳台是违章建筑，哪个部门规定封阳台要进行批准的？我没见到，住建部的规章我也没见到。

　　我们现在的空间权确实是规划的，到底哪个地方是国家的，哪个地方不是国家的，在城市比较好区分，相对麻烦一点的是农村。在农村，国家管到哪个地方？土地所有权人的权利从哪个地方到哪个地方？现在城建规划中,临时建筑也要经过批准。比如有高铁轨道经过我的地上,用不用补偿?并不是说我经过你的地就要给你补偿,我不需要的,因为经过的是你的地的上空,利用的是空间。可以说空间权也是现实当中非常突出的一个问题,《物权法》①立法的时候曾经讨论过这个问题,最后《物权法》没有单独规定空间权,只是在建设用地使用权中讲了,可以先后设立不同的建设用地使用权。

有一些过去不成为客体的事物,现在成了客体,比如说我刚才提到的数据,有一些权利的范围不断扩大,比如说现在在网络条件下隐私权的范围,比原来隐私权的范围要扩大了,这都是一些新的变化。

有一些新的客体出现在现代社会中,例如网址、域名、虚拟财产,这些都成了权利客体新的形式。这些权利客体怎么来保护?有时候现实中出现争议。现在有一些特别的客体确实是需要我们重视的,像信用卡,它是什么性质?它有点像有价证券,但又不完全一样。传统的有价证券现在形式也变了,过去讲谁持有证券谁就享有权利,现在出现了无纸化证券,你根本拿不着。证券无纸化以后,像交付的问题现在不用考虑了,必须要登记了。还有过去一些不被重视,现实中发生的问题也是值得考虑的:非物质文化遗产归谁?是国家的吗?你用了行不行?恐怕也不好说。说是传承人的,也不尽然。支付宝支付出现错误又该怎么办?

（三）人格物的问题

客体当中还有一个人格物,即具有人格意义的物的问题。一个就是人体的分离物,包括尸体、骨灰等,不单纯是物。因此撒了别人的骨灰侵犯了什么权利?所有权吗?恐怕不是。与人体分离的器官不再是人体的一部

---

① 《民法典》2021年1月1日施行后,《物权法》已失效并废除。

分,可以成为客体,但是这个客体跟其他物一样吗?我们国家现在禁止器官买卖,所以与人体分离的器官跟其他物是不一样的。但是可以捐献,为完成器官捐献达成的协议有什么效力?一个人要捐献他的脊髓救一个白血病患者,两边都准备好了,要做手术的时候,他反悔不干了,不能强制吧,但是由此造成的一些损失,包括接受人一方的损失,他有没有责任承担一部分?这样的协议有没有效?这就涉及他可不可以放弃捐献的问题。这些都是比较特殊的一些问题。

人类的基因、人体器官或者与人体有关的人格物里,有的有生命力,有的没有生命力,胚胎就有生命力,这就涉及侵害他需承担什么责任,可否自由处置,谁有权处置等问题。这是现在人工生殖技术下特别突出的问题。还有一些是与人体器官没有关系,纯粹属于纪念意义的人格物,《最高人民法院关于审理人身损害赔偿案件适用法律若干问题的解释》讲到的精神损害赔偿,主要针对这一类物。

一张全家福现在被毁坏了,底片也没有了,再拍人也凑不齐了,如果要赔偿,按照什么来赔偿?这是精神上的损害。照片才值多少钱?照片的意义才更重要。拍婚礼没录上像,还能再来一遍婚礼吗?或者说祖传的什么东西损坏了,这些都是不能按照物的价值进行赔偿的,而是要按照物所承载的人身价值来进行赔偿,区别人格物与一般物的意义就在这里。

第二讲　民事法律行为

"民事行为"是《民法通则》①中使用的一个概念,《民法总则》②中则没有,所以"民事行为"跟《民法总则》③中的"民事法律行为"是同一个含义,因为《民法通则》④中的"民事法律行为"是"民事行为"下属的一个概念,《民法总则》⑤中的"民事法律行为"相当于《民法通则》⑥所使用的"民事行为"概念,也可以说,从《民法总则》⑦实施以后就不再使用"民事行为"这个概念了。

为什么要讲民事法律行为? 主要是因为民事法律行为是引起民事法律关系变动最重要、最基本的一个法律事实。前面谈到法律关系的构成要素,从动态上来说,其包括法律关系的变动。法律关系的变动就是指法律关系的设立、法律关系的变更、法律关系的消灭。法律关系的变动根据什么发生? 法律事实。一个法律关系设立与否,权利义务发生与否、变化与否、消

---

① 《民法典》2021年1月1日施行后,《民法通则》已失效并废除。
② 《民法典》2021年1月1日施行后,《民法总则》已失效并废除。
③ 《民法典》2021年1月1日施行后,《民法总则》已失效并废除。
④ 《民法典》2021年1月1日施行后,《民法通则》已失效并废除。
⑤ 《民法典》2021年1月1日施行后,《民法总则》已失效并废除。
⑥ 《民法典》2021年1月1日施行后,《民法通则》已失效并废除。
⑦ 《民法典》2021年1月1日施行后,《民法总则》已失效并废除。

灭与否,要看有没有法律事实。可以说法律事实是法律关系变动的根据,所以我们讲"以事实为根据,以法律为准绳"。以事实为根据,这个"事实"是什么事实? 就是法律事实。打官司打的是证据,证据要证明什么? 就是证明法律事实的存在。有这个法律事实就会发生法律关系的变动,没有这个法律事实就不会发生法律关系的变动。

一、法律事实的特征

法律事实典型的两个特征就是客观性、法定性。法律事实只能是客观事实,是客观存在的,不能是主观的,因此,你的主观认识构不成法律事实,不会发生法律效果,所以民事上没有"既遂""未遂"。举个例子,我想去把他打伤,这个想法没有意义,不发生任何法律后果,只有客观上实施了打伤的行为、产生了伤害,才发生法律后果。法定性是指法律事实是由法律规定的。能够引起法律后果或民事法律关系变动的事实是客观事实,例如各种自然现象。客观事实,是不是都属于法律事实呢? 不是。只有能够引起法律关系变动的才属于法律事实。哪些能够引起? 哪些不能够引起? 纯粹是由法律规定的。

二、法律事实的分类

法律事实是大量存在的,我们在理论上可把它分成行为和自然事实。为什么这么分类? 因为行为是人有意识的活动,受人的意志控制。因此对于行为,法律可以控制和规定,哪些行为能做,哪些行为不能做,这可以引导人们去进行符合国家利益、社会利益的一些合法行为,限制、控制从而不让人们实施不法行为。行为是有意识的,是受人的意志控制的。如果不受人的意志控制，就不属于行为，是自然事实。

（一）自然事实

自然事实包括状态。例如梦游，梦游中实施的行为就不叫行为，从法律上来讲不属于行为，只能算是一个动作，因为它是一个自然事实，不受意志控制。

自然事实还包括事件。一个人的出生、死亡，都是事件，都会发生法律后果。人的死亡会发生继承，死亡这个事实就是事件，至于什么导致死亡，这是另外一回事，如被人打死了，要有对侵权责任的追究。

（二）法律行为

在行为中，能够引起民事法律关系变动的行为，包括当事人的行为、第三人行为，也包括司法行为、行政行为。司法行为是能够导致民事法律关系变动的，法院的判决、裁决，仲裁机构的裁决都会引起变动。

引起民事法律关系变动最典型的行政行为就是征收。征收纯粹是个行政行为，但是它引起了法律关系的变动，使民事关系发生变化。有些行政机关是有权力实施这样一些行政行为的，比如说，土地管理部门对土地产权的确认，在土地产权发生纠纷的时候，由土地管理部门确权，这就是行政行为，它会引起民事法律关系的变动。

第三人行为，这个更多了。在很多情况中，在当事人之间引起民事法律关系变动的是当事人自己实施的行为。当事人实施行为的目的是什么？如果实施行为本身就是为了设立、变更、终止民事权利义务关系，以这个为目的的行为，就属于民事法律行为。如果不是以设立、变更、终止民事权利义务关系为目的实施这个行为，但是导致了民事法律关系变动这样一个后果，这个行为就是我们所说的事实行为。基于这样一个事实行为，发生了民事法律关系变动,但是这个法律关系变动并不是当事人实施行为的目的。

哪一些事实行为是合法的、法律不禁止的、可以做的、符合法律要求的?比如我们之前讲的创作行为等智力活动,创作一个作品会享有著作权,做出一件发明可以取得专利权,这些事实行为当然都是合法的,而且这些事实行为不受行为能力的限制,没有行为能力的问题。一个三岁小孩作了一幅画,他也有著作权,不能说因为它是一个小孩画的画,就把它拿去说是你的了,他也是有著作权的,创作是不受行为能力限制的。三岁小孩的著作权怎么去行使,那是代理的问题,权利的享有不需要以行为能力为基础。我们讲的无因管理,无因管理阻却了违法性,具有合法性,是社会要鼓励的,但是无因管理的目的不是要发生民事法律关系,但无因管理这个事实行为出现了,会产生无因管理之债,使当事人之间发生民事上的权利义务关系。事实行为中有合法的,也有不合法的。不合法的事实行为是法律禁止的,是侵害他人权益的。侵权行为是个事实行为,当事人实施侵权行为的目的并不是要发生民事法律关系。我去把他揍了,大不了我赔偿,但我并不是为了赔偿才去打他,不是为了发生民事法律关系,是出于其他目的。但是这个行为实施了,就会产生侵权行为之债,产生侵权责任,其也是民事权利义务关系。

为什么我们说法律行为是最主要的、最基本的民事法律事实?就是因为民事法律行为是以发生民事法律后果为目的的行为。这是民事主体自主地、积极地去进行民事活动的一种方式。民法中一个最根本的基本规则或者原则,就是私法自治。《民法总则》①当中叫自愿原则。私法自治,就是私法的事项完全由当事人自己去决定、自己去承受后果。自己决定的法律表现就是民事法律行为。为什么要私法自治?主要是因为民事活动中很重要的部分,属于交易行为,应当是由市场起主导作用的。而在市场交易中,谁

① 《民法典》2021年1月1日施行后,《民法总则》已失效并废除。

最清楚自己的利益需要？就是当事人。只有当事人最清楚自己的利益需要，只有按照当事人的意思去进行交易，才能够使资源的配置达到最优的效果。

民事法律行为这个制度，实际上是法律对民事主体的民事活动划定了一个自由的范围，或者给出了一个限度。在法律行为规定的框架内，你享有充分的自由，只要符合法律的规定，不超过它限制的范围，你就可以实现你所从事民事活动要达到的目的。如果你超出了这个框架，超过了它限定的自由范围，那你的目的就达不到，就会发生另外一种法律后果。法律行为最大好处就是，它最终发生的效果，就是当事人要达到的目的。

比如说我们平时生活中出现的一些好意施惠行为，所谓情谊行为，就不属于法律行为，它会构成无因管理，属于事实行为。有一些可能根本不会发生民事上的后果，只会发生道德上的义务，比如说，现在清明节也过了，天也暖和了，我们约好了去郊游，结果你没去，可是事先我准备了很多好吃的，你没去我怎么办？我们之间会不会发生权利义务关系？像这样的情况一般不会发生，它实际上涉及一个道德义务问题。有一些行为可能会带来一定后果，比如说所谓的好意搭乘、同乘，有的完全是免费的，有的可能双方约定了：我每天坐你的车上下班，给你点车费、油费。这样的一些协议，算不算法律行为？如果按照法律行为来评价，当事人的责任就不一样了，所以它构不成法律行为，不能将当事人之间的约定都作为法律行为来处理。

1. 法律行为的类别

法律行为有很多类别。我们前边谈过的物权行为、债权行为，都是法律行为的类别。除此之外当然还有其他类别，但是我觉得有一个问题需要考虑，这次《民法总则》①在法律行为的类别当中，专门规定了单方行为、双方

---

① 《民法典》2021年1月1日施行后，《民法总则》已失效并废除。

行为、多方行为,还有一个决议行为。

单方行为,有当事人一方的意思表示就可以成立,比如说立遗嘱,它就是单方行为。单方行为包括有相对人的和没有相对人的行为,比如我们前面讲的撤销行为是有相对人的单方行为。

再就是双方和多方的法律行为,要有各方意思表示的一致,达成"合意",双方和多方的法律行为才能成立生效。双方法律行为一般被称为"契约"。双方法律行为跟多方法律行为的区别就在于当事人追求的经济目的是不是同一,如果当事人追求的经济目的不是同一,而是相反的,这样的双方法律行为就叫"契约",比如说买卖,卖的人是为了得到钱,买的人是为了得到物,双方的目的相反,这往往就叫"买卖契约";如果当事人追求的经济目的不是相反,而是相同的,这样的法律行为就叫"合同"。比如说合伙,合伙人达成这个协议,追求的目的是一致的,那这个协议叫合伙合同。现在民法中没有区分契约和合同,都是称作合同。合同必须要有各方意思表示的一致,而且至少要有双方当事人,双方当事人当中每一方有几个人,那是另外一回事。

《民法总则》①里面规定了一个"决议行为",主要指法人、非法人组织这些团体,依照他们的章程规定的程序,所作出来的决议。决议行为是不是民事法律行为? 这是有争议的。但是《民法总则》②规定它是民事法律行为,把它跟单方和多方民事法律行为放到一个条文当中,作为法律行为中的一个类别,就是因为决议行为有它的特殊性。决议行为不像其他法律行为一样,各方所有当事人意思表示完全一致,它是要按照法律或者章程规定的程序作出来的。比如说一个合伙组织,按照章程规定作出某项决议,要三分之二的人同意,那就只要三分之二的人同意决议就可以成立了。公司的股东

---

① 《民法典》2021年1月1日施行后,《民法总则》已失效并废除。
② 《民法典》2021年1月1日施行后,《民法总则》已失效并废除。

大会作决议，必须要多数人通过，那么多数人通过就可以了，这决议就是有效的，就成立了；决议成立后，决议有效，法人、非法人组织按照这个决议实施的行为就应当是有效的；如果这个决议违反了章程规定的程序，或者它作出的内容违反了法律的规定，那么它应不能发生效力，但是若法人和非法人组织又根据它实施了这个行为，这个行为有效还是无效呢？应当类似对越权行为的处理，如果相对人知道，那当然无效，如果相对人不知道或不应当知道，那就应该保护相对人利益，毕竟错误在实施决议行为这一方。

民事法律行为是以意思表示为要素的。能不能构成一个法律行为，首先要看有没有意思表示，但是法律行为和意思表示不能等同。有些国家，像以前的捷克斯洛伐克的《民法典》规定民事法律行为就是意思表示。实际上意思表示，只是民事法律行为的构成要素，而不是民事法律行为。这个意思表示成立了、有效了，不等于法律行为成立了。因为单方的可以因一个意思表示成立，多方的、双方的法律行为须得有几个意思表示一致才行，民事法律行为与意思表示是不一样的，但是法律行为最基本的构成要素就是意思表示。

2. 法律行为的构成要素

法律行为有三个构成要素，第一个是当事人；第二个是意思表示；第三个是标的。意思表示是基本的一个构成要素。怎么才算构成意思表示？意思表示构成要素在理论上，或者说在学者中有多种说法，"四要素说""三要素说""二要素说"都有。意思表示由几个要素构成？实际上是你怎么看待这个要素的问题。意思表示构成要素就是意思加表示，意思是效果意思，有人再加上一个表示出来的表意意思，那就是意思。民事法律行为讲的意思指的是效果意思，实施这个行为的目的是什么，这就是效果意思。我花一千块钱买这台电脑，这就是我的效果意思，这个效果意思是你内在的意思，你的目的、你的想法，别人怎么知道？你得用一定的方式把它表现出来，这个表示的方式就是意思表示的形式，如口头形式、书面形式或者其他形式，其他形式就是"推定"。当然还有"沉默","沉默"一般不构成意思表示,除非当事人特别约定或法律特别规定。表示形式的方式有两种,一种是"明示"的,一种是"默示"的。"明示"就是用语言、文字明确地表达出来。"默示"方式中最典型就是推定,即通过行为推定出表意人的意思。如果从法律行为这个角度来讲,或者从合同来讲,典型的是合同成立中承诺意思的实现。平常我们都会举例子,租赁合同到期了,承租方仍然交租金,出租方也收下了,租赁合同继续。各方作出的意思表示,都没有表明承租人继续租赁这个房子的意思表示,只是承租人继续交了租金,出租方收取租金,这个行为表明双方有出租和承租这样的意思,这是推定出来的。"默示"方式即沉默,除非法律另有规定,或者当事人另有约定。默示这种方式现在很少用了。意思表示通过这种形式表达出来,别人从外观上看到这个意思,这是表意的效果。这个表示出来的意思应当是跟效果意思相一致的;如果不一致,就不能发生效力。

　　意思表示什么时候生效?《民法总则》①中也作了规定。以对话方式作出的意思表示,相对人知道其内容时生效;非对话方式作出的意思表示到达相对人才能开始发生效力。需要注意的问题就是公告,以公告方式作出的意思表示,什么时候发生效力?《民法总则》②中规定公告发布之时发生效力,这样规定在一般情况下是可以的,但是不是所有的公告都从这个时间起生效? 这个问题是值得考虑的。我认为,如果这个公告和相对人之间有利害关系,应该有一个期限限制,就像《民事诉讼法》中规定的公告送达。是不是一公告就生效了?《民事诉讼法》可不是这样规定的。民法中是不是这样规定的? 一般情况下是,但特别情况下并不完全是这样的。

　　关于意思表示,表示生效意思跟效果意思是不是一致? 当事人会发生

---

① 《民法典》2021年1月1日施行后,《民法总则》已失效并废除。
② 《民法典》2021年1月1日施行后,《民法总则》已失效并废除。

争议：你这个意思到底是什么？那就涉及意思表示的解释。单方的意思表示解释规则和双方的意思表示解释规则是有所不同的，因为作出单方意思表示解释的时候，表意人已经不在了，他到底是什么想法，谁知道？只能靠意思表示，尽量按照它原来的意思来考虑。为什么单方行为往往要求要式行为？就是要通过要式行为使表意人作出这个意思表示的时候更慎重、更谨慎、更清楚，能够保证它真正是表意人的意思。

双方法律行为中的意思表示，它的解释规则就不一样了，这个解释规则从理论上来讲是有两种理论根据的：

一种理论根据是"主观说"，这种意思表示解释规则要求了解表意人真正的意思，他真正的效果意思是什么？要弄清楚这个问题。为什么要这样呢？其基础就是意思原则和自治原则。这个意思表示必须由他自己决定，当事人的意思只能由当事人自己决定，这是自治原则的要求，因此必须弄清楚他的真实意思，按照他的真实的效果意思来发生效力才可以。

另一种理论根据是"客观说"，不去追究你主观上真实的目的是什么，效果是什么，我要根据你表示出来的意思，我要看你表达出来的、追求的目的是什么，根据这个来解释、来确定当事人之间会发生什么后果。这个理论基础就是信赖原则和交易安全原则。我们两个实施行为的时候，我只能信赖你表达出来的意思，我不可能信赖别的。我信赖你表达出来的意思，我才可以与你进行交易，我才与你实施行为，因此，这个利益应当受到法律保护。另外一个基础就是交易安全。我相信你表示出的这个意思，所以我跟你进行交易，法律保护这样的交易，这个交易才有安全。如果这个交易不受保护，那就会给相信这个表意的、进行交易的人带来不利益，而在交易过程当中，我不可能对每一个表示出的意思都去查查它是不是真的，你的想法到底是什么。从交易效力上来讲，我只能相信你表示出的意思，基于这样的意思我才与你实施行为。

《民法总则》①采取的规则实际上是主观性和客观性的结合。在具体事项上，有的以主观为主，客观为辅；有的以客观为主，主观为辅。特别在交易、合同当中，主要是以客观为主，主观为辅。

意思表示作为民事法律行为的一个要素，不同于民事法律行为，因此《民法总则》②把民事法律行为和民事法律行为中的意思表示区分开来，《民法总则》专门规定了意思表示，没有把两者混为一谈。

民事法律行为作为当事人自主进行民事活动的一种法律形式，就是要使它能够达到当事人要达到的法律效果，实现当事人所追求的法律目的。只有在民事法律行为有效情况下，当事人才会达到这样一个目的。

民事法律行为怎么算有效呢？应当说它要符合我们法律所规定的有效条件。民事法律行为本身有三个构成要素，这三个构成要素都要符合规定，这个民事法律行为才能发生效力，才可以是有效的。首先，从当事人来说，当事人必须是有民事行为能力的，因为实施法律行为是要有目的地去发生民事法律关系的，只有认识到行为的后果，你才可以去实施这个行为，你必须要有一定的民事行为能力。无民事行为能力人不能实施民事法律行为，无民事行为能力人实施法律行为，必须由法定代理人代理。其次，意思表示必须要真实，如果意思表示不真实，那民事法律行为也就不能发生效力。民事法律行为当事人的意思表示可能不真实，表示出来的意思跟效果意思可能是不相一致的。有意的不一致，典型的就是虚假表示，比如说：两个好朋友，一个人买了一件衣服，其中一个人说，你这件衣服真漂亮，另一个人说，你看好了，给你吧！法律上这叫"戏言"，开玩笑。但是这个"戏言"能不能发生效力？一般来讲是不能发生法律效力的，因为表示出的意思是假的，不是他的真实的意思表示。北京以前出现过这样一个事，几个人一起喝酒吃饭，

---

① 《民法典》2021年1月1日施行后，《民法总则》已失效并废除。
② 《民法典》2021年1月1日施行后，《民法总则》已失效并废除。

有个人说我死了我的遗产全部给你们,那时候还没有《继承法》,口头遗嘱,大家都能证实,当时就这么说的。这个来讲,有时候是虚假表示,这是有意识地意思与表示不一致。再就是无意识地意思表示不真实,一种情况就是错误,这是表意人自己造成的;另一种情况就是在意思表示不自由的情况下作出来的表示,表意人作这个决定是受了不正当的干预而不得不做出来的,这也是意志不自由,这种情况意思表示有瑕疵了,这是不行的。

第三个构成要素就是标的。法律行为的标的也就是法律行为的内容,一般从理论上来讲,标的要可能、要合法、要能够实现才有意义,如果这个标的本身就是不能实现的,比如说,以前约定到月球上干点什么事,这个约定在以前可能不可行,现在可能就可以了。曾经有一段时间有人买卖月球上的土地,像这样的交易有意义吗?能不能实现?如果实现不了,那肯定是没有意义的,这个法律行为不能发生效力;如果能够实现,是可以的。标的合法就是符合法律的规定,不违反法律、行政法规的强制性规定,这是对合法性的要求。哪些规定违反了不行,哪些规定违反了也不影响法律行为效力?这要看法律的具体规定。

这是法律行为有效要具备的一般条件。所有的法律行为要能够有效,都必须具备这三个条件,但这不是说所有的法律行为只要具备了这三个条件就有效,一些法律行为还需要具备其他一些条件才能有效,要看具体的法律规定。

3. 法律行为的生效时间

民事法律行为从什么时间起开始有效呢?我国法律规定,民事法律行为依法成立时生效。民事法律行为只要是依法成立的,从成立之始起就有效了,就发生效力了,当事人就开始依照这个法律行为享受权利、负担义务了,任何一方都不能擅自变更或解除,任何一方都要遵守。因此,这个法律行为是有效的,已经成立了,但是这个效力还不能发生,当事人双方都还不能按照法律行为的约定,或者法律行为的设定去享受权利、负担义务。因此,这个行为成立以后,负有办理相应手续一方应当去办理相应的手续,他也应该有这个义务。如果他不去办理这个手续,他应当承担相应的民事责任。审批登记、办理相应手续都应当属于行政行为,你去登记机关办理登记,登记机关登记,是不是行政行为?你去办理审批手续,行政机关审批批准,是不是也是行政行为?我的看法,这也应当属于行政行为,但是也会发生私法上的效果。我们这里说的行政行为,它是发生私法效果的一种行为,但它不是决定当事人权利义务的行为。前面讲到行政行为也会导致民事法律关系的变动,这是指行政行为直接导致变动,没有当事人的意思在里面。与行政审批、行政登记行为是不同的,行政登记、行政审批并不是直接导致民事后果的行为。但是在这里,我们国家的行政登记行政审批到底对民事法律行为能够发生什么样的效力?或者应当发生什么样的效力?这是非常值得研究的问题。

之前我去中国人民大学参加讨论《婚姻法》①和《继承法》②草案的会议。在会上,关于婚姻登记邀请了几个行政法学者去探讨。中国人民大学的行政法学家杨建顺也参加了会议,他在会上谈了关于婚姻登记的行政问题和效力问题,他提了一个关键问题很重要,民政登记对婚姻的效力到底是个什么效力?他认为应当是确认效力,而不是确立效力。从《婚姻法》③的规定来看,民政登记是确立婚姻关系的;从理论上讲,登记是成立婚姻关系的形式要件,没有登记,婚姻不成立。登记应当是确认婚姻关系。婚姻关系真正成立的实质是什么?不是登记,是当事人的合意,登记是一个公告,你的婚姻存在了,公告是公示的方式。包括《物权法》④规定的登记,我主张一定不

---

① 《民法典》2021年1月1日施行后,《婚姻法》已失效并废除。
② 《民法典》2021年1月1日施行后,《继承法》已失效并废除。
③ 《民法典》2021年1月1日施行后,《婚姻法》已失效并废除。
④ 《民法典》2021年1月1日施行后,《物权法》已失效并废除。

要把登记都当成确立民事法律行为效力的要件。不动产登记起什么作用？应该也是确认物权，不应该是确立物权。法人、非法人组织登记，什么性质？它是决定这个实体成立，还是确认？登记实际上在行政管理中是非常有意义的，它是国家实行行政管理的一种有效手段，包括不动产登记。不动产登记的最大意义不在于对当事人物权的保护，而在于对国家税收的保护。我们国家征收不动产税的时候怎么控制这个不动产？就是登记。需要办理审批登记等手续，这些法律行为，也不是从成立时起就发生效力的。

民事法律行为自依法成立时起发生效力，就是说此时，当事人可以按照自己的意思去设立他们的权利义务，这时候他们之间设立的权利义务就是一种法律上的权利义务，而不是一般的道德义务。从效力上来讲，道德义务不履行，只会受到舆论谴责，不会承受法律的不利后果，而法律义务不履行就要承担民事责任。

法律行为要依法成立才能发生法律效力，还有一些不具备法律行为有效要件的行为，它就不能发生民事法律行为的效力，而是发生另外的效力。所以我们谈到一个法律行为的时候，审查它的效力，首先要看这个法律行为是否有效，符不符合法律行为的有效要件。符合法律行为的有效要件，它就是有效的，当事人根据这个法律行为所设立的民事权利义务就是有效的，根据这个行为设立的权利义务享受权利、负担义务。这个法律行为，如果它不符合法律行为的有效要件，那它就不是有效的。

民事法律行为不符合有效要件的情况是不同的，因此对这样的民事法律行为，又根据不同的情形在理论上区分了三种：第一种就是无效的民事法律行为；第二种是可撤销的民事法律行为；第三种就是效力未定的民事法律行为，实际上是指的可以补正的民事法律行为。

无效的民事法律行为指的是严重地违反了法律行为的合法性有效要件，从客观上，可以认定不具备法律行为有效要件的民事法律行为，实际上就是不具备有效要件的第一种情况和第三种情况。无民事行为能力人实施的行为，一看就知道。再一个就是违法的、不符合法律规定的行为，标的不可能、不合法，从外观也能看出来，一看就知道，而且这些条件是不可能补正的，是没办法改正过来的，这种法律行为属于无效法律行为。我们国家规定的无效法律行为，从合同成立之始起，就当然地、绝对地不能发生法律效力，一成立就无效。这样的法律行为，不会因为当事人的主张而有效。当事人说他同意，同意也不行，也不能发生效力。这样的民事法律行为，任何人都可以主张无效。在诉讼中的法官，或者仲裁中的仲裁员，都可以依照他的职权宣告这个合同、这个法律行为无效。当事人发生合同纠纷，法院审理时应首先审查合同是否有效，发现它是无效的，直接就可以认定其无效，当事人跟法官说同意有效，同意也不行。

另外一种情况就是可撤销的民事法律行为。可撤销的民事法律行为是指的意思表示不真实的行为，在法律行为有效成立之后，当事人可以以意思表示不真实为理由，请求法院或者仲裁机构撤销这个民事法律行为，当然也可以请求变更这个可撤销民事法律行为，它只有经过当事人主张撤销并被撤销后才是无效的，而在被撤销以前它是有效的，所以这种民事法律行为，它被称为相对无效民事法律行为。可撤销的民事法律行为，为什么只能是可撤销？因为这种法律行为之所以不能发生效力，是因为不符合意思表示真实这个要件，这个意思表示真实不真实，只有当事人知道，当事人知道他的意思表示是假的，因此他不能让它发生效力，他要撤销它。因为从外观上来讲它是有效的，它符合有效要件，行为人也有行为能力，标的也合法，也有意思表示。只有当事人知道意思表示是否真实，只有当事人可以主张无效，其他任何人不能主张无效。因为意思表示真实不真实，也是关系到当事人利益的，跟第三人的利益无关。如果侵害第三人的利益，那属于违法行为，当然是无效的。

意思表示真实不真实,只有当事人自己清楚,而认定它是真实还是不真实的,关系到当事人的利益,因此只有当事人可以主张,其他人无权主张无效。如果当事人的意思表示确实是不真实的,但当事人认可、接受、同意这个效果,其他人也是没有权利干涉的。因此对可撤销的民事法律行为,只有享有撤销权的人可以去主张无效,其他任何人不能主张。法官、法院、仲裁机构,不能依照职权认定可撤销民事行为的无效并予以撤销,没这个权利。

民事法律行为发生效力需要具备一定的要件,如果欠缺有效要件,这个法律行为就不能发生效力。但是这些要件的欠缺情况不同,发生的后果也不完全一样。

前边我们提到欠缺实质的、根本性的合法性要件的行为属于无效的民事法律行为。如果欠缺是非实质性的,属于意思表示真实性的欠缺,这样的行为应该属于可撤销的民事法律行为。

4. 无效民事行为

哪些行为是属于欠缺根本合法性要件的民事法律行为?在无效民事行为中,从《民法总则》①的规定来看,它首先规定的是无民事行为能力人实施的行为,这单纯出于自然人行为能力的考虑;其次就是违反法律、行政法规的强制性规定的行为,但是不影响民事法律行为效力的除外;再就是违反公序良俗的法律行为无效。怎么判定违反公序良俗的标准?就是是否损害国家利益、社会利益。违反公序良俗的行为,法律没有具体规定,但是如果行为同时损害了国家利益、社会利益,那么可以认定违反了公序良俗的原则。

(1) 关于强制性规定

《合同法》②中有"违反法律、行政法规强制性规定"这个规定。《最高人民法院关于适用〈中华人民共和国合同法〉若干问题的解释(二)》将强制性

---

① 《民法典》2021年1月1日施行后,《民法总则》已失效并废除。
② 《民法典》2021年1月1日施行后,《合同法》已失效并废除。

规定解释为"是指效力性的强制性规定"，这样的强制性规定如果你违反了，这个法律行为就是无效的；如果没有违反这样的一个强制性规定，就不影响法律行为的效力。这就带来了一个问题，哪些规定是属于效力性的强制性规定？哪些规定不属于效力性的强制性规定？

如果单纯从规定内容来看，强制性规定有两种：一种规定就是你应当实施特定形式的行为，这样的规定一般来讲，不影响法律行为的效力。典型的就是前边我们谈到的，法规规定应当办理审批、登记等手续的这样的一些法律行为，这是你应当办理实施的特定行为，你实施这个行为必须有这种特定形式，采取特定形式实施这样的行为，这样一种关系上的强制性规定，一般不会导致行为无效。

另一种强制性规定，是禁止你以特定形式实施某种行为的规定，这里面就涉及一个到底是效力性规定，还是管理性规定的问题。对这个问题怎么理解，是有一些争议的。比如说典型的，违反了市场准入条件的强制性规定的行为是否有效？大家就有不同的看法。

典型的例子：建设工程合同。建设工程施工要有相应的资质，你不具备这个资质，订立了这样的建设工程合同是否有效？有一种观点认为，没有履行的话是无效的，履行了可以有效。《最高人民法院关于审理建设工程施工合同纠纷案件适用法律问题的解释》讲：工程竣工验收合格了，可以按照合同中约定的价款去进行结算，这是不是就认定了这个合同是有效的呢？有不同看法，有观点认为如果验收合格了，这个施工合同可以是有效的。实际在这些情况下，合同在我看来都不是有效的，违反了涉及效力条件的禁止性规定、强制性规定。如果是属于市场管理方面的规定，这应当属于不影响效力的、管理性的强制性规定，就像上次我们谈到的影响"市容市貌"的问题。你家里搞装修，装修了阳台，影响了"市容市貌"，应该是违反了相关规定，但是这会不会影响你的装修合同的效力？这个不会影响，因为违反的规定是管理性的。

（2）关于无效原因

法律行为为什么无效？无效的根本原因是什么？本来法律行为的理论基础就是私法自治理论，强调私法事项由自己去决定。既然自己的事项自己决定，你去确定它无效，道理在哪里？也就是说它这个行为涉及的不是当事人的利益，涉及的是国家利益、社会利益，在这种情况下才应该说它是无效的。

（3）关于恶意串通

《民法总则》①还规定了一个无效原因，就是"恶意串通"，恶意串通损害他人合法权益的行为是无效的。《民法通则》②中规定：恶意串通损害国家利益、集体利益或者第三人利益的民事行为无效。集体利益本身是一个不确定的概念，什么是集体利益？恶意串通损害第三人利益的民事行为是不是应当无效？在《民法总则》③的立法过程中，许多人提出来，包括我反复提这个问题，这样的行为是否无效，应该由第三人决定。你损害了我第三人的利益，我第三人不确认无效，我同意这个行为，那国家管他干什么？我第三人不同意，行使撤销权，撤销就完了，或者我要求你承担什么侵权责任就可以了。恶意串通损害国家利益的民事行为就是无效的。在什么情况下是无效的？立法没有改变这个规定，总的出发点就是双方有恶意，怎么能让它有效？这就如同《民法通则》④把许多应该属于可撤销的行为都规定为无效行为。

5. 可撤销行为

关于可撤销民事行为，《合同法》⑤的规定修正了《民法通则》⑥的规定，

---

① 《民法典》2021年1月1日施行后，《民法总则》已失效并废除。
② 《民法典》2021年1月1日施行后，《民法通则》已失效并废除。
③ 《民法典》2021年1月1日施行后，《民法总则》已失效并废除。
④ 《民法典》2021年1月1日施行后，《民法通则》已失效并废除。
⑤ 《民法典》2021年1月1日施行后，《合同法》已失效并废除。
⑥ 《民法典》2021年1月1日施行后，《民法通则》已失效并废除。

这次《民法总则》①又对《合同法》②的规定进一步作了修正。对《合同法》③最大的修正就是把"乘人之危"和"显失公平"合并到了一起,现在《民法总则》④中规定的可撤销民事行为就发生在"重大误解""受欺诈""受胁迫"和"显失公平"这几种情况中。

（1）重大误解

这几种行为类型中,比较有争议的就是"重大误解"。怎么算是"重大误解"？这是我们在实务当中真正要去界定的。

"重大误解"必须对当事人双方的利益有重大影响,行为的后果使当事人双方利益严重失衡,才能叫重大误解。咱们通常会讲,一般情况下对当事人的误解构不成"重大误解",只有在与特定人有一种信任关系时,如果你误解了,当然就属于"重大误解"了。比如说委托,委托是当事人基于信任关系建立的,对当事人的认识错误当然会造成误解；赠与,赠与是出于一种特定目的的,当事人的误解肯定是有重大影响的。其他来讲,像一般的交易行为,买卖中就不会发生对当事人的重大误解,但是买卖中对标的物的认识错误,构不构成重大误解是要考虑的,比如买卖农药,我本来要买一瓶90%浓度的农药,结果我看错了,把60%看成90%了,这构不构成重大误解？那就要看60%浓度跟90%浓度的农药标识有没有本质上的区别,会不会导致混淆？比如说,显示效果差别很大,就可能构成重大误解；如果说差别并不大,就构不成重大误解。

（2）受欺诈

"受欺诈"的行为,在《民法总则》⑤里有两个条文规定,其中一条专门规

---

① 《民法典》2021年1月1日施行后,《民法总则》已失效并废除。
② 《民法典》2021年1月1日施行后,《合同法》已失效并废除。
③ 《民法典》2021年1月1日施行后,《合同法》已失效并废除。
④ 《民法典》2021年1月1日施行后,《民法总则》已失效并废除。
⑤ 《民法典》2021年1月1日施行后,《民法总则》已失效并废除。

定受第三人欺诈的行为,受害人不是受到对方当事人的欺诈,而是受到第三人的欺骗而实施的法律行为,也可以说是"受欺诈"的民事法律行为,当事人的意思表示也是不真实的,他如果知道事情的真相,他就不会去实施。现在这种第三人欺诈在社会中是很多的,受第三人欺诈的民事法律行为是不是就是可撤销的?不是的。《民法总则》①特别规定对受第三人欺诈的行为,只有相对人知道的时候,受害人才可以主张撤销,才有撤销的权利,不能把受害人受欺骗的这种后果加在不知道实情的相对人身上。因此来讲,对一个受欺诈的行为,你要主张其无效的时候,一定要证明相对方欺骗了你,他直接欺骗了你,或者让第三人来骗你,这样的行为才可以是无效的。

(3)受胁迫

"受胁迫"的行为,只要你受到了威胁,受到了要挟,意思表示不真实,都是可撤销的。这里有一个问题,怎么判定是不是要挟?举个例子,对方用目睹的真实的事实来要挟你,这个事实就是你的行为而且是不合法的,构不构成威胁?再比如说,某人知道你曾经做过什么不好的事情,他就说:你要与我实施这个交易,不然我就把你过去的丑事暴露出去。这种行为构不构成要挟?是不是构成要挟,并不取决于他对受害人施加这种威胁时所谈到的事实是不是真实的,或者是不是合法的,也不取决于他给予受害人的威胁造成了受害人什么样的恐惧,而是只要受害人不得不被迫实施这样一种行为,这就足够了。

(4)显失公平

可撤销行为中,《民法总则》②中的"显失公平"包括了两种情况,即《民法通则》③和《合同法》④中规定的"乘人之危"和"显失公平"。国外法,特别

---

① 《民法典》2021年1月1日施行后,《民法总则》已失效并废除。
② 《民法典》2021年1月1日施行后,《民法总则》已失效并废除。
③ 《民法典》2021年1月1日施行后,《民法通则》已失效并废除。
④ 《民法典》2021年1月1日施行后,《合同法》已失效并废除。

德国法中,只有"显失公平","乘人之危"也是属于"显失公平"的情况。"乘人之危"是利用了你处于困境危难之中,"显失公平"是利用了你的认识能力经验不足,二者能合并到一起,两种情况都属于"显失公平"。这个行为可撤销的最大一个根据,必须是"显失公平"。合同一成立,当事人双方的权利义务就严重地失衡,这种不公平应该属于社会一般观念上认为的不公平,当事人和得到利益的一方都知道这是不公平的才可以。不能要求当事人在行为成立时权利义务完全对等,如果权利义务不等并不显著,就不构成"显失公平"。

(5)撤销权的行使时间

无效行为自成立时起就确定是无效的,可撤销行为自成立时起确定是有效的,只是有撤销权的当事人可以撤销。当事人撤销的时候行使的是撤销权,撤销权必须在法定期间内行使。讲到撤销权的行使期间,我想强调一下,《民法总则》①对撤销权的行使期间的规定对《合同法》②中的规定做了一些修正,这个规定应该说更合理了,它规定在"重大误解"的情形下自知道之日起三个月内可行使撤销权,其他情形,自知道之日起是一年内行使,但是"受胁迫"的情形下,撤销权的行使期间是从胁迫行为消除之日起一年,我觉得这个规定就非常符合要求。当然撤销权人行使撤销权的时候不能附其他条件,不能附期限。撤销权人以自己行为明确表示放弃撤销权后,也不能再行使。所以可撤销法律行为是有效的,只是撤销了的该法律行为才是无效的,才溯及至行为成立时无效。

(6)效力待定行为

还有一种情况,法律行为成立的时候是否有效不确定。这一类行为要有效是需要补正的,如果没有经过补正行为,不能发生效力。这有以下情况。

---

① 《民法典》2021年1月1日施行后,《民法总则》已失效并废除。
② 《民法典》2021年1月1日施行后,《合同法》已失效并废除。

限制民事行为能力人实施的、不能独立实施的行为,本来应当由法定代理人代理,没有经过法定代理人同意行为人自己独立实施了,这样的行为有行为能力上的欠缺,它不当然就是有效的。由于是行为能力的欠缺,而这是可以补正的,因此通过补正以后它就是有效的;如果法定代理人予以追认,那就可以有效。同时为了稳定关系,法定代理人追认权的行使,也应该是在一定期限内,按照《民法总则》①的规定,在一个月内要作出是否追认的表示,到期没有追认的,就属于拒绝。但是这里面有一个问题,善意的相对人在法定代理人同意之前有撤销权,如果行使,撤销的是什么? 是撤销这个行为,还是可撤销同意实施这个行为的意思表示? 这个要考虑。我比较倾向于他撤销的应该是他的意思表示,因为你要说撤销是与限制民事行为人实施的这个法律行为,这个行为就成了一个可撤销的行为了。

还有一个情况,就是无权代理,它不是在法律行为部分规定的。代理实际上也是民事法律行为制度中的一个问题,民事法律行为,当事人可以亲自实施也可以由代理人代理实施,代理人实施法律行为的时候就发生代理问题。代理里面有法定代理和委托代理,法定代理人得到法律授权,当然有法定代理权。

法定代理主要有三种情况,第一种情况是无民事行为能力、限制民事行为能力的法定代理人实施的代理,这种情况属于法定代理。第二种情况就是家事代理,即夫妻之间对家庭生活相关事务的法定代理。涉及夫妻共同债务,一方实施某个行为,没有经过对方同意,产生的债务对方应不应当承担,是不是属于夫妻债务? 如果属于家事代理的范畴,你当然要承担,如果不属于家事代理的范畴,当然不用承担。第三种就是法律规定的特殊情况下行为人所具有的代理权。比如说,紧急情况下的一些人的处置权,如仓储

---

① 《民法典》2021年1月1日施行后,《民法总则》已失效并废除。

人的处置权、海商法中船长在紧急情况下的处置权、行纪人对委托物的处置权。这些都是特殊情况。此时行为人不是以他自己的名义实施处置行为，而是属于法定代理行为，他这个处理不会构成侵权，不会构成无权处分。

委托代理必须要有委托人的授权，委托人就是被代理人。被代理人的授权属于单方法律行为，只要有被代理人一方的意思表示就可以了。为什么被代理人可以直接授权呢？基于基础合同关系，基于委托合同。授权行为是个单方行为，代理人只能在授权的范围之内实施行为，也只有在代理授权的范围之内实施的行为，对被代理人才能是有效的，被代理人才承受这个行为后果。如果没有授权，或者说授权已经过时了，或者在授权范围之外以代理人身份去实施行为，就属于无权代理，因为代理人没有代理权。这是广义上的无权代理，其中包括行为人没有代理权，但是表现出来的事实，让相对人相信其是有代理权的情况，这种情况构成一个"表见代理"。"表见代理"发生代理的后果，是有效代理。我们讲的无权代理纯粹是狭义的，就是你没有代理权，而且在客观上也没有使第三人相信你有代理权的这样的一个事实，这样的无权代理行为，对被代理人是否有效？这就看被代理人是不是予以补正，如果被代理人予以补正，事后追认了，这个行为对被代理人就是有效的；如果不追认，这个行为对被代理人来说就是无效的。对相对人来讲，在被代理人没有追认前可以撤销，撤销了该行为当然就不成立了；如果没有撤销，我认为这个行为在行为人和第三人即相对人之间是有效的。比如说两个人订立了合同，相对人完全可以要求行为人履行合同，你不履行就要承担违约责任。

还有一种情况，就是无权处分，无权处分是有效还是无效？比如说债权转让，你本来没有这个债权，没有处分权利，你转让了，债权转让是有效还是无效？无权处分同样效力要件欠缺，需要补正。

这里的有效、无效跟我们前面谈的民事法律行为的有效、无效还有一定的区别,这里的有效、无效不是针对实施行为的人来说的,无权代理针对的是被代理人,各种情况下的当事人或相对人或者是利害关系人并不完全相同。这是我们谈的民事法律行为欠缺有效要件的不同的情况。

民事法律行为如果是无效的,或者被撤销了,它是不能发生效力的。所谓不能发生效力就是不能发生当事人预期的法律后果,而是发生另外的法律后果。从《民法通则》①到《民法总则》②都讲了法律行为的无效,一部分无效和全部无效的区别问题,《合同法》③中也讲到了。法律行为如果部分无效,无效部分不影响其他部分的效力,其他部分仍然有效。如果无效部分影响了其他部分的效力,整个法律行为都无效。法律行为的哪些部分的无效会致使全部法律行为无效,或者说哪些部分的无效不会影响其他部分的效力? 这是我们需要去考虑的问题。我个人看法,法律行为如果涉及主给付义务的这部分无效了,整个法律行为都是无效的;如果法律行为的无效部分涉及的不是主给付义务,是一些从给付义务,我觉得如果不影响合同目的的实现,那应当属于部分无效。如果这个无效部分同时影响了合同目的、行为目的的实现,那当然其他部分也应当是无效的。是否部分无效就看无效部分是不是影响行为目的的实现。

法律行为无效或者被撤销了,是不能发生法律效力的,因此这样的法律行为是不能履行的,对当事人没有拘束力。如果已经开始履行了,要停止履行。对已经履行的部分怎么处理? 已经履行的部分应该恢复原状,双方要恢复原状,就要返还财产。返还财产当然是返还原物了,有一些不属于原物,不能返还原物的就要折价赔偿,也是属于返还的范畴。如果有人实施了这个行为,给当事人造成了一定的损失,有过错的一方要赔偿对方的损失,

---

① 《民法典》2021 年 1 月 1 日施行后,《民法通则》已失效并废除。
② 《民法典》2021 年 1 月 1 日施行后,《民法总则》已失效并废除。
③ 《民法典》2021 年 1 月 1 日施行后,《合同法》已失效并废除。

这是损失赔偿问题。这个赔偿责任从《合同法》①来讲，就是我们前面所提到的缔约过失赔偿责任。

损害国家利益、社会公共利益的行为被确认无效后应该发生收缴财产的后果，在民事上叫"没收"。《民法通则》②规定，收缴的财产归国家、集体或者第三人。收缴的财产为什么给第三人呢？收缴的财产为什么给集体呢？给哪个集体？这都是当事人之间的事情，属于返还财产的问题。收缴给国家，才是严格意义上的收缴。收缴给国家的财产，必须是通过故意损害国家利益、公共利益和社会利益的行为取得的财产，必须是故意实施的行为取得的财产。我们现行法律对收缴的规定不够成熟，故意损害国家利益和社会利益实施法律行为的时候，应该是故意的一方从对方取得的财产要返还给对方，对方从故意的一方取得的或者约定取得的财产要由国家收缴。如果双方都是故意的，双方取得的或者约定取得的财产都要由国家收缴。典型的就是买卖报废车辆。买卖报废车辆是一个损害公共利益和社会利益的行为，这个行为是无效的。如果有一方是故意的，比如说出卖人是故意的，买受人不是，那么出卖人他取得的买受人一方的价款要返还，而买受人取得的车辆要收缴；如果双方都是故意的，约定取得或者取得的车辆和价款都要收缴。

民事法律行为不符合有效要件发生的是法律规定的后果。如果符合有效要件那就按照约定实现当事人实施行为的目的，当事人就应该按照法律行为的内容去履行。如果你再不履行，那就涉及违约责任问题了。

---

① 《民法典》2021年1月1日施行后，《合同法》已失效并废除。
② 《民法典》2021年1月1日施行后，《民法通则》已失效并废除。

第三讲　诉讼时效

今天我们来聊一聊时效的问题。什么是时效？时效就是时间效力，时间的经过发生什么样的后果，一切法律关系的变动都要有法律事实，时间的经过也是一种法律事实，这是一种自然事实，时间经过以后就会发生一定的后果，导致法律关系的变动。

一、时效制度的立法例

具体到时效制度，从立法例上来讲，关于时效制度是有三种立法例的。第一种就是在民法总则当中，同时规定统一的一个时效制度，包括取得时效和消灭时效；第二种立法例是在民法典中分别规定取得时效和消灭时效，消灭时效规定在民法总则中，取得时效规定在物权法中；第三种立法例，只规定消灭时效，不规定取得时效。

我们国家从现行的立法来看，采取的是第三种立法例，只规定了一个诉讼时效。诉讼时效的概念，我们是从苏联民法引来的，已经约定俗成了，《民法总则》①中仍然使用这个概念。我们国家的诉讼时效也就相当于其他国家的消灭时效，它们的作用效力是一样的。

　　因为制定《民法通则》②的时候，一种观点认为不应该规定取得时效，有一些人认为，如果规定取得时效可能会导致国家财产的流失，你占有了他的物，过了一段时间他的物怎么能成了你的呢？从道义上来讲不合理。另一些人主要在法律上讨论这个问题，认为现在取得时效没有适用的余地，因为有善意取得制度、不动产的登记制度不能适用取得时效，动产有善意取得制度就可以解决这个问题。但是从现实来看，对于规则的制定还是有争议。像我们国家在《民法总则》③中明确规定了不动产和登记的动产不适用诉讼时效，仍然有一些动产会发生一个占有返还请求权、返还财产请求权的适用时效的问题。如果有人占有了他人的一个没有登记的动产，权利人三年以后要求他返还的时候，占有人可以不返还。在不返还的情况下，占有人仍然只享有占有权，这时候物的所有权属于谁？所有权会处于一个真空状态。真正的权利人不能要求返还，占有人又不能取得所有权，如果占有人转让财产，这时候善意第三人可以取得所有权，他是基于善意取得规则取得，所以有人还是主张应该规定一个取得时效。我觉得规定比不规定要好一些，毕竟现实中会存在一些类似的情况，包括不适用诉讼时效的不动产，不动产权利中还有一些权利是不确定的。我们国家过去的土地权利变动很大，确认权利很麻烦，你要是搞权利登记的时候找不到权利根据，但是要是规定取得时效了，比如原国土资源部内部曾有个规定，占有二十年的土地属于占有人，有这种规定可能就能解决这些问题了。

---

① 《民法典》2021 年 1 月 1 日施行后，《民法总则》已失效并废除。
② 《民法典》2021 年 1 月 1 日施行后，《民法通则》已失效并废除。
③ 《民法典》2021 年 1 月 1 日施行后，《民法总则》已失效并废除。

二、诉讼时效的定义

我们现行的法律仍然只规定了一个诉讼时效。什么是诉讼时效？诉讼时效有些什么特征？实际上大家都在讲，但是讲法是不同的。我觉得如果根据《民法通则》第 135 条①的规定和《民法总则》第 188 条②的规定来看，在我们国家，诉讼时效问题就是一个权利保护问题。诉讼时效是指权利人的权利受到侵害后，应该在法定期间内请求法院予以保护，超过这个期间法院不会给你保护。诉讼时效期间实际就是一个法定的保护权利期限。权利是受法律保护的，你可以私力救济也可以公力救济，但是权利保护不是无限期的，权利受到侵害，你要及时地行使你自己的权利，请求公权力给你保护。在法律规定的期间内，你不请求法律保护，法律就不会再给你保护。诉讼时效期间，就是一个法定的权利保护期间。

三、诉讼时效的特点

诉讼时效有三个特点：第一个就是法定性。诉讼时效是法律规定的，诉讼时效期间的长度，诉讼时效中断、中止的事由，都是法律规定的。当事人不能约定诉讼时效，可以约定权利的时效期间，但是它不属于诉讼时效期间。诉讼时效期间是一个法定的可变期间，中间有某种事由，它可以中止、中断，是可变的。第二个特点就是强制性。法律规定有一些条款是可以排除适用的，是任意性条款，有一些条款是强制性条款，是不能改变的。诉讼时效的规定就属于强制性条款。当事人不得排除适用，我们约定不适用时

---

① 现为《民法典》第 188 条。
② 现为《民法典》第 188 条。

效不行,这个约定是无效的。当事人对于法律规定的诉讼时效期间,既不能延长,也不能缩短。就因为不能排除诉讼时效的适用,因此对诉讼时效利益的抛弃是无效的。第三个特点就是普遍性。它是普遍适用于法律没有另外规定的各种民事权利义务关系的,只要权利受到侵害,只要法律没规定说不适用诉讼时效,或者性质上决定不能适用诉讼时效,都要适用诉讼时效。

四、诉讼时效的种类

诉讼时效通常分为一般诉讼时效和特别诉讼时效,我们国家也是这样的。一般诉讼时效是在《民法总则》①中规定的,是适用于法律没有另外规定的各种法律关系的诉讼时效。一般诉讼时效期间,《民法总则》第188条②规定的是3年,这改变了《民法通则》第135条③中2年的规定。大家都觉得2年这个诉讼时效期间太短了,应当说从全世界的范围来讲,诉讼时效的期间在变短。过去一些国家规定30年、20年不等,它是在缩短这个时效期间。但是我们原先规定2年也太短了,不利于维护他人的利益,所以《民法总则》④制定的时候,民众普遍认为应当适当地延长一下,有的人主张5年,但最后还是规定为3年。

现在可能有个问题,《民法通则》⑤制定以后,其他一些单行法律都规定时效期间是2年。现在《民法总则》⑥规定为3年,其他法律没有改。在其他法律没有改的情况下,还应当适用其他法律的规定,尽管当时这些法律可能考虑作为一般时效来处理,规定的是2年,但是从立法论来讲,如果这个时

---

① 《民法典》2021年1月1日施行后,《民法总则》已失效并废除。
② 现为《民法典》第188条。
③ 现为《民法典》第188条。
④ 《民法典》2021年1月1日施行后,《民法总则》已失效并废除。
⑤ 《民法典》2021年1月1日施行后,《民法通则》已失效并废除。
⑥ 《民法典》2021年1月1日施行后,《民法总则》已失效并废除。

效期间适用一般诉讼时效，就不应该再规定。只有不适用一般诉讼时效期间的，才需另外规定。特别诉讼时效期间，就是法律特别规定的。跟其他国家或地区的规定的长期消灭时效和短期消灭时效不同，我们的特别诉讼时效期间是有长有短的，最长的就是《合同法》①中规定的国际货物买卖和技术进出口合同的诉讼时效期间是 4 年，短的也有规定 2 年的。

五、诉讼时效的效力

诉讼时效的效力，也就是诉讼时效期间届满以后发生的法律后果，这个问题各国立法有不同的立法例，有四种立法例：权利消灭说、诉权消灭说、抗辩权发生说、胜诉权消灭说。我们以前采取的是胜诉权消灭说。胜诉权消灭说认为诉讼时效期间届满以后，当事人诉权是有的，你可以请求法院保护，但是法院不保护你了，你就不能胜诉了，你会败诉。

从《最高人民法院关于诉讼时效法律适用若干问题的规定》这个文件发布以后，大家都比较同意理论上采取的是抗辩权发生说。诉讼时效期间届满以后，债务人有抗辩权，可以以诉讼时效期间届满为理由，对抗权利人的请求权。这个理论最大的好处就是可以解决法院能不能依照职权直接适用诉讼时效的问题。因为在这个问题上也是有不同观点的，可以说在《民法通则》②颁布以后，主流的观点是法院可以依照职权直接来适用，其理由是：从时效制度的目的来看，规定时效制度的目的有许多，其中一个很重要的目的就是维护财产秩序。取得时效的目的是维护财产秩序，消灭时效的目的也是维护财产秩序。我欠你很多钱，几百万，我一直没还，你也不要，我也不知道你要不要了，因此我就拿这笔钱干别的去了，为维持财物的流通，不应再

---

① 《民法典》2021 年 1 月 1 日施行后，《合同法》已失效并废除。
② 《民法典》2021 年 1 月 1 日施行后，《民法通则》已失效并废除。

对你予以保护，从这个道理来讲，法院就可以直接判你败诉。当事人如果没有主张诉讼时效的抗辩，法院能不能释明？有一种观点认为，法院应给当事人说明时效问题。这是释明权的体现，也有不同观点。现在我们采取了抗辩权发生说，当然是要当事人提出抗辩权主张，法院不能直接适用诉讼时效。同时法院能不能释明，这个问题并没有解决。但是最高人民法院司法解释中规定，法院是不能去释明的，在诉讼中法院是中立的，你不能偏袒任何一方。尽管从理由上来讲诉讼时效制度涉及财产秩序，但其真正关乎的是当事人自己的利益，它不关乎社会利益、公共利益，因此当事人自己的利益只能当事人自己维护。我不主张、我不同意，那你还有什么可说的？只有我主张，才适用诉讼时效，我不主张就不适用诉讼时效。既然是当事人利益，法院就不可以偏袒任何一方，就是应完全处在一个中立的立场，不能去释明。

实际上从权利、义务、责任的线索去考虑诉讼时效更容易理解。权利受到侵害是对义务的违反，违反义务的后果就是承担责任。权利受到侵害了，追究义务人的责任，这个时候你的诉讼时效期间过了，你再向法院去请求追究责任的时候，法院就不管了，如果义务人一方提出抗辩来，法院就不能强制了。这个时候义务人就不再承担责任了，从债务人的角度来讲，就是责任消灭的问题。如果从权利人的角度来讲，是一个请求权的消灭问题，他不能再请求了，但是他可以受领。如果义务人履行了义务，他可以接受，他这个接受不属于不当得利。也就是说他的权利仍然是存在的，只是不受保护了，如果权利不存在，接受了以后那就是不当得利了，因为没有取得利益的权利根据。

从债务人的角度或义务人的角度来讲，我的责任消灭了，但是义务存在，这种义务就是学理上讲的自然债务了。自然债务实际上是有道德义务在里面的，你愿意履行就履行，不愿意履行就不履行。但是这个债务确实是存在的，因此你要履行，那也是应当的，权利人也有权接受。因此法律规定，诉讼时效期间届满以后，债务人自愿履行的，这个履行是有效的，不受诉讼时效期间的限制。债务人的自愿履行也就是他同意履行，因此从司法实务来看，包括最高人民法院的司法解释来看，这个自愿履行并不是仅指实际履行，也包括同意履行。若诉讼时效期间届满以后，当事人双方又达成了一个协议，这个协议是有效的。当然最初这样的案例发生在广东，对于协议是否有效，理论界有不同的观点。最高人民法院的批复解决了这个问题。实际上就涉及自愿履行是否仅限于实际履行的问题。法律规定自愿履行有效，不受诉讼时效限制，那么自愿履行是不是就是实际履行？最高人民法院的批复实际上解决了这个问题。现在从实务来看，这个自愿履行不限于实际履行，也包括同意履行，双方达成协议了，这个协议就是有效的。

六、诉讼时效的适用范围或者适用对象

一般都主张诉讼时效适用于债权请求权，适用于债权请求权当然还涉及对债权请求权本身怎么定义的问题。债权请求权是有两种的：一种是原权请求权，诉讼时效显然不适用于原权请求权，另一种是救济请求权。诉讼时效是什么时候适用的？权利受到侵害请求法院保护的时候才适用。因此来讲，这里的请求权实际是个救济请求权，而不是原权请求权。各种权利受侵害时都会有救济请求权的发生。请求权都有相对人，当然符合债权的特征。但是又会出来一个问题，物权请求权是债权请求权，还是什么请求权？权利受到侵害才会有诉讼时效问题，权利没受到侵害有什么诉讼时效问题？

是不是所有的救济请求权都适用诉讼时效？也不是。因为时效制度是维持财产秩序的，因此来说，诉讼时效适用于财产救济，适用于以财产承担

责任的方式,也就是财产责任,而不应适用于非财产性的救济,比如说像消除影响、恢复名誉、赔礼道歉这样一些责任,不适用诉讼时效,因为其不涉及财产秩序。你说我侵害你名誉了,已经几十年了,你要求恢复你的名誉,能认为这么些年算了吧,能认为过了时效了,行吗?恐怕不合适,但是你要求财产救济,因名誉损失、财产损害而要求赔偿,这个就要适用诉讼时效了。

财产救济是不是都适用诉讼时效?最高人民法院关于诉讼时效适用的司法解释中,曾经规定了不适用诉讼时效的债权请求权。《民法总则》^①中专门规定了不适用诉讼时效的情况。《民法总则》^②规定停止侵害、排除妨碍、消除危险,不适用诉讼时效。在以前对此能不能适用诉讼时效也是有争议的,现在明确规定不适用。只要侵害在进行中就可以让它停止,你要适用诉讼时效从什么时候起开始计算?消除危险也是这样,排除妨碍也是这样。侵害行为一直在进行中,如果要适用诉讼时效至少要自其结束之日起算。以前我们司法实务中确实有这样的案例,一个人住在一楼,一个人住在二楼,住在一楼的人不让住在二楼的人进,多少年以后法院说过时效了。这个不对,妨碍仍然存在,不能适用诉讼时效。

另一种不适用诉讼时效情况就是不动产和登记的动产的返还请求权不适用诉讼时效。对于没经登记的动产,这个返还请求权仍然是要适用诉讼时效的。过了时效期间请求返还的时候,占有人可以提出诉讼时效经过的抗辩。

还有一种情况就是支付抚养费、赡养费、扶养费请求权。这个请求权也不适用诉讼时效。这个请求权不适用诉讼时效的理由可能有很多种。抚养费是父母对子女支付的,赡养费是子女对父母支付的,扶养费是平辈之间发生的。这些费用的支付是发生在家庭成员之间的,家庭成员之间涉及家庭

---

① 《民法典》2021 年 1 月 1 日施行后,《民法总则》已失效并废除。
② 《民法典》2021 年 1 月 1 日施行后,《民法总则》已失效并废除。

伦理,因此对这些费用的请求权不应当适用诉讼时效。也就是说你不能逼着自己的家庭成员去要这些钱,这是不合适的,这是一个原因。另外还有一个原因,这些费用是涉及权利人的基本生活保障,涉及家庭成员之间的扶养义务,如果你适用了诉讼时效,权利人失去了这个生活保障,谁来管? 社会也要考虑这个问题。

最后一种情况就是其他法律规定不适用的情况,在那些情况下当然也不能适用诉讼时效。其他法律规定在哪些情况下可以规定不适用诉讼时效? 这是要考虑的。像《储蓄管理条例》规定的,储蓄中的利息支付不受诉讼时效的限制,这是不是一个诉讼时效问题? 包括最高人民法院司法解释里面讲的,储蓄关系、存款关系、投资关系不适用诉讼时效,其是不是涉及时效问题,我觉得要考虑。比如说,我在银行存了款,存了 10 年,我忘了取,或者 20 年以后我再去取,这个时效从什么时候起开始算? 我的权利也没受侵害,这种情况下不存在诉讼时效问题。

从司法实务来看,有一个案例是物业要求业主交付物业费,业主提出来诉讼时效过了,法院判决不适用诉讼时效,我觉得类似这种情况不应该适用诉讼时效。因为对这个请求利益的保护不仅涉及个人利益,而且涉及公共利益和其他人的利益。你不交物业费,物业管理不仅与个别业主和物业之间的关系有关,而且涉及其他业主的利益,因此在这种情况下不适用诉讼时效是有道理的。法律规定其他情况不适用诉讼时效,涉及其他人的利益,涉及公共利益、社会利益、国家利益的请求权的时候,当然不能适用诉讼时效。以前最高人民法院的司法解释中规定,国有资产的返还不适用诉讼时效,这个司法解释是有道理的。国有财产不是私人利益,是公共利益,是国家利益。

关于诉讼时效的适用对象我们前面讲到一个救济请求权,法律中对于权利的存续期间有不同的规定。《民法总则》在第 199 条①中提到,法律规

---

① 现为《民法典》第 199 条。

定或者当事人约定的撤销权、解除权等权利的存续期间,不适用诉讼时效的规定。除了诉讼时效之外,我们在实务中还会碰到其他一些涉及权利存续期间的法定期间、约定期间。它们适用的对象是什么? 这是法律应该规定的。

在《民法总则》①的制定过程中,对应该规定哪一些期间,除了时效期间还有哪些期间应规定有不同看法。我也曾经主张应该规定一个权利失效期间,最后没有被采纳。第199条讲到了撤销权、解除权等权利存续期间。撤销权、解除权属于形成权,形成权适用的是除斥期间,形成权的存续期间在传统理论上就叫除斥期间,其他权利的存续期间叫什么期间呢? 法律没有具体规定。

《民法总则》②规定除斥期间以后,一种观点认为现在这个除斥期间的概念可以扩大化,不仅仅适用于形成权,其他权利存续期间,也属于除斥期间。我们要注意除了诉讼时效期间以外,还有其他一些权利存续期间,即会导致权利效力失去的这样一些期间,包括我们通常所讲的除斥期间,前面我们讲可撤销民事法律行为的时候,提到了撤销权的行使期间,那就是除斥期间。还有的权利的存续期间是可以约定的,典型的如保证期间。当事人可以约定保证期间为多长时间,保证期间届满了,债权人没有主张权利的时候,这个权利就消灭了,保证人就不承担保证责任了,这个保证期间就是权利失效期间。除了诉讼时效期间以外,其他期间都属于不变期间,也就是说,2年就2年,6个月就6个月,不会因为什么事由而发生中止、中断。

涉及诉讼时效的效力还有一个问题:即诉讼时效会不会及于从权利? 主权利的诉讼时效期间届满了,这时候从权利的效力是怎么样的? 对这个问题也有不同的看法。我们知道按照"从随主"原则,从权利的命运是决定

① 《民法典》2021年1月1日施行后,《民法总则》已失效并废除。
② 《民法典》2021年1月1日施行后,《民法总则》已失效并废除。

于主权利的,主权利消灭了,从权利也就消灭了。因此如果说债务人可以对抗主权利,那当然从权利他也可以对抗,这一般都没问题。这里主要涉及担保物权。担保物权相对主债权来讲也是个从权利,如果主债权的诉讼时效期间届满了,债权人能不能主张从权利?《最高人民法院关于适用〈中华人民共和国担保法〉若干问题的解释》规定抵押权在诉讼时效期间届满以后 2 年不行使的,就不能再行使了。如果按照这个规定,显然是主权利的诉讼时效不会及于从权利。

《物权法》①中规定,主权利的诉讼时效期间届满,抵押权不受保护。所以有一种主张,担保物权的主债权的诉讼时效及于担保物权这样的从权利,从这个规定上讲可以这样认为。但是实际上有个问题:主债权诉讼时效期间对于担保物权到底是个什么期间?有不同的看法,我一直觉得这是个担保物权存续期间的问题,它不是涉及诉讼时效。因为你要按照诉讼时效理论来解决这个问题,会有一个问题;这个诉讼时效期间届满了,担保人可以主张抗辩,债权人不能再去行使这个担保物权,但是这个担保物权到底消不消灭?如果担保物权不消灭,担保物上的物上负担仍然是存在的,只是说债权人不能再行使了。比如说,我把房子抵押了,你现在要拍卖我的房子行使抵押权是不行的,过了时效期间了,但是如果这个房子上的抵押权还存在,我怎么办?我这个房屋上的物上负担永远存在?

我曾经提过,司法实务当中已经有这样的案例,法院认为这个期间届满之后,抵押人可以去注销登记的。期间届满后抵押权应该消灭了,抵押人需要到登记部门去注销登记,这样才不会有负担,如果抵押权不消灭,他永远有这个负担,抵押人如果仅能抗辩,债权人是不能行使抵押权了,但是抵押人怎么去注销抵押权登记?抵押人没有办法去注销,只有证明抵押权消灭

---

① 《民法典》2021 年 1 月 1 日施行后,《物权法》已失效并废除。

才能去注销。

实务中有这样一个案例，是《人民法院报》上登过的一个案例，这个案例中，法院就判决确认期间届满后抵押权消灭。实际上，现实中的难题是抵押物上的物上负担取消不了，因为登记了之后，物上负担一直存在，如果说是一般动产的抵押，没有登记也就无所谓了。这是涉及诉讼时效届满的效力的问题。

七、诉讼时效的计算

关于诉讼时效的计算，以前也是有不同的观点或者说有不同的立法例的，主要争议在于，是从请求权产生之日起开始计算时效，还是从请求权能够行使之日起计算诉讼时效。《民法通则》①对这个问题没有特别明确的规定。从《民法总则》②的规定来看，诉讼时效期间采取的是请求权行使的时间，要从能够行使请求权之日起开始计算。怎么才能够行使请求权？当然要知道权利受侵害这个事实，《民法通则》③中就规定了，诉讼时效期间从知道或者应当知道权利受侵害之日起计算。只知道权利受侵害，有办法行使请求权吗？不可能的。从诉讼上来讲去告谁？因此要知道侵害人，你的权利受到侵害了，要知道谁侵害了你的权利，你才能去行使请求权。你也知道权利受侵害了，你也知道谁侵害你的权利，就可以行使请求权了，当然要开始计算诉讼时效期间了。为什么规定诉讼时效，让你可能失去你的权利？就是因为你可能不行使权利，过去叫"权利睡眠"，意思就是躺在权利上"睡大觉"，这说明你不需要这个权利，所以期间届满你就失去这个权利了。

---

① 《民法典》2021年1月1日施行后，《民法通则》已失效并废除。
② 《民法典》2021年1月1日施行后，《民法总则》已失效并废除。
③ 《民法典》2021年1月1日施行后，《民法通则》已失效并废除。

权利人知道权利受侵害这个事实很容易,关键是知道受谁侵害。债权是相对权,相对权很清楚的情况下,谁是我的债务人我很清楚,债务人到期不履行债务,因此我的债权受到损害了,就开始计算诉讼时效期间,这是没问题的。主要是绝对权。我的物受到损害了,谁给我破坏了?我被打伤了,谁打我的?我得知道。侵权责任时效开始计算的条件是不仅要知道权利受侵害的事实,还要知道侵害人是谁、加害人是谁。

《民法通则》①第136条规定,人身受到损害要求赔偿的,适用1年的诉讼时效期间,1年的诉讼时效期间从什么时候开始计算?最高人民法院的司法解释认为从伤情能够确定之日起开始计算,可能有些人10年、20年以后伤情才可以确定,那就从那个时候开始计算。现在规定了3年的诉讼时效期间,但仍然存在权利受侵害时是不是应该知道权利受到多大侵害等问题。

比如说,我的权利受到了侵害,我被打伤了,我也知道是你打的,从这个时候起开始计算诉讼时效吗?还是应当知道至少知道我受的伤害有多大。比如说,我出院的时候才知道自己治疗一共花了两万块钱,我才能请求吗?恐怕这是要考虑的。我觉得从伤情确定之日开始计算比较合理。整个来讲,一个基本规则是明确的,要从请求权能够行使之日起开始计算。能行使而不行使,这才叫怠于行使权利,才会造成诉讼时效届满胜诉权消灭的结果。

我们从实务来看,还有一个问题,是否能够行使而没有行使请求权经过一定时间,诉讼时效就过了?这个问题涉及时效期间从什么时候开始计算。对此法律规定了一个诉讼时效特别的开始计算时间,包括几种情况:

第一种情况就是对分期履行的债务的请求权。《民法总则》②规定,分

① 《民法典》2021年1月1日施行后,《民法通则》已失效并废除。
② 《民法典》2021年1月1日施行后,《民法总则》已失效并废除。

期履行债务是从最后履行日期的期限届满开始计算时效的。这个规定是和以往不同的，以前我们讲分期履行的债务是每一期届满以后开始计算那一期的诉讼时效，《民法总则》则把分期履行的债务作为一个债务的整体来考虑，因此，只有最后一期履行期间届满，债务人没有履行的时候，才开始计算诉讼时效。

第二种情况是无民事行为能力人、限制民事行为能力人对法定代理人的请求权。法定代理人在行使代理权的过程中，侵害了被代理人权益的，被代理人有权请求他承担责任，但是被代理人是限制民事行为能力人、无民事行为能力人，这时候需要法定代理人代理，法定代理人不代理的时候，权利就没办法行使了，因此在此种情形下被代理人的请求权从法定代理关系终止之日起才可以计算诉讼时效。

第三种情况是未成年人受到性侵害的损害赔偿请求权，诉讼时效期间自受害人成年之日起开始计算。未成年人受到性侵害，要主张对方承担责任的时候，应该由法定代理人代理，如果法定代理人没有代理，那么这个诉讼时效期间也不能开始计算，要从受侵害人成年之日起开始计算，因为这时他可以行使权利了。

第四种情况是《民法通则》第 135 条、《民法总则》第 188 条规定的，自权利受到侵害之日起超过 20 年的，法院不再保护了，它是从权利受侵害之日起开始计算的。20 年是不是诉讼时效期间，有争议，有的人认为它属于最长诉讼时效期间，我是一直不把它当成诉讼时效期间的，我认为它就是权利保护的最长期间，不是诉讼时效期间，因为诉讼时效期间适用中止、中断的规定，它是不适用的，20 年以后法院确实不保护了，《民法总则》和《民法通则》的规定没有区别。

诉讼时效期间开始计算后，在诉讼时效期间进行过程当中可能会发生一些事由，使诉讼时效期间不能按期完成，造成诉讼时效期间的中止和中断。

八、诉讼时效的中止

诉讼时效的中止是指在诉讼时效期间最后六个月内发生法定事由，诉讼时效期间暂时停止计算，在这个事由消除以后，再开始连续计算。中止的事由有哪些？诉讼时效的中止事由都是一些使权利人不能行使权利的一些客观情况、客观原因。只有权利人客观上不能行使权利，才会发生诉讼时效的中止。《民法通则》中规定的中止的事由为不可抗力和其他一些客观情况，《民法总则》中规定了一些具体情况。中止的事由，当然首先是造成权利人没办法行使权利的不可抗力。另外其他的像限制民事行为能力人、无民事行为能力人的法定代理人死亡，或者丧失行为能力人没有确定法定代理人，这些情况下权利也没法行使。再就是继承，被继承人死亡了，继承人没有确定，权利也没有办法行使，这都是一些客观上使权利人不能行使权利的情况。

法律规定的其他客观情况有哪些？一般来讲，有两个非常典型：一个是战争，当事人双方如果处在战争状态，权利人就不能行使权利；再一个是双方处于婚姻存续关系期间，这时权利人也没办法行使权利。例如，张三和李四结婚，婚前张三向李四借了一笔钱，结果结婚了，两个人就不提这个事了，然后过了十年两个人又离婚了，李四要求张三偿还婚前借的这笔钱，张三说过了诉讼时效了，这是不能的。因为婚姻关系存续期间你没法去要这个钱。当然如果说两个人有约定，约定说我不要这笔钱了，这就属于债务免除了。如果双方约定个人财产归个人所有也是一样的，在婚姻关系存续期间，你也没有办法要求他还给你。从伦理道德上来讲，婚姻关系存续期间能要求还款吗？这种情况下应该是不能适用诉讼时效的。

诉讼时效中止的后果是在诉讼时效中止的原因消除以后,要连续计算诉讼时效期间,剩余诉讼时效期间有多长?有不同的立法例。一种立法例是中止前后合并起来 3 年就可以了;另外一种立法例是原因消除之日起满 6 个月。《民法通则》①采取第一种立法例,《民法总则》②采取第二种立法例。这么做的主要原因是什么?如果你接着中止前的诉讼时效期间连续计算,在有些情况下对权利人利益保护不够。因此,不足 6 个月的要延长到 6 个月。

九、诉讼时效的中断

诉讼时效的中断,是指诉讼时效开始计算以后发生法定事由,致使诉讼时效中断,以往经过的诉讼时效期间全部无效,重新开始计算诉讼时效期间。中断也需要有法定事由,中断的法定事由和中止的法定事由的根本区别就在于中止的法定事由都是客观情况,而中断的法定事由都是主观情况,当事人是可以自己决定的。中断的事由是由法律规定的:一个事由就是权利人主张权利;第二个事由就是义务人同意履行义务;第三个事由就是权利人向人民法院起诉。这都是当事人可以决定的。向法院起诉是诉讼时效中断最根本的原因,可以说各个国家都规定起诉是诉讼时效中断事由。怎么才算起诉?什么时候开始中断?按照我们国家的司法解释的规定,只要向法院起诉,不管你是口头起诉还是提交起诉状,也不管你的起诉状送达还是没送达,只要起诉诉讼时效就中断。因此起诉遭到驳回也发生诉讼时效中断,向公安机关报案、信访也发生诉讼时效中断的效果。

但是撤诉到底发生不发生诉讼时效中断是有争议的。以往的理论认

---

① 《民法典》2021 年 1 月 1 日施行后,《民法通则》已失效并废除。
② 《民法典》2021 年 1 月 1 日施行后,《民法总则》已失效并废除。

为,撤诉相当于没起诉。你撤回起诉了,那你就等于没提起诉讼,就不能发生诉讼时效中断。但是如果按照现在的说法,你只要起诉诉讼时效就中断了,要等撤诉之后再重新开始计算诉讼时效。

起诉以后诉讼时效中断,中断事由消除以后诉讼时效期间要重新开始计算,重新计算是从什么时候开始?这就涉及如果法院受理了这个案件、作出了判决后,诉讼时效还适不适用的问题。实际上现在法院作出判决后有一个执行时效,执行时效跟民法中的诉讼时效到底是什么关系?原来《民事诉讼法》规定的执行时效是 6 个月,《民法通则》①规定的诉讼时效是 2 年,两者不一样,所以后来《民事诉讼法》修改的时候把执行时效改成 2 年了。有人主张诉讼时效和执行时效应该是一致的,但涉及执行的时候,如果法院作出判决了,这个执行时效和诉讼时效是不一样的,不管二者期间相同不相同。因为诉讼的目的是请求法院保护的,而人民法院是一事不再理的,因此在法院判决后不会再发生诉讼时效。在起诉后法院作出判决的情况下,诉讼时效不是中断了,而是终结了。

其他一些诉讼时效中断的情况都好办,比如调解委员会给你调解了,达成了协议,会涉及诉讼时效的重新开始计算。向法院起诉,如果法院受理了,作出判决之后诉讼时效不会重新开始计算,只能终结。

第二个事由就是权利人主张权利,权利人主张权利也好,义务人同意履行义务也好,关键是证据。你怎么证明你主张了权利?最高人民法院的司法解释也讲了,哪些情况才算主张权利的证据,比如送达的文书要求当事人履行,当事人签字了,这实际就是证据,你要证明他签字了才行。还有法院发出的特快专递,都会盖上邮戳,这也是证据,你没有证明不行。

---

① 《民法典》2021 年 1 月 1 日施行后,《民法通则》已失效并废除。

十、诉讼时效的延长

《民法通则》①没有具体规定诉讼时效的延长,《民法总则》②中提到了诉讼时效的延长。在有特别事由的时候,法院可以依据情况延长诉讼时效期间。所谓延长就是视为诉讼时效期间没有届满,这实际是给权利保护开了一个方便之门,但是如果不严格掌握,也会使时效制度失去它应有的作用。《民法通则》③颁布以前,在民事政策当中,是有诉讼时效延长的情况,当时的诉讼时效延长主要是考虑到我们国家当时和有些地方取得联系有困难,在那种情况下,诉讼时效过了,可能需要延长。现在情况不同了,诉讼时效是否延长,法院要严格掌握才可以,否则会带来很大的弊端。

十一、诉讼时效在仲裁中的适用

《民法总则》④专门规定,仲裁中另有特别规定的,适用特别规定,没有特别规定的适用诉讼时效的规定。我们现在有三种仲裁:第一个就是民商事仲裁;第二个就是劳动仲裁;第三个就是农村土地承包经营权纠纷仲裁。劳动仲裁的仲裁时效规定为 1 年,农村承包经营权纠纷的仲裁也规定了一个时效,不过它规定的时效跟原来《民法通则》⑤的规定是一致的。现行法对民商事仲裁没有特别规定时效,它就适用诉讼时效。所以从诉讼时效中断上来讲,申请仲裁相当于起诉。其他仲裁不能都适用一般诉讼时效。

---

① 《民法典》2021 年 1 月 1 日施行后,《民法通则》已失效并废除。
② 《民法典》2021 年 1 月 1 日施行后,《民法总则》已失效并废除。
③ 《民法典》2021 年 1 月 1 日施行后,《民法通则》已失效并废除。
④ 《民法典》2021 年 1 月 1 日施行后,《民法总则》已失效并废除。
⑤ 《民法典》2021 年 1 月 1 日施行后,《民法通则》已失效并废除。

第四讲　物权的特性和确认

一、物权的特性

今天开始我们聊一聊《物权法》①中有关的问题，我们首先谈一谈物权的特性。

物权是非常重要的一项财产权，在传统民法中物权与债权构成了整个财产法的体系。现在民法当中知识产权也是非常重要的一项财产权利。物权的这种地位决定了它在民法中的重要性。

什么是物权？学者有不同的定义，主要是因为物权既涉及人对物的关系，又涉及人和人之间的关系，《物权法》②、《民法总则》③都对物权从法律上下了一个定义，按照《物权法》④和《民法总则》⑤的规定，物权是权利人依法对特定的物享有的直接支配和排他的权利，包括所有权、用益物权和担保物

---

① 《民法典》2021年1月1日施行后，《物权法》已失效并废除。
② 《民法典》2021年1月1日施行后，《物权法》已失效并废除。
③ 《民法典》2021年1月1日施行后，《民法总则》已失效并废除。
④ 《民法典》2021年1月1日施行后，《物权法》已失效并废除。
⑤ 《民法典》2021年1月1日施行后，《民法总则》已失效并废除。

权。从法律对物权的定义来看,物权有什么特殊的性质? 和其他类似的财产权利,特别是债权相较,它又有哪些不一样的地方?

（一）物权具有支配性

从物权的定义我们可看出来,物权人对特定物享有直接支配和排他的权利,物权是一种支配权,是对物进行直接支配的一项权利。对物的直接支配是对物的利益的直接支配。物有三种利益:第一种是归属利益,第二种是利用利益或称使用利益、用益利益,第三种是担保利益。享有归属利益的就是所有权,享有用益利益、使用利益的就是用益物权,享有担保利益的就是担保物权。物权的权利人直接对这些利益予以支配,支配当然是指对其控制、管理,并且可以直接地享受,不需要借助他人的行为就可以享有和实现。物权人自己就可以支配和享有、实现物上的利益,不需要借助他人的行为,这点跟债权的区别是非常清楚的。债权人要想实现自己的债权利益,必须借助债务人的行为,债务人要履行这个义务,债权人的利益才能实现。物权人可以直接支配物。我享有所有权我就可以直接出卖我自己的物;我享有用益物权,我就可以直接对物进行使用、受益;我享有担保物权,我就可以直接把它变卖优先受偿。

（二）物权具有排他性

物权的排他性也是由它的支配性决定的。既然物权是权利人对物享有的直接支配的权利,那么两个支配力是不可能支配同一个利益的,因此你对这个物的归属利益进行支配了,他人就不能支配。你对这个物使用利益、用益利益进行支配了,他人也不能支配。我在支配担保利益时,别人也支配不了。这就决定了物权是有排他的效力的,可以排除他人的支配。所以传统民法中有一个说法,叫"一物不能二主",即一个物上不能有两个主人,不能有两个所有权。"一物一权主义"就是说在一个物上不能同时有两个相互冲突的物权,只能存在一个,而不能同时存在两个相互冲突的物权。我们的物权不冲突,我们的支配力不一样,当然可以同时存在了,所有权人可以对物设定用益物权,这时用益物权人享有的是用益物权,所有权人享有的是归属利益,二者不冲突。用益物权人享有用益利益,他同时为担保利益设立担保物权,由此在这个物上又存在一个担保物权,这一个物上的用益物权和担保物权也不冲突,在一个物上也可以同时存在。两个用益物权能不能同时在一个物上存在?不能。两个担保物权可不可以同时在一个物上存在?可以。只要担保物权不同时实现就可以。我实现担保物权,我把这个担保物要拍卖了、变卖了、受偿了,如果这时候只有一个担保物权,就不会冲突。有没有出现两个担保物权的时候?也会有,比如在动产抵押的情形下,若动产抵押都没有登记,会按比例受偿,此时同一物上的各动产抵押权也不冲突。各项物权只要在利益行使上不冲突,就可以共存于一物上,先后次序在所不论。

(三)物权具有对世性

物权为对世权。可以对抗任何人的权利,叫对世权,它跟对人权是相对应的。债权是对人权,都是针对特定人的。物权的对世性跟物权的排他性不是一回事。物权的对世性讲的是物权的主体的义务主体的不特定性,权利主体当然都要特定了,从法律关系上来讲,有权利主体,还要有义务主体,物权的权利主体特定,义务主体不一定特定。有些权利的义务主体是特定的,这种权利就是债权,是相对权;有些权利的义务主体是不特定的,权利人以外的人任何人都负有义务,都属于义务人,权利人可以向任何一个人主张自己的权利,这些权利就属于对世权,这是我们要掌握的物权的特征。这种对世权的特点为何?它可以对抗任何人,任何人都负有不得侵害它的义务,一旦侵害了就构成侵权。我怎么知道他有这个权利,而我不去侵害他?所以如果你有这样一项对世权,可以对抗任何人的时候,必须让任何人都能知道你有这个权利。这就要求物权必须要公示,你要公示出来,大家都知道,别人才能不侵犯。对世权都要公示,都要依照法律规定的方法来公示。物权的公示方法大家都知道,不动产是登记,动产是占有,而且这个占有是直接占有。提到占有的时候,大家会想到直接占有、间接占有,但作为公示方式的占有只能是直接占有,而不是间接占有。物权的对世性是物权在权利效力上表现出来的一个很重要的特点。

（四）物权客体的特定性

物权的客体是什么?是特定物。物权就是权利人对特定物享有的权利。物权的客体显然是物,这是跟其他权利不一样的。其他权利的客体都不是物,只有物权的客体是物。讲到物的时候大家会想到物是存在人身之外的,具有独立价值的,能够支配的物质性存在,但是我们在确定物上有许多问题是需要我们去考虑的。我们讲作为物权的客体的物体现的是财产价值,这是最基本的。但随着社会的发展、科学技术的进步,也出现了一些主要不是体现财产价值,而是体现精神价值的一些物,不仅是从人体分离出的器官。像祖传的纪念品、结婚录像、婚纱照等等,类似这些,它们主要体现的不是财产价值,而是精神价值。对这些物主要不是从物权的角度上来保护的,对这些物的侵害,最后会发生一个精神损害赔偿,它不能单纯从其物质价值来考虑。因此,在这个物受到损害的时候,我们要考虑这个物是不是有精神价值,有精神价值就会有精神损害赔偿。

（五）物权客体具有独立性

独成一体的物,才是《物权法》上的物权的客体。作为物权客体的物要具有独立性。怎么才算是有独立性？这是事实问题也是法律问题。有独立性首先体现它在使用上可以独立，在空间上可以独立，另外还有一个法律上的独立问题，特别像不动产，它能不能被单独登记就是一个独立性标准。车位是不是独立物？车库是不是独立物？就看在法律上能不能被登记：能被登记就是独立的；不能被登记就不是独立的。这一点在《最高人民法院关于审理建筑物区分所有权纠纷案件具体应用法律若干问题的解释》里规定得很清楚。为什么说物权客体要具有这种独立性？就是因为权利人要独立对它进行支配，而且要对它进行公示，这点跟债权涉及的物不一样。债权的标的物，可以不具有独立性，也可以具有独立性。也就是说，物的一部分可以成为债权的标的物，但不可以成为物权的客体。所以车位它不是个独立物，对它不能进行不动产登记，但它可以出租。对一个房间，不能办理房屋所有权登记，它不能成为物权的客体，只有对整个一套房才可以办理房屋所有权登记，使其成为物权的客体。但是这个房间我可以出租，这是物权的物和债权的标的物的区别。

（六）物的独立性

独立性标准现在也叫"一物一权主义"。这里的"一物"就是指物的独立性，一个物独成一体。我们在实务中要把一个物跟物的组成部分区分开，因为是不是构成独成一体，许多情况下都是有很重要的意义的。比如说，我们常说的添附，怎么才构成添附？它要构成一体物的时候，才有添附的问题；如果没有构成一体物，就没有添附的问题。

讲到物的时候，对物有各种分类方式，其中有一个分类方式就是将物分为种类物和特定物。我们一定要注意，这个分类方式不是《物权法》的分类方式，物权的客体只能是特定物，不能是种类物，种类物只是债权的标的物。物权的客体只能是特定物，你只能对特定物支配，不能对种类物支配。

对物上的分类方式，除了刚才说的以外，最主要的是法律上的分类方式。《物权法》①明确规定，物权的客体是物，包括不动产和动产。法律规定权利作为客体的，依照法律规定。这说明作为物权的客体包括了不动产、动产和法律规定的权利。法律为什么要专门提到动产和不动产？主要是这两类物有许多区别，比如这两类物的公示方式是不同的。

前面我提到，不动产的公示方式是登记，动产的公示方式是占有。当然权利变动的要件也不同，不动产权利变动要登记，动产是交付才发生权利转移，这都是它们的一些不同。特别是国家法律对动产的管制很少，也有，但是不多，而对不动产管制很多。因为不动产和动产在社会生活当中的地位价值不一样，很重要的一个原因就是不动产资源是有限的，具有稀缺性。在诉讼管辖上也不一样，不动产是实行特别的属地管辖。这些都是它们的一些区别。

什么是动产，什么是不动产？法律当然也规定了，《物权法》②规定的是土地与地上定着物，《不动产登记暂行条例》里面就扩大了不动产范围，不仅限于土地，包括水面和海洋，都属于不动产。《不动产登记暂行条例》的规定是正确的。关键是哪些属于附着物或者定着物？怎么才算是定在上面的？能不能移动？不是说不能移动，而是说这个移动的难度大不大。过去讲不动产不能移动，现在怎么不能移动，房子都能移动了。我们学校就移动过一个房子，现在建筑技术这么高，就平移过去，而且我们是横着移动了一段距离，竖着又移动了一段距离，我们现在的留学生楼就是这么移动过去的。但是不动产的移动跟一般的移动不一样，动产一般移动起来不困难。比如，铁路上的轨道是动产还是不动产？它固定在铁路上面就是不动产，但是铁路

---

① 《民法典》2021 年 1 月 1 日施行后，《物权法》已失效并废除。
② 《民法典》2021 年 1 月 1 日施行后，《物权法》已失效并废除。

旁边放着的道轨,那当然是动产了。房屋什么时候是不动产?登记的时候
当然就成了不动产,关键登记并不是取得房屋所有权的根据,取得房屋所有
权的根据是建设,自房屋建成之日取得权利,怎么算建成了?根据王泽鉴的
说法,能避风遮雨就算建成了。按照《物权法》①的规定,在建建筑物不属于
不动产,应该属于动产,但它又不同于动产,抵押在建建筑物的时候经登记
抵押权才成立。

(七)主物和从物的区分

物的分类方式当中,我认为还有一个很重要的分类方式,就是对主物和
从物的区分。我们知道主物和从物本来是两个物,但是它们在使用上需要
相互配合才能最大发挥物的效益。这种配合在使用价值上就出现了一个什
么是主、什么是次的问题。起主要作用的当然就是主物,起次要作用的就是
从物。区分这个问题最主要的意义是什么?主要是因为从物随主物的转移
而转移。如果我出卖这个物的时候,没有另外的约定,从物的所有权也要转
移的。比如,我一百万买你的房子,现在给你一百万,你把房子给我,你的院
里有一口井要不要另付钱?院里有 10 棵树要不要另付钱?这就涉及主物
和从物的问题。10 棵树构不构成从物?院里的那口井构不构成从物?若
构成从物,其价钱就包括在一百万里了;如果不构成从物,那就是不包括在
一百万里,我们要另谈价钱。这个问题需要考虑它的使用价值。院里有一
口井,这口井构不构成从物?一般来说它应当构成从物,因它从属于房屋这
个物的使用,院里有这口井,它的使用价值和利用效率比较高,我不用出去
挑水了。这 10 棵树构不构成从物?我赞成不构成的观点,有人说树也是从
属于房屋的,特别是在北方,而且树有很多好处,夏天遮阴,冬天需要阳光了

---

① 《民法典》2021 年 1 月 1 日施行后,《物权法》已失效并废除。

它叶子落完了,对这个房屋的使用起辅助作用。但树它是有独立价值的。如果那口井离开了那间房屋,没什么价值,而那 10 棵树不一样。我为什么要特别强调这个问题?因为民法中有一个很重要的规则,即"从随主"规则,从物随主物的转移而转移,从权利随主权利的转移而转移。因此在发生争议的时候要注意区分这些情况:有没有主从关系?是不是主物和从物的关系?是不是主权利和从权利的关系?前些年这方面的纠纷发生的比较多。讲个真实的例子:武汉曾发生一个纠纷,是真实的,两个大学生,一个人买了张球票,买票的人有事没去,把票给了另一个人去看球赛了,他看完了之后参加抽奖活动中了一台电视机。送球票的人说我是叫你去看球去,这个奖不能给你,这个奖你得给我。这个奖应该给谁?这就涉及是不是存在一个从权利,如果存在从权利,而主权利转移了,从权利当然要转移了,它们不能分开的。在判断物是否独成一体时,它是不是独立的一个物,这个物跟其他物是什么关系,这都是要考虑的问题。

(八)物权的合法性

讲到特定物的时候,讲它有特定性、独立性,还有时候要讲到合法性。物权的客体,必须具有合法性。这主要是从物权保护上来讲的,只有这个物是合法的物,对这个物享有的权利才受法律的保护,并不是指其他的。比如,毒品合法不合法?枪支合法不合法?我现在有一些毒品,是我的毒品,既然不合法,我也没有权利,你凭什么处罚我,跟我有什么关系?枪支也不是我的,我也没权利。你没有物权,不等于这个东西不是你的,你占有它、持有它,就不合法。

(九)物权的法定性

物权的法定性,指的就是物权是由法律直接规定的,这和债权的任意性是相对的。《物权法》①还规定了一项很重要的原则，就是物权法定原则。前面我们讲了物权的公示方法和公示原则，公示原则涉及公信原则、"一物一权"原则，还有一项原则就是物权法定原则。物权法定原则首先是指物权的种类是法定的。《物权法》②中规定的物权大类包括所有权、用益物权和担保物权，每一类权利中具体的物权，也由《物权法》③规定。比如，用益物权，哪些属于用益物权？担保物权，哪些属于担保物权？这些都是由《物权法》④直接规定的，当事人不能设立法律没有规定的物权。如果当事人约定设立法律没有规定的物权呢？这个约定不能发生物权效力，只能发生债权效力。比如，对于担保物权法律规定了不动产抵押权、动产抵押权、动产质权，但是没有规定不动产质权，因此不动产就不能用于设定质权。当事人约定在不动产上设定质权不行吗？也不能说不行，你愿意设定也可以设定，但是这个约定不发生物权效力，只能发生债权效力。

哪一些是用益物权也是由法律来规定的。《物权法》⑤规定的用益物权，包括建设用地使用权、土地承包经营权、宅基地使用权、地役权等。《物权法》⑥中还规定了其他一些特别种类的用益物权，有的学者把它叫做准物权。如采矿权、探矿权、渔业权、养殖权等等。对这些权利是不是用益物权，我是有不同看法的，海域使用权当然是用益物权，但采矿权、探矿权、渔业权、养殖权是用益物权吗？有的学者认为它们是用益物权，而且称它们为准用益物权和特殊性用益物权，但是我希望大家注意，这些权利是不同于用益物权的。实际上我更倾向于将这些权利界定为特殊的经营权，即必须经过行政特别许可，取得特别经营的权利才可以享有的权利。比如说养殖权，养

---

① 《民法典》2021年1月1日施行后，《物权法》已失效并废除。
② 《民法典》2021年1月1日施行后，《物权法》已失效并废除。
③ 《民法典》2021年1月1日施行后，《物权法》已失效并废除。
④ 《民法典》2021年1月1日施行后，《物权法》已失效并废除。
⑤ 《民法典》2021年1月1日施行后，《物权法》已失效并废除。
⑥ 《民法典》2021年1月1日施行后，《物权法》已失效并废除。

殖权不是对这个水面的使用权,而是利用这个水面从事养殖事业的权利。采矿权、探矿权也是这样,必须要经过特别许可,有这种经营资格才可以享有。我有探矿权,我把探矿权转让给你,这个转让协议只是设立了债权,并不等于你可以取得探矿权,还要看你有没有这个资格。

现在农村土地"三权分置",在此背景下,经营权是不是一项独立的物权? 如果是独立物权,它就是有支配效力的,就可以用于抵押、用于出资,如果是债权,就不行。债权上就不能设定担保? 可以设定的,但只能设定质权。债权上不能设定抵押权,就不能作为出资,认定经营权是物权还是债权的区别就在这。实际上给经营人 10 年、20 年的使用权效果不一样吗? 关键是能不能解决经营人的资金需求,给他一种稳定的效益。如果不承认它是物权,当事人的权利就只有债权效力。许多人反对经营权为用益物权的很重要的理由就是,土地承包经营权是用益物权,怎么又出来一个用益物权呢? 国外没有这么做的。国外当然没有了,国外是土地私有制,我国是土地公有制,这有什么奇怪的? 实际很重要一点,我们农村土地承包经营权是个什么权利? 我们不能承认它是所有权,是所有权土地就私有化了,因为我们的承包期原来是 30 年,现在又设到多少年,不是永久使用吗? 过去还交承包费,现在不是也没有了? 土地承包经营权跟所有权有多大区别? 从功能上看没有多大区别,从性质上看当然有区别了。如果这样来看,在这个土地承包经营权下再设定一个用益物权有什么不可? 物权是有本土性的,可根据自己国家的国情来决定。为什么物权要法定? 很重要的原因就是物权对国家的经济、政治很重要。如果国家不规定,当事人随便乱规定,那不完了吗? 如果在国有土地上设定土地私人所有权,把矿藏设定为个人所有,那还叫社会主义吗? 只有规定了哪些是物权,才能公示出来,社会才能知道,这样才能有力地保护和维护交易的安全。

（十）物权内容的法定性

物权内容的法定性，指的是当事人设立物权，不能违反法律的规定，不能设立法律不许可的内容。这个并不是说物权的内容全部是由法律规定的，最典型的例子就是地役权：地役权是传统民法的叫法，现在大家比较主张应该叫不动产役权，更准确一些。土地上的役权，除了在农村多一点，在其他地方并不多，在城市中更多的是不动产役权。地役权的内容完全是由当事人设立的，但当事人不能设立法律不允许规定的内容。典型的是流质、流押问题，《物权法》①规定设定质权、抵押权时，当事人如约定债务人到期后不履行义务的时候，这个质物或抵押物直接归债权人所有，当事人的这个约定叫流质条款或者流押条款，是无效的。法律规定的有没有道理？当然有道理。过去传统民法认为抵押人、出质人都是弱势群体，流质、流押条款容易损害他的根本利益。现在情况有所不同了。因此许多人也赞成不要禁止流质、流押条款，因为这可以方便实现担保物权。

（十一）物权公示方法的法定性

物权是要公示的，物权的公示方法必须是由法律规定的，只有用法律规定的方法公示，才有公示效力。法律规定的公示方法，不动产是登记，动产是占有，只有用这些方法公示出来的物权，才具有公示效力，这个公示才是有公信力的。因此，第三人基于公示的公信力进行交易，这个交易就应当是有效的，此时可能会发生一个善意取得问题。

关于物权的特性可以从以上这几个方面来考虑，物权的特性也决定了物权的效力，比如说物权具有的支配效力、排他效力、追及效力等等，这些都

① 《民法典》2021年1月1日施行后，《物权法》已失效并废除。

是由物权的特性所决定的。

二、物权的确认

物权是决定利益归属的,什么利益归属谁,就决定了谁有什么样的物权,这需要确认物权。物权怎么来确认?这里面涉及的问题是比较多的。物权怎么发生变动?《物权法》[①]中讲了两种物权变动的情况:第一种情况就是基于法律行为的变动,第二种情况就是非基于法律行为的变动。在基于法律行为的变动中,基于法律行为的不动产物权变动,登记后发生效力,除法律另有规定外,不登记不发生不动产变动;动产物权变动自交付起发生效力。确认物权时,要确定有取得物权的根据。基于法律行为变动物权的,要从权利的公示状态考虑。

（一）公示

物权变动是怎么变动的,没有多大意义。靠什么来确定这个物权现在归谁?我们要通过公示的内容来确定。物权是要公示的,物权的公示方法是法定的,不动产是登记,动产是占有,用这种法定的公示方法公示出物权,公示出来的权利人是谁,谁就是权利人。

公示效力本身就是个权利推定效力。动产物权公示出来,我占有、使用它,那就推定我有所有权。我现在要对它进行拍卖,行使质权,那就推定我是有质权的。这辆车现在由我占有,这辆车也没有进行登记,那就推定我是这辆车的所有权人。但是如果这辆车登记在我的名下,那我就是所有权人,因为特殊动产的公示方式是登记。如果是不动产呢?房子登记在我的名

---

① 《民法典》2021 年 1 月 1 日施行后,《物权法》已失效并废除。

下，外观上我就是所有权人。

因此，基于物权的这种公示效力，第三人进行交易时，如是善意的，就可以取得权利。这个房屋登记在我的名下，我把它卖了，第三人可以取得房屋所有权；车辆登记在我的名下，我把它卖了，买受人可以取得所有权。善意取得是公信效力的当然结果。是不是只要你占有就是你的，登记在你的名下就是你的？这只是推定的，推定是可以被推翻的，你有相反的证据可以把它推翻。比如，这辆车登记在你的名下，但这辆车不是你的，是我的，我怎么证明是我的？怎么证明登记在你名下是错误的？现在实务中这种情况很多，有些地方设定了一定的购房条件，有人因此让别人替他买房，借名买房，房子是谁的？推定就是推定，登记是谁的就是谁的，你要证明是你的，你要推翻它。如果不动产登记错了，你是要去更正登记的。你要提供证据说这个房子不是其他人的，是你当时花钱买的登记在他名下了而已，人家觉得你的很理由很充足，就给你改过来了，你就成了这个房子的所有权人了，真正的所有权和名义上的所有权就统一了。如果人家说你这个证据不行，不能给你改，你就要赶紧提出异议登记，防止登记的权利人把房子给卖了。异议登记后在 15 天之内赶紧去起诉，让法院去确认权利，法院确认了，你胜诉了，拿法院的生效判决去办理更正登记就可以了，这就是你的救济方法。

确认权利的时候，首先要按照公示方式确认。物权变动如是基于法律行为发生的，会发生交付、登记。这种情况下要注意公示方式，你不要以为交付了，别人就认为所有权是你的了，交付是起不到公示作用的。比如，指示交付，没有将物实际交给你，物还在别人手里，你怎么让第三人知道这是你的？要采取措施。比如，占有改定，你们两个之间很清楚，这个东西是你的，他现在直接占有、你间接占有，你怎么采取措施让第三人知道这物是你的？物权变动中真正重要的是公示。物权是怎么变动的，主要对当事人有意义，对第三人意义不大。

（二）征收

导致物权变动的事实除了法律行为还有非法律行为。对于不是法律行为引起的变动，《物权法》①中特别规定了变动的原因，一个是征收，征收决定生效了，物权也是发生变动，这个不存在其他的要件。政府的征收决定什么时候生效？对这个问题是有不同观点的。以前我曾经也提过，这个征收决议应该自政府和被征收人达成补偿协议之日起才能生效，这个提法主要是出于被征收人的利益的考虑，但是现在来看，这个提法并不准确。因为凭什么被征收人跟政府一定达成协议？达不成协议的时候怎么办？达不成协议的时候实际上是可以强制拆迁的，凭什么可以强制？凭征收决定已经生效了，因此征收决定自公告时起就应该发生效力。不公告不能生效，你都不知道它怎么能发生效力？如果这个征收决定本身程序不合法，那是行政诉讼问题，政府撤了征收决定那就无效，不撤它就有效。从民事上来讲，征收决定一经公告就应该发生效力。既然征收决定生效了，还跟你谈什么补偿，我不跟你谈了，我直接拆除你的不动产，行吗？也不行，为什么？比如说房屋征收中，土地使用权被征收了，是国家的了，但房屋的所有权是我的，基于对所有权的保护你当然不能拆了。这时候双方可以就拆迁补偿达成协议，谈好了当然可以，最后如果说我提出来的要求不合理，跟国家规定的补偿标准不一致，且经过合法程序我被认定是无理的，那么就会发生强制拆迁，但不能由政府部门执行，而是由法院来执行。政府征收决定的生效之日应该是发布公告之日。

（三）判决

司法判决生效之日起物权就变动了，但法院的判决必须是确认之诉的

---

① 《民法典》2021年1月1日施行后，《物权法》已失效并废除。

判决,法院认定权利归谁,就归谁,权利人根据这个生效判决取得物权了。给付之诉的判决不行,我们两个人因房屋买卖合同发生纠纷,法院认定这个买卖是有效的,卖方应该把房屋交给买方,由买方取得房屋所有权。能不能说买方就取得所有权了? 这个不行。法院判了,房子应给买方,但这不是确认之诉判决。

离婚中涉财产分割的调解书应该是有效的。我认为离婚已经涉及身份法的问题,我们现在不能把"物权法"的东西挪到身份法中去使用。离婚后达成的协议,我觉得它应该是有效的。《人民法院报》曾经登过这样一个案例,我也曾经引用过这个案例:两个人离婚的时候达成协议,把他们共有的一套房产送给他们的孩子,但是也没办理过户手续,后来男方死亡了,女方来分割遗产了,说房屋所有权有我的一半,因为房屋登记在我们的夫妻两个人名下,现在也没办理过户登记。最后法院认定房子已经在他的子女的占有之下,子女取得事实物权,物权已经转移了。这种情况下是不是一定要办理不动产的变更登记呢? 我觉得没有必要。登记更重要的是其公示效力。比如这两人中的一人现在把这套房子卖了,说是夫妻双方达成协议把它卖了,第三人可以取得所有权。如果两个人之间达成协议房子给孩子或者某一方,没有变更登记,回过头又翻脸不认账了,我们是不应该支持这种情况。这种行为也违反了诚信原则。你说给就给了,不给就不给,不能这样的。如果从建立诚信社会这个角度出发,从诚信原则出发,是不能支持这种做法的。法院的调解协议一旦生效,就应该是具有执行力的。

(四) 继承或受遗赠

基于我们国家《继承法》①采取的当然继承原则,从继承开始物权就变

---

① 《民法典》2021 年 1 月 1 日施行后,《继承法》已失效并废除。

动了。依当然继承原则,被继承人死亡,被继承人的遗产由继承人继承,当然物权就发生变动了。

可能比较麻烦的是受遗赠的情况。受遗赠财产的物权何时变动? 当然还有人问,受遗赠是法律行为还是事实行为?《物权法》①是将受遗赠与继承放在这一块规定的。我们就放在一块说。《物权法》②规定,物权自受遗赠生效之时起转移。受遗赠什么时候生效? 有两种不同观点,一种观点认为受遗赠人同意接受的时候才生效;另一种观点认为,从继承开始也就生效了。因为受遗赠的生效条件就是被继承人死亡。如果说受遗赠从继承开始就生效了,那么从这时候遗赠财产归受遗赠人所有。如果说不是这样的,受遗赠从受遗赠人表示接受起才生效,这个时候遗赠财产才归他所有,那就有一个问题:继承开始以后该财产是谁的? 就成继承人的了,受遗赠人现在说受遗赠有效,来跟继承人要,他要的是谁的财产? 继承人并没赠给他。所以大家比较赞同受遗赠也应该从被继承人死亡开始发生物权变动。但有不同观点。

有一个问题,继承开始后财产归继承人所有了,继承人是享有物权的,如果财产中有不动产当然享有不动产物权,这时候他又没有完成变更登记,却转让了不动产所有权,这个转让是有效还是无效?《物权法》③中讲未经登记不动产物权的转让不能发生效力。没变更登记以前继承人能不能处分不动产? 可不可以处分不动产是一个有争议的问题。我个人比较倾向于继承人是可以处分的,只是没有完成变更登记,受让人也不能取得权利。比如,张三有套房屋登记在自己名下,他死亡了,房屋由张四继承,张四现在把它卖给王五了。王五显然不能进行登记。王五怎么能通过公示表明房屋是

---

① 《民法典》2021年1月1日施行后,《物权法》已失效并废除。
② 《民法典》2021年1月1日施行后,《物权法》已失效并废除。
③ 《民法典》2021年1月1日施行后,《物权法》已失效并废除。

他的？那只能要求张四赶紧去办理登记，然后他和张四再一起去办理变更登记。你能说这个买卖就是无效的吗？只有涉及第三人的时候，公示才有意义；不涉及第三人，完全是当事人自己决定的事情。你可以提示，不办登记是很危险的，将来他可能又把房子卖给别人了。如果对方说他不怕，那你就可以不用管了。对王五来讲当然要考虑，将来采取什么措施能使自己不受损失，又能取得这个房屋。比如，订立合同的时候加一些附加条件。

基于非法律行为的物权取得还有通过事实行为的取得。通过事实行为取得物权的时间节点是这个行为完成之时。实际上物权的原始取得中的第一次取得的根据都是事实行为。房屋怎么取得的？盖起来的；一台机器设备怎么取得的？生产制造出来的。粮食怎么取得的？种出来的。第一次取得所有权基本都是通过事实行为实现的，第一次取得所有权最主要的方式就是生产，房屋的建设也是生产。

（五）先占

其他所有权取得的方式中，最重要的无非就是先占。对先占，到现在法律也没规定，但是实务中先占确实是存在的，大家没有争议。先占就是先看见了再占有，这个东西就是你的，前提是这个东西不属于任何一个人。哪些物是可先占的呢？只有动产，不动产不行。哪些动产可以先占呢？必须不是法律予以特别保护的，法律予以特别保护的也不行。比如，野生动物、野生植物中受法律特别保护的，你就不能先占，你看见穿山甲，抓到了就是你的了？不行。你看见兰花，挖回来就是你的？要看是不是国家特别保护的，特别保护的你就不能取得所有权，不是特别保护的你就可以取得了。对别人的合法占有范围之内的物，也不能适用先占，不能先占取得。那条河里可以随便钓鱼，你去钓条鱼就是你的。去别人承包的水库，你钓条鱼，能取得所有权吗？不行的。先占用什么方式占有？先占的方式就很多了，有些地方规定在物的边上画了圈就是你的。

　　确定物的归属,无非要有根据。你要举证证明,你怎么有的? 你根据什么取得的,就会有什么根据。如果是通过法律行为发生物权变动的,你要证明你是怎么买的,这个钱是你出的。

　　这是关于物权确认当中的几个问题,需要大家注意一下、重视一下。

第五讲　所有权的行使和限制

　　今天聊一聊所有权的行使和限制问题。所有权是最重要的一类物权，关于所有权的定义也有不同的说法，实际只是大家看问题的角度不同而已。按照《物权法》①和《民法总则》②的规定，所有权是权利人依法对其不动产或者动产享有的占有、使用、收益、处分的权利。这个概念是从权利人的角度来谈所有权的，这个概念也反映了所有权是一个对物即对动产和不动产进行全面支配的一项物权。因为按照这个规定，所有权包括多项权能：占有、使用、收益和处分，其他物权都不可能完全包含这些权能。一个人只有充分行使所有权，才能满足自己的利益需要。从所有权的行使来讲，有几个问题是需要咱们注意的。因为在我们国家有国家所有权、集体所有权和私人所有权，还有法人所有权，这些所有权在行使上有些不同的规则。

---

① 《民法典》2021 年 1 月 1 日施行后，《物权法》已失效并废除。
② 《民法典》2021 年 1 月 1 日施行后，《民法总则》已失效并废除。

一、国家所有权和集体所有权

国家所有权是指全民所有的财产属于国家所有,但是全民没法行使所有权,按照我们现在的规定,是国家授权国务院代表全民来行使所有权,是不是仅国务院代表行使国家所有权呢? 也不完全是这样的。

我们国家对国有资产所有权行使的管理是分级管理。实际上,各级人民政府都有行使国家所有权的权利。从国有资产来讲,《物权法》[①]中规定的国家所有权的客体范围更广了,我们常讲国家所有权的特点之一就是客体的无限性。它不受限制,什么都可以,别人不能有的国家可以有,别人有的国家也可以有,只是说不是国家独有。

国有资产实际上分三类。第一类就是资源、自然资源的所有权,对这一部分资产国家是通过设立用益物权来行使所有权的。我们现在建立的自然资源有偿使用制度就是旨在设立用益物权。

当然从理论上来讲自然资源的问题就很多了,比如,它有没有价值? 但是现在作为国有资产,国家是靠设立用益物权对其行使所有权的。还有两类国有资产:一类叫经营性资产,一类叫非经营性资产。

经营性资产是国家授予国有企业来经营的,国有企业的经营性财产是由国家授予企业来经营的,国有企业对其享有法人所有权。

非经营性资产,实际是国家授予国家机关、事业单位等这样一些机关法人、事业单位法人由这些法人来行使所有权的资产。这些资产也构成法人财产。

国家所有权,从真正行使的主体看,是国有单位去行使的,或者是设立

---

① 《民法典》2021 年 1 月 1 日施行后,《物权法》已失效并废除。

的用益物权人去行使的。主要由国务院制定国有资产管理办法,制定一些规则。在国家所有权的行使中,最容易出问题受到损害的是经营性的国有资产。经营性的国有资产是要参与市场竞争的,在市场竞争当中,你怎么能实现国有资产的保值增值? 实际这是国有资产管理上,或者国家所有权行使上一个很重要的问题。国有企业这些企业法人行使国家所有权时符不符合国家的要求,是由国资委来认定的,国资委要是出了问题,国有财产损失就大了。因此,《物权法》中专门有一条(第57条)①对国有资产管理人员的履职作了规定。管理人员的渎职行为当然可以构成刑事犯罪,其损害的是国家财产。

二、集体财产所有权

从《物权法》②的规定来看,集体财产所有权包括城镇集体所有权和农村集体所有权。现在城镇集体所有权实际不存在了,基本找不到了。过去街道办的企业那是集体所有的,但是人家现在都改制了,改成国有企业了,当然也有改成私人企业的。但是这已经属于法人所有权,不单纯是特殊集体所有权,现在集体所有权主要就是农村集体所有权。

农村集体所有权,所有权的主体是谁? 这一直是理论上有争议的一个问题。《物权法》③规定了,农村集体所有权由农民集体行使,所以一个村的集体所有权的主体就是村里的全体村民,集体所有,不是公有,集体成员每个人都有份,但每个人都不能将自己的份额分出去。但是这个农村集体所有是什么所有? 特别是《民法总则》④规定村民委员会也是法人,村民委员

会作为法人,其财产基础是什么? 就是村民集体财产,那所有权主体又成了法人了。以前没规定村民委员会的主体资格,也没说它是法人,也就算了,现在既然明确规定它是法人,就要解决所有权主体是农民集体还是法人这个问题。如果说农村集体是农村集体经济组织,也是法人,那就成了一个法人所有权。要注意,法人所有和集体所有不是一回事,法人所有并不是法人成员的集体所有。

在农民集体所有权的行使上,有两个特殊要求:

一是民主决策。《物权法》①中特别规定了,集体所有权行使中有一些事项必须要由集体决定,包括土地承包、财产收益分配、集体所有财产的处置,这些事项必须经过民主决策,没有经过民主决策就是程序不合法,是不能发生效力的。这个要求跟一般的所有权行使不一样。

二是财务公开,这是《物权法》②中特别强调的集体所有权的行使中的一个要求。如果没有财务公开,有关的负责人是要承担责任的,这是实行经济民主的要求。

为什么集体所有权的行使要有这样两个特别要求呢? 主要是因为这个所有权的行使,关系到农民集体当中的每一个成员的利益,不仅关系到整个集体的利益,而且关系到每一个成员的利益。因此,村民委员会或者农村集体经济组织代表村民来行使所有权的时候,如果行使行为不当,不仅是损害集体利益而且会损害村民的个体利益。如果农村集体经济组织有时候作出的决定损害了村民利益,村民可以请求人民法院撤销这个决定,这是《物权法》③赋予农村集体经济组织成员的一项权利,这属于成员权。

《物权法》④中规定了,农村集体经济组织成员可以请求撤销,请求撤销

---

① 《民法典》2021 年 1 月 1 日施行后,《物权法》已失效并废除。
② 《民法典》2021 年 1 月 1 日施行后,《物权法》已失效并废除。
③ 《民法典》2021 年 1 月 1 日施行后,《物权法》已失效并废除。
④ 《民法典》2021 年 1 月 1 日施行后,《物权法》已失效并废除。

的时候,若法院认为确实侵害了村民利益,作出了撤销的裁决,以此撤销了这个村民集体决议,这个决议当然就是无效的。问题是,法院可不可以直接对这个决议的不当之处进行裁决? 这方面的争议主要发生在村里的收益分配上。比如,土地被征收了,大家要一起分土地补偿金,村里可能规定了:哪一年之后嫁到村里的,不能分得土地补偿金;哪一年结婚后离开村里的,也不能分得补偿金。有个人认为村里的这个规定侵害了他的利益,然后他就去法院起诉,法院认为他是这个农村集体经济组织的成员,他应该分得土地补偿金,因此村里这个决定侵害了他的利益,这个决定应该撤销。裁决作出来之后农村集体经济组织应该怎么办? 应该再进行决议,可是决议必须经过民主程序,如果村民就是不同意更改决议呢? 再怎么办呢? 再起诉到法院请求撤销吗? 我觉得这是一个问题。

实务中,有的法院是直接按照农村集体经济组织的决议确定的分配办法,决定应该给这个村民分配多少利益。但是从现在的法理上来讲,法院的裁决侵不侵害村民民主决策的权利? 因此,必须要规定法院可以裁决撤销,并决定怎么分配才可以,否则我觉得法院决定分配的做法也不合适。

集体所有权应该是我们国家所有权制度的一个重要组成部分。按照我们国家现行法的规定,重要的自然资源都是属于全民的,而自然资源在社会生活中,又是非常重要的,无论是在生产还是在生活上,都是不可缺少的资源,人们必须要用到的。所有权在现代社会的发展的重要表现就是所有权人不是直接来行使所有权,而将所有权的一些权能单独或者组合起来授予他人行使。授予他人行使所有权,本身就成了所有权行使的一种重要方式。所有权行使中很重要的方式,就是设立用益物权和担保物权。

《物权法》①规定所有权人可以在自己的不动产和动产上设立用益物权

---

① 《民法典》2021年1月1日施行后,《物权法》已失效并废除。

和担保物权。在自己的动产或者不动产上设立用益物权和担保物权是所有权人的一项权利，也是所有权人行使所有权的一种重要方式。所有权人是按照自己的意愿设立用益物权和担保物权的，设立用益物权和担保物权以后，相关的权能就由用益物权人或者担保物权人行使，所有权人的权利就会受到一定的限制。

为什么用益物权、担保物权叫他物权，又叫限制物权？限制了谁呢？限制了所有权人的权利，你既然要求人家行使某项权能了，你就不能再行使了。用益物权人、担保物权人行使担保物权、用益物权的时候，不能损害所有权人的利益。你对土地有开发经营的权利，但是你不能掠夺性地开发，那就损害了所有权人的利益。

现代物权法的发展趋势，就是从以所有权为中心转向以用益物权为中心，自然资源的所有权主要是通过用益物权来体现价值的。传统民法中所有权是中心，重视物的所有。而现代物权法是以用益物权为中心，重视物的利用。人们对资产越来越体现出"不求所有，但求所用"的观念，是不是我的没关系，我能用就行了。这是所有权行使中出现的新的趋势。

三、所有权的限制

为什么要谈所有权的限制呢？这也是现代物权法的一个发展趋势。我们知道，近代民法本身是建立在绝对私有制的基础上的。在近代，所有权，特别是私人所有权，被看成是整个社会的基础，所以所有权被绝对化。而现代社会中，所有权的绝对化色彩逐渐消失，逐渐体现出所有权的社会化。所有权，不仅仅担负着私人利益，而且也担负着公共利益。因此在现代民法当中，所有权并不是一种绝对的不受限制的权利，它在各个方面都受到了限制。

第一是所有权的效力上的限制。

近代民法上有一个很著名的法谚讲到,所有权中的土地所有权的效力范围是"上至天空,下至地心",是不受限制的。现在所有权的这种效力已经不存在,所有权已经受到了限制。除了我们国家,许多实行土地私有制的国家的法律也明确规定了对土地所有权的地上和地下的范围限制,有的国家规定,土地所有权只及于地下五十米。我们国家的现行法还没有作出一个具体的规定。土地所有权的效力只限于地表,以及地上和地下对所有权人有特殊利益的空间。超出这个范围,不是所有权效力所及的,就应该属于公共空间。土地所有权主要指的是集体土地所有权,地表是集体土地所有权效力所及的,没有问题,地上到哪里呢? 集体土地所有权的效力能到哪里?

比如栽树,树最多长到二三十米差不多了,如果不是栽树呢? 比如,我要架一个高架线,要经过你的土地,我要不要征用你的土地? 需不需要? 不需要吧。我利用了这个空间,这个空间不是你的。比如地下,城郊这块地是集体所有的,现在我要在地下建地铁,要不要征地? 我看不用,因为在地下建地铁的时候,这个空间是不属于集体的,集体土地所有权效力不能到达这里。这个集体土地上已经建有建筑物,其地基到哪里,所有权效力到哪里,地基是建筑物所有权人的,再往下就不是了。

第二对所有权的限制主要是在所有权的权能和行使上的限制。这方面的限制从《物权法》①的规定来看,主要是有这样几个方面的限制。

(1) 征收,这个是《物权法》第 42 条②明确规定的。征收当然限制了所有权人的权利,征收必须是合法征收。征收须是为了公共利益而不是特定的某一个人的利益,这是没有问题的,关键是在确认征收的合法性这个问题上,也存在一些程序上的问题:比如,你是不是进行了听证? 是不是被征收

---

① 《民法典》2021 年 1 月 1 日施行后,《物权法》已失效并废除。
② 现为《民法典》第 243 条。

人、征收地区的人民广泛参与了？能不能体现出是公共利益？包括棚户区改造，如果这个棚户区大多数人都反对，你怎么能说它是为了公共利益？

（2）征用。征用实际是对使用权的限制，征用和征收的区别主要是条件不一样，征收必须是为了公共利益，征用当然也可以说是为了公共利益，但是它适用的范围很窄，比如在紧急的抢险救灾中，在类似这些情况下才可以。征用的对象范围更广，不限于不动产，还有动产，而征收针对的是不动产。征收限制了使用权的行使，征收后的结果就是用完了还给你，给你一定的补偿，这个补偿一般按租金标准就可以；另外一种情况，如果征用你的物，用完了不能还给你了，也是要补偿的，这个补偿就是价值补偿。

（3）监管，海关上的监管也是对处分权的限制。这是行政上限制，批准进口免税的物资，你可以用，但是受海关监管的物资在几年之内你不能处分。

（4）所有权行使的限制，也是处分上的限制，即所有人不得擅自改变财产的用途。这种限制当然是针对不动产的了。比如土地，你不能改变土地的用途。这个土地是我们村的，我们村愿干什么就干什么，这不行！土地用途涉及国家的整体发展规划、粮食安全等等，出于公共利益的考虑，不能擅自改变土地用途，要改变土地用途，必须经过特别程序才行。对土地这种用途上的限制，就是在实行土地私有制的国家也存在，它也是要经过一定的程序才可以改变的。

（5）权能和行使上的限制，对所有权人课以的容忍义务。比如，我们常说的不可量物的侵入，所有权人是要忍受的。你在家里住着，邻居家里发出点声音，你要忍受，不能说一点声音不让发，这也是一个相邻关系问题。相邻关系就是相互比邻的不动产的权利人在权利行使中产生的一种权利义务关系。相邻关系的实质是什么？就是一方权利的合理延伸以及对另外一方权利的合理限制。所以不可量物的侵入问题，是相邻环保关系问题：一方有权排放一些不可量物,这是他的权利的延伸,另外一方要忍受,这就是对他的权利的限制。但是如果排放过量了,那就构成侵权。

相邻关系是对一方所有权的限制。相邻关系是法律规定的,不是当事人设立的,是法律上出于维持社会的和谐秩序、财产秩序,赋予当事人的权利义务,是对所有权予以的必要限制。

我们讲建筑物区分所有权,所有权人不能改变房屋的用途,这就是对所有权的限制,你要改变必须要经过利害关系人同意。哪些人是利害关系人?你这个楼里的人都是,其他楼里的人呢? 那就要证明自己有利害关系了。比如,有人在别的楼开了饭店,油烟直接影响到我这个楼,那我就可以提出来了,没影响就不需要我同意了,那就不是相邻关系的问题了。

相邻关系在所有权纠纷当中是经常出现的,处理相邻关系很重要一个问题是适用习惯。《民法总则》①把习惯作为法源已经规定下来了,以前《民法通则》②没有规定的时候,《物权法》③中就规定了处理相邻关系适用习惯。因为相邻关系当事人都是不动产相互毗邻的人,都是邻近的人,远亲不如近邻,邻近的人处理好关系是非常重要的。那么怎么来处理这个关系呢? 就是靠习惯。像农村各个村中,水怎么个排法,肯定习惯不一样,水是从房前排还是房后排? 各村习惯会是不一样。

(6)所有权取得的限制。所有权的取得也是受限制的,所有权在取得上的限制有两个:

其一,所有权只能通过合法行为取得,不合法的行为不能取得所有权。比如,典型的违法建筑、违章建筑的建筑方式是不合法的,因此相关当事人不能取得建筑物的所有权,要想取得,必须要纠正前面行为的违法性,取得

---

① 《民法典》2021年1月1日施行后,《民法总则》已失效并废除。
② 《民法典》2021年1月1日施行后,《民法通则》已失效并废除。
③ 《民法典》2021年1月1日施行后,《物权法》已失效并废除。

合法手续。比如，违法生产时，对生产的假酒、假烟，相关当事人是没有所有权的，不是因为相关当事人有所有权才处罚他，是因为他卖的是假货才处罚他。

其二，我们国家对所有权的取得还有一个限制，取得所有权的财产必须是可以让与的，具有可让与性。特别是自然资源，它只限于国家所有和集体所有，不能转让给其他人。你不可能取得一个集体土地的所有权，你不可能取得国家一块土地的所有权。集体土地所有权在集体之间可不可以进行转让？实际上是可以的。

第六讲　共有问题

今天我们谈一谈共有的问题。前面我们谈了所有权的行使和限制问题，所有权的行使和限制基本上都是从"一物一权""一权一主体"这个角度出发的。对同一财产来说，其上面有一个所有权，所有权主体可以是一个人，也可以是两个以上的人。如果两个以上的人对同一财产享有一个所有权，这种情况就属于共有。

一、共有的特点

按照《物权法》①的规定，共有是两个以上的人对同一不动产或动产共同享有所有权。

如果所有权人只是一个人，他怎么行使权利完全可以根据自己的意思去决定，不会受他人的限制。如果两个人享有同一个所有权，每个人都行使所有权的占有、使用、收益、处分权能，必然会发生冲突。在共有的情况下，

---

① 《民法典》2021年1月1日施行后，《物权法》已失效并废除。

每个共有人行使权利的时候,都会受到其他共有人的限制。

共有的特点就是所有权主体是几个人,其行使权利会相互发生冲突。共有的客体是同一财产,可以是动产也可以是不动产。这个同一财产可以是一个物,比如,一栋房屋、一辆汽车、一台拖拉机、一头牛、一匹马都行。同一财产也可以是一个集合物,最典型的就是遗产,遗产是被继承人死亡后遗留的个人财产,它构成同一财产,按照当然继承,被继承人死亡了,如果继承人有数个人,那么数个继承人对遗产享有同一所有权,遗产归继承人共同所有。

在共有的情况下,每个共有人都享有占有、使用、收益、处分这样一些所有权的权能,每个共有人对这些权能的行使都会及于整个财产。这时共有人行使权利就需要共有人之间达成一个协议,这个协议一般就是共有物的管理协议或者叫分管协议。对于共有物的管理协议(分管协议)的性质,有两种不同的观点:

一种观点认为,管理协议(分管协议)是具有债权效力的,只能在共有人之间发生效力,对共有人以外的第三人不发生效力。

另一种观点认为,管理协议(分管协议)是具有物权效力的。按照这种观点,管理协议是可以对抗第三人的,对第三人也会发生效力。

管理协议(分管协议)具有的到底是债权效力还是物权效力? 我觉得我们需要分析一下。如果要发生物权效力,它必须要经过公示,才能发生物权效力;如果没有公示,不能发生物权效力,只能发生债权效力。反过来说,经过了公示的管理协议(分管协议)应该是具有物权效力的,它怎么公示? 主要是通过登记。如果一个物上已经把我们的管理协议(分管协议)张贴出来了,是不是也算公示? 我认为也可以算。

二、共有的分类

《物权法》①规定的共有有两类,按份共有和共同共有。它们的根本区别就在于:按份共有的,每个共有人是按照一定的份额享有权利、负担义务的。这个份额是指所有权的份额,不是物的份额。比如,我们三家修了一条路,共同享有这条路的所有权,不能是每一家有这一条路全长的三分之一段路,说这一段是你的,那一段是我的,那就成了分别所有了,而是我们每家都对全路行使权利,但是每家的份额只有三分之一,这是所有权量上的分割,不是物的量上的分割。

共同共有的共有人不是按份额,而是不分份额地共同享有权利。共同共有人有没有份额? 有份额但是份额是潜在的。到什么时候他才有份额? 分割共有物的时候。共有物就是共有的客体,对共有物进行分割的时候,共有人才有份额,之前每个共有人都没有份额。

按份共有是有份额的,这个份额怎么确定,每个共有人有多少份额,要靠约定确定。我们约定多少份额就是多少份额,如果约定不清楚,或者没有约定,就按照投资数额比例来确定;如果投资数额比例也不确定,那就为等额。从这一点可以看出,按份共有主要是当事人自愿设立的,或者说是根据当事人之间的协议成立的。

按份共有有没有法定的?《物权法》②中没有规定,实务中会发生法定的按份共有。典型的法定按份共有是基于添附发生的。比如,两个有不同所有权人的动产混合在一起,分不开了,此时原所有权人,这时候共有份额怎么确定? 按照原来的比例。构成共有关系这种份额确定方式就是法定

---

① 《民法典》2021年1月1日施行后,《物权法》已失效并废除。
② 《民法典》2021年1月1日施行后,《物权法》已失效并废除。

的,不是当事人自愿设立的。

实际上在《最高人民法院关于适用〈中华人民共和国担保法〉若干问题的解释》讲到担保物权效力的时候,提到了添附,抵押权的效力及于抵押人对添附形成的共有物享有的份额。

共同共有可以是约定的,也可以是法定的,但是它有一个很重要的特点,除了有特别约定以外,共同共有都是基于共同关系产生的。《物权法》①规定,共有人对一项财产如果没有约定是按份共有还是共同共有,除了共有人当时具有家庭关系等共同关系的,推定为按份共有。如果是约定共有,只有明确约定是共同共有的,它才是共同共有;如果没有约定是共同共有或者约定不明确,那就是按份共有。共同关系是基础,这里的共同关系指的是一种身份关系。

(一)基于身份关系的共有

我国基于身份关系的共有,典型的就是三种:家庭共有、夫妻共有和遗产共有。

夫妻共有大家很清楚。家庭共有的对象是家庭财产。在我国法律中,家庭财产这个概念从《民法通则》②到《物权法》③,再到《民法总则》④都出现过。什么是家庭财产?哪些财产构成家庭财产?家庭财产的共有人是谁?并不明确,它不同于夫妻共同财产。

对家庭财产的共有人,主要是有两种观点:一种观点认为,家庭财产的主体就是家庭的所有成员;另一种观点认为,家庭财产的主体不是家庭的所有成员,而是对家庭财产作出过贡献的人。只有对家庭财产有贡献的才是家庭财产的共有人。

---

① 《民法典》2021 年 1 月 1 日施行后,《物权法》已失效并废除。
② 《民法典》2021 年 1 月 1 日施行后,《民法通则》已失效并废除。
③ 《民法典》2021 年 1 月 1 日施行后,《物权法》已失效并废除。
④ 《民法典》2021 年 1 月 1 日施行后,《民法总则》已失效并废除。

我比较倾向于后面一种观点,家庭财产的共有人应该是对家庭财产作出贡献的人。当然说家庭成员全都是家庭财产的共有人有利于保护每一个家庭成员的利益,这种观点主要是从保护未成年人的角度出发的。实际上,未成年人不需要成为家庭财产的共有人,因为家庭对他有抚养义务。对家庭财产作出贡献的人为共有人,这种观点在确定共有人上是便利的。

比如,农村承包经营户的债务,谁来承担? 在用家庭财产承担的时候,并不是说只要是家庭财产的共有人就应承担,而是对这个财产作出贡献,或者与他人有利益相关的人才承担。遗产共有就是以继承人为共有人。

（二）合伙财产共有

在共有种类的确认上可能比较麻烦的是合伙财产共有,它是什么性质的共有? 是按份共有,还是共同共有? 对这个问题有两种不同的观点。

如果从团体性上来考虑,合伙人之间有人的结合。而共同共有有一个特点,就是其不光是财产的结合还是人的结合。合伙有团体性,合伙共有具有共同共有的特点。但是合伙共有还有另外一个很明显的特点:合伙一成立,合伙人的份额就确定了,这一点恰恰是按份共有的特点。只有按份共有,才能从一开始就确定份额。从这一角度来讲,合伙共有好像又是一个按份共有。

合伙财产共有是一个特殊问题,既不能完全按照共同共有来处理,也不能完全按照按份共有来处理。你如果按照共同共有处理,合伙人对合伙份额的处置就解释不通了,在共同共有下,合伙人就没有这个权利;如果完全按照按份共有来解决,合伙的团体性就没法维护了。合伙共有是既具有按份共有特点,又具有共同共有特点的一种特殊的共有。

三、共有权的行使

我们区分按份共有和共同共有,主要目的要确定每个人怎么来行使权利。共同共有是不分份额的,因此在权利的行使当中,必须由共有人共同决定,一致同意怎么来做,不能由一个人或者由几个人来决定。

按份共有,因为有一个所有权量上的份额问题,每个人对自己的份额都单独享有权利,按份共有人对自己的份额享有的权利相当于一个单独所有权。单独所有权人对自己的财产有什么权利,基本上按份共有人对自己的份额就有什么权利。因此从道理上来讲,按份共有人对自己的份额可以设立担保,也可以转让。

按份共有人按照协议行使权利,意见不一致的时候,可以采取多数决原则,但是大多数人的意见不能损害少数人的利益。

民法中经常讲到多数人利益,这涉及民主。

按份共有人可以将自己的份额转让,但是按份共有人将自己份额有偿转让的时候,其他共有人是有优先购买权的。这主要是为了维持共有人之间的关系。

比如原来我们几个人很要好,我们设定了一个共有,现在你不干了要把自己的份额卖给另外一个人,让另外一个人跟我们一起共有,那个人怎么样,我们能不能达成协议,这是要考虑的。这时应由其他共有人优先购买,但是优先购买只适用于有偿转让的情况。

如果是无偿转让,送人了、遗赠了、被继承了,那当然不发生这个优先购买的问题。这时候其他共有人如果觉得维持不下去可以请求分割共有。只有在有偿转让的时候,其他共有人才有优先购买权。

不能说只要行使了优先购买权就自动取得了这个物权,行使优先购买权要订立合同。优先购买权也应该在合理的期间内来行使。按照《物权法》①的规定,按份共有人处分转让份额的时候,要把转让条件通知其他共

---

① 《民法典》2021年1月1日施行后,《物权法》已失效并废除。

有人。转让人可以在通知中规定行使优先购买权的期间,其他共有人应在这个期间内行使优先购买权。如果没有规定期间,应在接到这个通知以后15天之内行使。如果在规定的期间没有行使优先购买权,共有人就会丧失优先购买权,不能再行使了。

我要转让的时候,其他共有人都要求我转让给他,这时候应该转让给谁?对于有两个以上的人要求受让的时候如何处理,有两种不同观点:

一种观点是,由按份共有处分人自己决定;另一种观点是,受让人按照他们的份额比例来受让。

前一种观点主要基于意思自治,由转让人的意志决定;后一种观点强调的是维系共有人之间的比例关系,如果只转让给一个人,该人的份额就大了。

我比较赞同第一种观点,但是《物权法》①中明确规定采取第二种观点。两个以上共有人要求受让的按照他们的份额比例来受让,其道理就是维持共有人之间的份额比例关系,不要改变原来的份额比例关系。这是共有人份额转让中的存在的问题。

共有人能不能设定担保?共有财产上只能设定抵押权吗?可不可以设定质权?基本不能,因为共有人没有办法交付。从理论上来讲,共有人完全可以用他的份额设定抵押。问题在于这种抵押什么时候能够有效成立,什么时候又是无效的?

比如,如果当事人之间的协议中明确规定不得抵押,现在共有人去抵押了是否有效?这个问题涉及公示。如果当事人的协议公示了,第三人知道或应当知道,那么抵押当然不能有效;如果没有公示,第三人不知道,那么第三人会善意取得抵押权,这个抵押会有效。

---

① 《民法典》2021年1月1日施行后,《物权法》已失效并废除。

四、共有物的管理

共有中还涉及一个对共有物的管理问题,按照《物权法》[①],共有人对共有物都有管理的权利。什么是共有物的管理? 有广义解释和狭义解释。

对共有物的处置,都属于广义上的管理的范畴。而狭义上的管理不是,狭义上的管理只是对共有物的保存、改良和利用。

保存行为,对共有物实施这个行为是为了保存共有物的,其当然属于管理的范畴。比如,我们俩的共有物被别人拿走了,我赶紧去要回来,这也是保存。你不能说这个东西是我们两个人的,必须两个人一起来要。你自己来要也是可以的。

改良,一般的维修都属于这个范畴。在《物权法实施以来疑难案例研究》一书中我讲到一个案例:两个人共有一辆汽车,其中一个人开出去轮胎坏了,这个人就换了一个轮胎,结果换的轮胎比一般轮胎贵,回来以后另外一个人就不愿意了,说坏了的轮胎是你换的,多花的钱你自己承担。换者认为,我们两个人共有这辆车,为什么换轮胎的费用让我自己承担呢? 我们两个人应该一起承担。为此双方发生了纠纷。

那个人可不可以换这个轮胎? 我换这个轮胎是不是必须要先征求另一个共有人的意见? 答案取决于这个行为是怎么样一个性质。换轮胎行为,从性质而言属于一般修缮,不属于重大修缮,因此就不需要其他共有人都同意。如果我对这个东西采取的行为不需要其他共有人都同意,我自己就可以决定,这些行为就是一般管理行为。对共有物,每个共有人都有管理的权利,反过来说,每个共有人都有管理的义务,不需要大家去决定。

---

① 《民法典》2021 年 1 月 1 日施行后,《物权法》已失效并废除。

更广义的管理包括对物进行处分,进行重大修缮,改变共有物的性质、用途,这些行为对每个共有人的利益可以说有非常重大的影响,共有人不能单独实施这些行为。对外部发生的关系,至少有两种:

一种是一般债的关系,比如因为这个物的处分,可能会发生债权债务,这个债权债务可能是按份的也可能是连带的,这是第一种情况,对物的处分、重大修缮等都会发生这种关系。

另一种情况是因物造成的损害发生的损害赔偿关系。比如,这个房倒了把人砸伤了;汽车是我们两个人的,结果汽车出事故了,不是驾驶人的责任,是汽车本身的瑕疵造成的,在这种情况下当然要发生赔偿关系了,是外部关系。

从外部关系上来讲,共有人是整体,构成一方当事人;共有人对外部来讲是要承担连带债权债务的,共有人间发生连带关系。

《物权法》①中也讲到,相对人知道不具有连带债权债务的,可以除外。他怎么不知道?怎么叫共有人不具有连带债权债务?这是要考虑的。这种知道更主要的是知道共有人的约定,即共有人之间有约定,而相对人又知道共有人不承担连带债权债务的协议。但即便相对人知道,共有人的约定是对哪些权利义务的约定,也是有限制的,不能说什么都可以约定。如果说是物的瑕疵造成侵权责任的,当事人能不能约定?不能约定,约定也不能有效。这是维护相对人利益和维护整个社会秩序交易安全的需要。

五、共有物的分割

共有还有一个问题就是共有物的分割问题。共有人之间的一个义务就

---

① 《民法典》2021年1月1日施行后,《物权法》已失效并废除。

是维持共有义务。按照《物权法》①的规定，当事人约定维持共有的，应当维持共有，不能要求分割共有。从经济效益上来讲，共有是效益低下的，因为当事人会互相扯皮，共有物怎么来用，需要大家研究、统一意见。

当事人约定维持共有，就应该尊重当事人的约定，不应该违反这个约定。比如，我们两个人达成协议，我们要维持共有 10 年，那就应该维持 10 年，10 年内你就不能要求分割。

但是《物权法》②规定了，如果有重大理由，可以请求分割。怎么算有重大理由？这是个问题。应当是自其出现以后，继续维持共有会对共有人利益造成损害，重大理由的重大性要达到这个程度才可以。比如，严重亏损了，再不分割就会造成物的损害。《物权法》③规定，有重大理由可以要求分割，因为分割给共有人利益造成损害的，要负赔偿责任。这时候的赔偿责任由谁来承担？是由因为有重大理由而提出分割的人承担吗？我请求分割，因为分割了造成损害，此时是由我承担责任，还是由重大理由的制造者来承担责任呢？这点一定要清楚。是谁逼着我去分割？你不能说是我提出来分割的，因此我要承担责任，不能这样。我为什么提出要分割？因为他的行为导致不分割大家都受损害，因此对分割造成的损害，他要负赔偿责任。

前面我讲的是按份共有，后面我讲的是共同共有。共同共有在什么时候分割？共同基础关系丧失或者有重大理由。共同基础关系丧失当然要分割了，离婚了还能不分割吗？什么才算重大理由？夫妻分居算不算重大理由？我觉得应该构成。

我讲一个真实的案例，这是当年我在南京法院实习的时候遇到的一个案例。两个人闹得不可开交了，已经分居，法院这时候把他们两个人的财产

---

① 《民法典》2021 年 1 月 1 日施行后，《物权法》已失效并废除。
② 《民法典》2021 年 1 月 1 日施行后，《物权法》已失效并废除。
③ 《民法典》2021 年 1 月 1 日施行后，《物权法》已失效并废除。

分割了。当时我是批判法院判决的,婚姻关系存在,不离婚就不能分割财产。但是现在来看,分居应该算是重大理由,都没法在一起过,我又没有离婚,基础关系还没有丧失,我不能分割财产吗?而且这种分割财产是有利于维护当事人利益的,因为他们的婚姻已经到了分居这种地步了,分居之后再不分割财产,很可能一方就转移财产、隐匿财产,给另一方带来很多财产损失。

现代社会当中,夫妻隐性离婚的有很多。比如,两个人感情已经破裂了,但是孩子正在上学,两个人商量好先不把准备离婚的打算告诉孩子,有的办离婚手续不告诉孩子的,有的也不办离婚手续,等孩子上了大学,大学毕业了,再去办离婚手续,都是为了子女。

除了这种情况以外,每个共有人随时都可以请求共有物的分割,请求分割就受不可分割的约定、共同关系限制和物的性质本身的限制,比如本身这个东西不能分割,典型的是两个人继承同一个房屋,只能继续维持共有。

请求分割共有物的请求权,是什么性质的权利?有不同的观点:有一种观点认为其是一个请求权,另外一种观点认为其是一个形成权,即当事人可以以自己的意志使法律关系发生变动,使共有变成单独所有。后一种观点较合适,因此,该请求权不适用诉讼时效。

分割有三种方法:实物分割、补偿分割、变价分割。分割的效力是要重视的,分割从什么时候发生效力,有两种不同的立法例,我国主张从分割之日起发生效力,而不是溯及共有成立之时,不是采取让与主义而是采取转移主义。

依《物权法》①的规定,物分割以后,共有人得到的物上有瑕疵的时候,其他共有人也要负相应的瑕疵担保责任。也就是说,两个人分东西,一个给

---

① 《民法典》2021年1月1日施行后,《物权法》已失效并废除。

你,一个给我,结果给我的这个东西是坏的,这个价值减损不能都让我承担了。这里面有两个问题需要注意:

第一个问题是,这种瑕疵只能是隐蔽瑕疵,不包括表面瑕疵,为什么不包括表面瑕疵?因为表面瑕疵分割的时候都能看见,你自己愿意要,你就自己承担这个风险;

第二个问题是,当事人没有另外的约定。如果当事人有另外的约定,也不能适用瑕疵担保的规定。比如,我们两个分割共有物,咱俩说好了,分成两份抓阄,抓到哪份算哪份,结果你抓了一个坏的,你就让我赔偿你,这个算不算数?这种情况下不能适用瑕疵担保的规定,不能去追究别人的责任,这个你要自己担着,这叫自认倒霉、愿赌服输,你既然同意了,就要接受。

这就是我想强调的在共有物分割上要注意的问题。

六、建筑物区分所有权中的共有

《物权法》规定了建筑物区分所有权中的共有,《物权法》①又单独用一章规定了共有,就是刚才我谈的共有,这两个都属于共有是没问题的,关键是这两个共有是不同的。建筑物区分所有权中的共有,本身构成了区分所有权的内容。建筑物区分所有权包括三方面的权利:专有部分的专有权、共有部分的共有权、共同使用的共同管理权。

建筑物区分所有权中的共有,它本身是建筑物区分所有权的内容之一,而前面谈的一般共有它并不是所有权的内容之一,而是所有权的一种状态,共有不是一种独立的所有权类型。

建筑物区分所有权中的共有是有依附性、从属性的,它是依附于专有部

---

① 《民法典》2021 年 1 月 1 日施行后,《物权法》已失效并废除。

分的专有权的。你只有对专有部分享有专有权,才能对共有部分享有共有权,你不能把这两者分开,因此它们不能分开单独转让,而且其与义务是联系在一起的,它不能通过放弃权利来放弃义务。

七、其他权利的共有

《物权法》①中的共有里面,还讲到了对其他担保物权、用益物权共同享有的准用问题。除了所有权有共同享有的问题,其他的物权如用益物权、担保物权也会存在两个以上人享有的情况,这种情况就叫做准共有,准共有准用共有的规则,处理权利人之间的关系。

除了《物权法》②中规定的对用益物权、担保物权的准共有以外,其他的权利也有共有。共同享有同一项权利,典型的如知识产权,两个人共同享有专利权,两人共同享有著作权,这都是共有的现象,债权里面也有。所以共有的规则,在其他权利的共有中也会用到,共有权利中其他权利用到的规则主要还是按份共有的规则,因为不具备共同共有必要的共同关系。

---

① 《民法典》2021 年 1 月 1 日施行后,《物权法》已失效并废除。
② 《民法典》2021 年 1 月 1 日施行后,《物权法》已失效并废除。

第七讲　善意取得规则的适用

今天我们聊一聊善意取得规则的适用,善意取得是所有权取得的一种特别方式。《物权法》第 106 条①对善意取得制度也作了专门规定。从善意取得规则的适用来看,无论是从理论上,还是从实务上,还是有许多问题值得进一步讨论。

一、善意取得的定义

什么是善意取得? 善意取得就是无处分权的人转让动产或者不动产,若受让人是善意的,他就可以取得该受让的财产。没有处分权的人处分了财产,把这个财产转让出去,在这种情况下,所有权人的权益受到侵害,他应该有权利要回财产,使受让人无法取得这个财产。但是这样一来,就会影响到交易安全、动态的财产秩序。如果我进行交易,我从别人手里受让一个财产,我能不能取得这个财产有很大的不确定性,可能随时它就会被别人要回

①　现为《民法典》第 311 条。

去,这显然是不利于维护交易安全的,动态的财产安全秩序受到威胁。因此,法律从维护交易安全、动态的财产秩序出发,规定受让人可以取得无权处分人所处分的财产。受让人是不是在任何情况下都可以取得？这样一来,财产所有权人的利益就得不到任何保护了。我的财产既然被别人处分了,我就不能追回来了,这显然不利于维护静态的财产秩序,因此要对所有权人的利益进行保护。在这样两个利益需要保护、两种秩序需要维持的情况下,法律平衡了各方的利益,从维护动态和静态的财产秩序的价值判断出发,规定了善意取得规则。只有受让人是善意的,在具备一定条件的情况下,他才可以取得受让的财产;否则,真正的所有权人有权追回转让的无权处分的财产,这就是善意取得规则制度的存在的意义,或者说它的价值所在。

二、善意取得的构成条件

《物权法》第 106 条①规定符合三个条件才构成善意取得。这是在无权处分这样一个前提条件下规定的。在善意取得中,有两个前提条件咱们要注意,《物权法》②对此没有明确规定。

第一个条件是处分人是无权处分,有权处分当然不发生善意取得问题。哪些情况属于无权处分？首先,你不是所有权人但你处分了,你又没有得到所有权人的授权,这肯定是无权处分。再就是所有权人的处分是不是都是有权处分？不是,所有权人也会有处分权受限制的时候,也会无权处分。比如,所有权人的财产被查封、扣押了,他处分了,那也是无权处分;对海关监管的物品所有人也是无权处分的。现实中比较常见的是共有人的处分,最

---

① 现为《民法典》第 311 条。
② 《民法典》2021 年 1 月 1 日施行后,《物权法》已失效并废除。

典型的是夫妻处分财产,处分夫妻共同财产的时候是要夫妻双方都同意的,如果其中一方没有同意,另一方擅自处分了,那也是无权处分。有权处分不适用善意取得规则。

第二个条件是转让合同必须是有效的。转让合同能不能是无效的?不能。《物权法》草案制定的时候,对善意取得的条件里面曾经规定转让合同必须有效,后来这个条件被删掉了,因为有争议。争议在哪?我们以前讲依《合同法》第 51 条①,无权处分怎么能有效?无权处分就是无效,转让合同不能有效。《物权法》草案当中曾经这么规定,后来删掉了。实务中,转让合同本身是无效的,能不能发生善意取得?显然不能。为什么?有权处分都不行,无权处分就行了?有权处分的时候,若转让合同是无效的,受让人都不能取得,按照"举轻以明重、举重以明轻"的解释规则,在无权处分的情况下就更不能善意取得了。如果转让合同本身是无效的,就不发生转让后果。

按照《物权法》②的规定,善意取得有三个条件:第一个条件是受让财产的时候受让人是善意的。怎么判断他是善意的?判断善意从理论上讲有两种观点:一种观点认为,只要受让人认为转让人是所有权人,他就是善意的;另一种观点认为,受让人善意应该不知道,或者不应当知道转让人是无权处分的,他没有重大过失。怎么判断他不知道或者不应当知道?实际上这就回到了转让人转让权利时有没有权利的外观,有没有经过公示的问题。物权的公示方式,动产是直接占有,不动产是登记。如果转让人转让动产,他是直接占有人,我相信他是有处分权的,那我就是善意的。如果说转让不动产的人是不动产登记簿上登记的权利人,那么他虽不是真正的权利人,我因相信不动产登记簿上的登记和他交易,我就应该是善意的。因为物权公示有公信效力。物权公示的公信效力的直接表现,就是善意取得,我相信你公

---

① 现为《民法典》第 597 条。
② 《民法典》2021 年 1 月 1 日施行后,《物权法》已失效并废除。

示出来的权利外观、权利状态,我跟你进行交易,我是善意的,我就可以取得这个物权。

《物权法》①规定动产、不动产都可以适用善意取得,国外的立法一般规定善意取得适用于动产,而不适用于不动产。为什么?这就是公示的公信效力问题。国外有些国家的登记是具有绝对公信效力的,完成了不动产登记的权利,有绝对的公信效力,只要你跟登记的权利人交易,不管你知不知道他是实际的权利人,你都可以取得,不存在不是善意不能取得、善意才能取得的问题。

在我国,不动产登记没有这么强的公信效力。我国的不动产登记,实行的是以形式审查为主、以实际审查为例外的审查制度,这个审查制度本身就确定了不动产登记当中可能会发生登记错误,登记的权利人可能不是真正的权利人。如果实行的是实质审查,在登记这一关就可以严格把关,不是真正的权利人就几乎不可能被登记为权利人。因此不是真正的权利人,却登记为权利人,你一查不动产登记簿他是权利人,那没问题;你一查登记簿,上面有异议登记,你就应该知道他是有权利瑕疵的,恐怕不是真正的权利人,那你再跟他交易就不能说你是善意的了。或者你进行了预告登记,在预告登记期内,出卖人处分了,这也是无权处分。有时候出卖人虽然登记了,但他不是真正的权利人,但是在外观上可能也会表现出来他是真正的权利人。

现实中存在这样的问题,比如,这个房屋的所有权人登记为张三,但是李四拿着张三的房产证正本来跟王五交易,而且他又伪造了一个能够以假乱真的张三的身份证明。这种情况下,王五跟他交易了,他是不是善意的?我觉得在这种情况下,王五应该是善意的,因为房产证是真实的。

第二个条件是要以合理的价格转让。有人主张以合理的价格转让不应

---

① 《民法典》2021年1月1日施行后,《物权法》已失效并废除。

该作为一个条件。我们现在规定了以合理的价格转让,我觉得是有两方面的原因:第一个方面来讲就是只有有偿转让才适用善意取得,如果是无偿转让不发生善意取得。比如,一个人把别人的东西赠送给你了,你以为东西是他的就收下了,现在所有权人来要,你说我是善意的,善意取得,这不行。因为在这种情况下你没有付出任何代价,你把财产返还给财产所有权人也不会遭受什么损失,相对来说如果你取得这个财产,所有权人就有损失了。有人主张可以让无权处分人去赔偿,有时候无权处分人赔不了,在这种情况下应该优先保护所有权人的利益,因为受让人不会有什么损失。所以善意取得只能适用于有偿转让,无偿转让不行。

价格合不合理也是判断受让人善意不善意的一个标准,价格合理原则上应当与当地、当时的市场价格相一致。比如,这个东西值5万块钱,他1万块钱就卖给你了,他为什么卖得这么便宜?你不应该考虑考虑吗?这种情况下你能说你是善意的吗?不能。在这种情况下,我认为,价格不合理就推定你不是善意的。价格不合理是不是就一定不是善意的?也未必,但你要去证明你是善意的。为什么价格这么便宜?比如转让人说是因为家里人有疾病急需用钱,迫不得已才贱卖,如果你能证明,你有理由相信转让人提供的这类情况,也可以推定你是善意的;你如果不能证明,那就推定你不是善意的,价格本身就是一个判断的标准。还有一种观点认为,合理价格标准只适用于动产,而不适用于不动产,但是我觉得不动产也存在合理价格这个问题。

按照《物权法》①的规定,法律规定应当登记的已经登记,没有规定登记的就是已经交付,这也是善意取得的一个条件。我们讲判断善意的时间标准,什么时候善意?应该是权利发生移转的时候。什么时候发生权利移转?

―――――――――

① 《民法典》2021年1月1日施行后,《物权法》已失效并废除。

按照我国法律的规定,不动产是登记之时,动产是交付之时。因此来讲,判断善意的时间也应该以这样的标准,法律规定应当登记的是登记之时,不应当登记的就是交付之时。也就是说,在这个以前或者以后,受让人是不是善意不考虑,登记、交付给受让人的时候,他知不知道才需要考虑。比如,不动产已经登记了,动产已经交付了,后来我才发现这个东西不是受让人的,他是无权处分的,那不影响我取得权利。哪些财产是法律规定应当登记的?我国法律规定的要登记的财产主要有两种:一个是不动产,一个是特殊动产。《物权法》第9条①规定了不动产登记,《物权法》第24条②规定了车辆、船舶、航空器这些特殊动产的登记。

善意取得法律规定中应当登记的财产是不是这两类?不动产应当登记,这没问题,关键是这里的应当登记是不是包含了《物权法》第24条③规定的特殊动产?对此有不同观点。有人认为,这里规定的应当登记包括了特殊动产的登记,如转让的是车辆、船舶、航空器,必须要经过登记受让人才能善意取得。我不同意这个观点。因为这两个登记的效力是不一样的,《物权法》第9条④规定了不动产登记,那是物权变动的生效要件,《物权法》第24条⑤规定特殊动产登记是个对抗要件。无论什么动产,物权变动的生效要件都是交付,交付就发生效力,但是没经过登记不能对抗善意第三人,登记是对抗要件。善意取得既然是权利的取得,只有具有生效要件才能有效力,把对抗要件视为生效要件,以此判断权利是不是发生变动、转让生不生效是不合适的,说不通。因此善意取得生效要件中的登记和交付指的就是不动产的登记、动产的交付。动产交付有各种形式,是不是交付就产生善意

---

① 现为《民法典》第 209 条。
② 现为《民法典》第 225 条。
③ 现为《民法典》第 209 条。
④ 现为《民法典》第 209 条。
⑤ 现为《民法典》第 225 条。

取得生效的效果？不是。占有改定就不能产生善意取得生效的效果。比较有争议的问题是指示交付能不能产生善意取得生效的效果？应该是不能产生的，但有争议。

三、善意取得规则的扩张与限制

实际上善意取得规则不单纯适用于物权，其他权利也适用善意取得。知识产权转让适不适用？债权转让适不适用？这些权利转让也会出现善意取得问题。善意取得规则的适用还有个限制，并不是说所有的动产、不动产都适用。第一个限制就是禁止流通物不能适用，凡是法律规定的禁止流通物都不能适用。第二个限制就是脱离物。动产占有人的占有是所有权人转移给他的，他是根据所有权人的意志占有的，比如保管人、承租人等等。如果物不基于我的意志脱离我的占有，那叫脱离物，脱离物脱离了所有权人的占有、所有人的完全控制。脱离物主要包括遗失物和盗赃物。

遗失物就是非基于遗失人的意志而丧失占有的物。遗失物和遗忘物不同，遗忘物是权利人忘在了某个地方的物，但是这个物仍然在有限的控制之内。比如，我把我的钱包丢在家里，放在哪里我记不起来了，它是遗忘物而不是遗失物。又如，我到你家里去串门，把什么东西忘在你家里了，它是遗忘物不是遗失物。在这两种情况下仍然有人控制这两个物，放在我家里在我的控制范围内，放在你家里在你的控制范围内。

对遗失物和盗赃物适不适用善意取得规则的问题，是有争议的。《物权法》①规定不适用的。遗失物不适用善意取得规则，但是无权处分遗失物的时候，权利人可以在两年内追回，如果过了两年的期限他就不能追回了，这

---

① 《民法典》2021年1月1日施行后，《物权法》已失效并废除。

时候受让人可以取得这个物,权利人只能向无权处分人要求赔偿。两年之内权利人可以要求受让人返还,要求受让人返还的时候,如果受让人是从有经营资格的人手里取得的,或是通过拍卖取得的,权利人要求受让人返还的时候要支付对价。比如,我买这个东西的时候花了1万块钱,你要支付我1万块钱我才能还给你,你不给我钱我不能还给你。从理论上,某些学者或者国外一些立法主张对盗赃物也应该这样,盗赃物享有同遗失物同样的地位。但在当下的实务中,追赃还是要一追到底。

实际上这也是一个利益平衡问题,因为在无权处分人合法占有的情况下,他处分时,应该重点保护受让人。因为所有权人很清楚这个财产为谁占有,谁把它处分了,而相对来说,受让人再去找处分人是谁,难度就比较大了。所以受让人取得受让物以后,所有权人向无权处分人追回相对来讲比较容易,这时候应该侧重于保护受让人。而对于脱离物,我这个东西叫谁给我处分了,我所有权人很难知道或者根本不知道,对受让人来讲这个东西是从谁手里买的,比所有权人要更清楚,因此这时候更应该注意保护所有权人。

一旦符合条件,适用善意取得规则以后,受让人就取得了受让的权利,他取得受让权利以后,对权利人怎么来救济?权利人可以要求无权处分人给予赔偿。赔偿的关键是标准。赔多少?怎么赔?要看无权处分人处分财产的价值,如果处分价格低于市场价格,低于一般交易价格,这时候所有权人有权要求按照无权处分的物的价值进行赔偿,我这个东西值1万块钱,你8千块钱给我卖了,我就让你给我赔1万块钱。如果无权处分人的处分价格高于这个物的价值呢?比如我这个东西值1万块钱,结果他12 000元卖了,这时候我要求他赔多少呢?是不是要求赔1万块钱呢?不是。这里发生了不当得利,无权处分人是没有资格得到利益的,因此这时候应该按照无权处分人的实际所得赔偿。任何人是不应该从不合法行为中得到利益的,他当然要将所得全部给我了。

第二个善意取得规则适用中的问题,是取得的性质。受让人的取得是原始取得。原始取得的后果是什么?就是取得人一旦取得这个权利,原权利上的负担全部消灭,不存在了。

《物权法》①中规定,善意取得以后,受让人取得动产上的权利,原有权利消灭,但受让人知道的除外。为什么动产上原有权利消灭?受让人的取得是原始取得,原有权利当然应该消灭。为什么受让人知道的除外?因为在转让过程当中,受让人如果知道这物上面有负担,比如说有质权,他当时基于这种负担,才进行这个交易,取得这个财产,所以他当然应当继续承受负担。这里有一个问题:为什么讲的是受让的动产上的原有权利消灭,而不是受让的动产和不动产的原有权利消灭?换句话说,受让的不动产上的原有权利能不能消灭?受让的不动产上的权利是不能消灭的。为什么?是因为受让不动产上的权利是登记的,你知道上面有什么负担,你受让了。为什么动产里面特别强调消灭但是受让人知道的除外?因为这里有一个知道或不知道的问题,动产上面有没有负担并不是一看就明白的,还有一个知道或不知道的问题。而不动产上的负担就是要登记的,如果没有登记就不成立。登记了,一看就知道,所以不存在这个问题。这是善意取得规则成立之后发生的一个后果问题。

---

① 《民法典》2021年1月1日施行后,《物权法》已失效并废除。

第八讲　担保物权的一般原理

今天我们聊一聊担保物权的一般原理，谈一下担保物权的共同性问题。

担保物权，前面我们谈到它是跟用益物权并列的一种他物权，但是这两类物权无论在性质上、内容上、功能上都有许多不同的特点。比如，我们前面提到的，用益物权是以对他人之物的占有、使用，以支配物的实体为内容的这样一项权利，权利设定的目的，就是为了取得对物的使用、收益。而担保物权是对他人之物的财产价值予以支配的权利，它设立的目的，是担保债权的实现。用益物权的客体只能是物，前面我们说了，主要是不动产。而因为担保物权支配的是价值，不是对实体的利用，所以担保物权的客体不限于物，也包括权利。从功能上来说，设立用益物权的目的主要是解决所有和利用之间的矛盾、冲突，发挥物的使用价值。而担保物权的功能主要是担保债权实现，它可以解决资金短缺和资金需求之间的矛盾，可以用来融资，作为融资手段。

担保物权的实现，也就是对客体进行变价，优先受偿债权，担保物权也就消灭了，所以担保物权的实现和消灭是同时发生的，而设立以后并不能马上实现。用益物权恰恰不是，用益物权设立以后就要实现权利、行使权利。

　　从我国现行法的规定来看,担保物权既有意定担保物权,又有法定担保物权。意定担保物权是指当事人自己按照自己的意愿自愿设立的担保物权。法定担保物权是指法律直接规定的,具备法定条件就可以成立、设立的担保物权。意定担保物权,按照我国现行法律的规定就是抵押权、质权;法定担保物权,按照现行法规定就是留置权和优先权。但优先权在《物权法》①中没有规定,在其他法律中有规定。比如,《破产法》中规定了一些优先权;《合同法》②中规定的建设工程价款的优先权;《航空法》中规定的航空器的优先权;等等。这些是法律直接规定的,当然法定的担保物权和意定的担保物权有不同的条件和不同的特点。

　　我们讲担保物权的共同问题,主要还是针对意定担保物权来说的。

一、担保物权的特性

　　担保物权的共同问题有哪些? 当然有很多。第一个问题,谈一谈担保物权的特性。

　　担保物权的特性我们主要可以从这样几个方面来理解和把握。第一个就是特定性。物权当然都具有特定性,特别是它的客体,特定性是物权客体特点。担保物权的特定性表现在两个方面:一是客体的特定性。担保物权的客体就是担保财产,有人把它叫做担保物,严格说担保财产比担保物这个概念要准确。因为担保财产显然可以包括权利,讲到担保物人们往往就觉得仅指物不包括权利,但是在法律另有规定的情况下,权利也可以是担保物。就担保财产的特定性来讲,它可以是指特定的某一个财产,也可以是指特定范围内的财产。特别是在担保物权设立的时候,那可以是担保范围之

---

　　① 《民法典》2021年1月1日施行后,《物权法》已失效并废除。
　　② 《民法典》2021年1月1日施行后,《合同法》已失效并废除。

内的财产。比如,浮动抵押,或者说浮动担保,它用于担保的财产是在特定范围之内的。但是无论在什么情况下,在担保物权实现的时候,担保的财产必须具体特定。就是浮动抵押到抵押权实现的时候,也要转为固定抵押。

特定性的另外一个表现,就是被担保的债权的特定。一个担保物权,它担保的债权必须具有特定性。当然这个特定性有时候指的就是数额特定,比如,是一千万还是五百万,这样一个特定。在最高额抵押、最高额质权中,被担保的债权的数额可能处在一定范围内,什么时间到什么时间之内的这样一个债权。但是无论在什么情况下,在担保物权实现的时候,这个债权的数额必须特定,到底是哪个债权? 数额多大? 这个必须特定。最高额担保也是这样,一旦要实现抵押权,债权就固定了。

担保物权的第二个特性,就是从属性或者叫附从性。前面我们讲用益物权的时候提到,用益物权有一个很重要的特点,即原则上是具有独立性的,只有地役权有例外,其他用益物权都具有独立性而不具有从属性,而担保物权恰恰具有从属性。为什么? 因为担保物权,是为担保债权而设立的,因此担保物权和被担保的债权之间必然形成一个主从关系,被担保的债权是主权利,担保物权就是从权利。我们知道民法中一个很重要的规则,"从随主规则",即从权利随主权利的存在而存在、从权利随主权利的转移而转移、从权利随主权利的消灭而消灭。担保物权跟主债权就是这样一种从属关系。但是在从属性上,我们要注意,各种情形下的担保物权从属性并不完全相同。

比如,刚才我们提到的最高额担保物权——最高额抵押权、最高额质权,它们在设立上不具有从属性,而具有一定独立性。因为原则上先有主债权,才能设立担保物权,至多像营业质权和债权同时发生。不能没有主债权就设定担保物权。但是最高额担保是在没有主债权的前提下先设立的,它在设立上就有独立性,而不是从属性。从主债权转移上来讲,各种担保物权的从属性也不同，比如抵押权、质权，它们的从属性比较强，随主债权转移而转移，而留置权的从属性就比较弱。在流转上留置权的从属性弱于抵押权和质权，但是在设立上，留置权的从属性却强于抵押权和质权。在从属性上各种担保物权是有区别的。

担保物权的第三个特性就是不可分性，这也是担保物权不同于用益物权的一个特点。前面我们讲用益物权，用益物权不具有不可分性，只有一个例外，就是地役权具有不可分性。不可分性可以说是各种担保物权的一个共性。所谓不可分性就是指担保财产的全部担保着债权的全部。债权分割了，担保物权仍然担保这些债权。一部分清偿了，担保财产的全部仍然担保着未清偿部分的债权。担保物分割后，被担保的主债权仍然也不受影响，被分割出去的一些仍然要担保这个债权。比如，担保物是一个共有物，我俩提供担保以后这个共有物被我们分割了，不能说我那部分就不担保了，只有你那部分担保，不可以，仍然要共同担保全部债权。

担保物权的第四个特性就是担保物权的物上代位性。担保物权是一个价值权，而不是实体物权，这是跟用益物权不同的。用益物权是实体物权，是支配实体的，当这个实体不存在了，它只能消灭。而担保物权是价值物权，因此物的实体不存在了，但只要其价值还存在，价值形态发生了变化、转换，这个担保物权并不消灭，而存在于变化了的价值形态下。担保财产如果毁损、灭失了，相应的会发生补偿金和赔偿金等，这样一些财产价值，仍然在担保着这个债权，担保债权存在于这样一些价值物上，这是物上代位性。这个性质是由担保物权的价值权性质所决定的。

物上代位性的时候担保物权属于一种什么形态？对此是有两种不同观点的。一种观点就是原担保权说，认为物上代位的时候，权利人行使的仍然是原来的担保物权，只是形态变化。也就是说，这时权利人的权利存在于代位物上。比如，得到的赔偿金、补偿金等等，担保权存在于其上，仍然是原来的担保权。第二种观点认为，这种情况下发生的是一个法定债权质权。担保物毁损灭失以后，担保权人的权利，不是存在于担保物的代位物上，而是存在于权利人的请求权、代位物的请求权上。比如，我的抵押财产毁损了，我有保险公司保险，这个时候我有保险赔偿债权，我可以要求保险公司赔偿。比如，我的抵押财产被第三人损毁了，我对第三人有损害赔偿请求权，我可以要求第三人赔偿。这时候，担保权人的权利是存在于这个债权上的，相当于在这个债权请求权上发生的一个质权。从实际上看，好像前一种观点比较易于接受，担保物的价值改变形态了，存在于其他形态上了。而从实际操作来看，第二种观点更有道理。为什么？如果你说担保权存在于保险金、赔偿金、补偿金这样一些物上，负有给付义务的第三人，一旦给付了补偿金、赔偿金，担保物权人怎么行使权利？他是没办法行使权利的，因为金钱一旦混在一起是没有办法特定化的，是不能担保的。比如，有人把抵押人的财产毁损了，应该赔一百万，一下把一百万赔给抵押人了，你对抵押人哪个财产能够执行担保？没有的。能够执行的是哪一块？应该是请求权，在抵押财产毁损、灭失的时候，权利人应当行使担保的是这个债权请求权，因此这个时候，担保物权人应当通知给付义务第三人，不能将应当给付的保险金、补偿金等给付给担保人，而是应该给付给担保物权人。但如果担保物权没有到期，给付给担保权人就是提前清偿了，这时候应该提存。如果担保物权人不行使这个请求权，一旦第三人给付了，你没有办法实现担保。而一旦担保物权人通知了第三人，负有给付义务的第三人就不能将这个补偿金、赔偿金给付给担保人，他再给付了就应该负赔偿责任。

担保物权的第五个特性就是优先受偿性。担保功能的实现，就是在具备一定条件的时候，就担保财产的变价优先受偿其债权，担保物权是从这上面来担保债权的。因此，优先受偿性是担保物权的最基本、最重要的一个特性、一个根本特征。所以，有人讲担保物权就是优先受偿权，也有的人直接把担保物权叫优先权,优先权和优先受偿权是不同的,至少在我国现行法律中是不一样的概念。担保物权的优先受偿性主要是表现在三个方面:

第一,担保物权人优先于普通债权人受偿债权,受担保物权担保的债权优先于没有担保物权担保的债权。因为债权具有平等性,无论债权发生的先后,都是平等的,债务人以其财产清偿的时候,如果不足以清偿全部,各个债权人只能按照比例平等受偿。这跟物权不同。不同物权之间有先后顺序,一般来讲按照先来后到的原则,先设立的优先于后设立的。而债权不是,它是平等的。但是如果我这个债权上设定了一个担保物权,我这个债权跟其他债权就不平等了,我要优先从担保财产中受偿我的债权,有余额的时候才可以去清偿其他债权。如果担保财产不够清偿的时候,我可以再跟其他普通债权人一样受偿,但那部分债权成为普通债权。可以说设定担保物权的目的就是为了优先于普通债权受偿。

第二,担保物权优于执行权。抵押财产被扣押、被执行的时候,担保物权是优于执行权的。被担保物权担保的债权优先于执行权执行的债权受偿,尽管这个时候执行权是公权力。

第三,担保物权人在破产程序中享有别除权。担保财产不列入破产财产。

以上是担保物权的优先性三种表现,正是基于这样一些特性,担保物权才实现了确保债权实现的这样的一个特殊的功能。

我们知道,债的担保有人的担保,有物的担保。物的担保比起人的担保好处在哪里？就在于对担保财产的优先受偿。人的担保是信用担保,它受担保人的信用影响很大,而担保物权是物的担保,尽管它会受物的价值变动的影响,但毕竟这个影响是很少的,比起人的保证来更可靠。

二、担保物权的设立问题

担保物权有法定担保物权、意定担保物权。担保物权的设定主要是指意定担保物权的设定。担保物权设定主要是通过合同来设定，以抵押合同、质权合同来设定。在担保物权的设定上我们要注意这几个问题：

第一，设定担保物权的担保合同必须符合合同有效要件。担保合同必须符合合同的有效要件，才能够成立，才能够有效。如果担保合同不符合合同的有效要件，那就是无效的。或者担保合同因符合可撤销要件而被撤销了，当然不能成立担保物权了。

第二，担保合同有效，担保物权不一定成立。这仍然要回到《物权法》第15条①规定的区分规则。担保物权的设立是物权变动，它要以合同为基础，但是合同有效，物权不一定变动。比如，设定抵押权时，不仅要有抵押合同，抵押合同要有效，并且就不动产来讲，还要办理抵押权登记，没办理抵押权登记，不动产抵押不成立。合同有效，抵押人不办理抵押权登记，这个抵押权没设立，怎么办？如果抵押合同有效，抵押人不履行合同，不办理抵押权登记，那他应该负违约责任。这个时候违约责任的范围怎么来确定？这个损失怎么来定？这个损失就应当相当于担保物权有效，担保权人可以得到的受偿额。因为我要去办理抵押登记，抵押人不去登记，不去登记我自己又办不了，最后抵押权没成立，抵押人就违约了，要承担违约责任。因为担保物权没成立，我这个一千万债权没有得到保障，这就是损失，抵押人要赔偿我。比如质权，设定动产质权时，出质人要交付质物，担保合同有效，担保物权未必成立；担保合同无效，担保物权肯定不成立。

---

① 现为《民法典》中的第 208 条与第 209 条。

第三,被担保的债权合同和担保合同之间是一个主从关系。前面我们讲担保物权和被担保债权之间是主从关系,主债权合同和担保合同之间是主从关系。主合同无效、不成立的,担保合同也不应当有效,但法律另有规定的除外。法律另有规定的除外主要是哪种情况? 实际上主要是指当事人另有约定的情况。主合同无效,但是当事人约定了,主合同无效,担保合同仍然有效,仍然担保,担保什么? 主合同不成立、无效,会发生一个缔约过失责任,当事人能不能承担这个责任? 对此可以担保,这时候担保有效,担保的范围会有所不同。法律另有规定,主要是指当事人另有约定。从主从关系来讲,主合同有效,担保合同无效不影响主合同的效力。担保合同无效,主合同仍是有效的,但是因为担保合同无效了,担保物权不能成立,债权人的利益会必然受到一定损失,这时候担保人承不承担责任? 按照我们现行的规定,担保合同无效,当事人有过错的,按照其过错来承担责任,这个过错责任是一个缔约过失责任,《最高人民法院关于适用〈中华人民共和国担保法〉若干问题的解释》规定了具体份额。

三、物保和人保并存时,担保物权的行使问题

实务中有很多这种情况,同一项债权,既设定有人的担保即保证,又设定有物的担保即担保物权。担保物权的担保人是提供物以担保债权的人,可以是债务人,也可以是第三人。如果物的提供人是第三人,他就是物上保证人。

在一项债权又有担保物权,又有保证的时候,权利人应当如何来行使权利呢? 这在我们的《担保法》①和《物权法》②中的规定是不同的。《担保法》

---

　　① 《民法典》2021 年 1 月 1 日施行后,《担保法》已失效并废除。
　　② 《民法典》2021 年 1 月 1 日施行后,《物权法》已失效并废除。

规定,同一个债权既有物的担保又有保证的,权利人放弃物的担保的,保证人在这个范围内的责任消灭。按照这个规定,在担保物权和保证并存的时候,权利人应当优先行使担保物权,这也是当时我们司法实务中一个通行的观点。我原来也是赞同这个观点,担保物权优先。因为担保物权是物权,保证是债权,物权本来就优先于债权;再一个,担保物权有从属性。但是在《担保法》①实施以后,《最高人民法院关于适用〈中华人民共和国担保法〉若干问题的解释》中的观点变了。《最高人民法院关于适用〈中华人民共和国担保法〉若干问题的解释》区分了物是谁提供的,如果是债务人提供的,要优先就债务人的担保财产受偿;如果是第三人提供的,债权人是有选择权的,可以选择行使担保物权,也可以选择要求保证人承担保证责任。保证人或者物上保证人在承担责任后,可以向债务人追偿,承担了担保责任的第三人,也可以向另外的担保人追偿它应当承担的份额。

《物权法》②改变了《担保法》③的规定,基本上接受了《最高人民法院关于适用〈中华人民共和国担保法〉若干问题的解释》的观点,但是又有所不同。按照《物权法》④的规定,既存在担保物权又存在保证的,权利人如何行使权利呢? 首先,有约定的按照约定。保证人、物上保证人或者债权人,如他们就物的担保和人的担保有约定,先行使哪个,每一个担保多大份额,首先按照约定,没有约定就看是谁的财产。如果担保物是债务人提供的,优先行使担保物权。为什么优先行使它? 因为债务人就是最终的责任人。如果担保物是第三人的,那么物上保证人和保证人并存,债权人享有选择权,这时候物上保证人和保证人的地位平等,债权人可以选择行使担保物权,也可以行使保证请求权,要求保证人承担保证责任。

---

① 《民法典》2021 年 1 月 1 日施行后,《担保法》已失效并废除。
② 《民法典》2021 年 1 月 1 日施行后,《物权法》已失效并废除。
③ 《民法典》2021 年 1 月 1 日施行后,《担保法》已失效并废除。
④ 《民法典》2021 年 1 月 1 日施行后,《物权法》已失效并废除。

比如,物上保证人和保证人都担保一百万,担保物的担保价值当时也是一百万,确实价值也值一百万,保证人担保一百万,两个担保就一样了。又如抵押财产,担保的时候八十万,保证人担保一百万,那担保人和保证人承担担保责任,按照这个比例多承担的一方有权向另一方追偿。当然,须成立共同担保,如不属于共同担保,就不发生追偿。

四、担保物权的消灭问题

担保物权作为一项物权,物权消灭的一些原因当然也会导致担保物权的消灭,但是担保物权有它的一些特殊性。比如前面我们讲到,它有物上代位性,因此担保物毁损、灭失的时候它还不消灭。在担保物权消灭的原因中,有这么几个问题咱们需要注意:

第一,被担保债权的消灭。主债权消灭了,作为从权利的担保物权也就消灭了,这是由担保物权的从属性决定的,但是这么说的前提是债权必须全部消灭,如果主债权部分消灭,担保物权并不消灭。

第二,担保物权实现了,担保物权也就消灭了。担保物权的实现就是债权人即担保物权人以担保财产的变价优先受偿了债权,这时候担保物权就消灭了。但是担保物权消灭了,债权不一定消灭。债权优先受偿,如果全部受偿,债权当然消灭了;如果没有全部受偿,剩余部分就成为普通债权。你不能说,这个债权,我是用这个担保财产担保的,这个担保财产实现多少就得多少,其他债权人就不能再去要了,那不可以。

第三,债务人转让债务,没有经过担保人书面同意的,担保物权消灭。债务人转让债务,这个转让必须是免责的转让。为什么?因为担保人提供担保物权,是基于特定的债务人的信用来提供的。他会考虑到将来这个债务人能不能清偿债务。他是考虑债务人会清偿这个债务,他这个财产不会有什么危险,或者考虑到他的这个财产就是被处分了、被执行了,债务人还有其他的财产,还是可以还给他的。很少说担保人就是为了无偿地白给债务人,去给他提供担保。这种情况会有,但不多。即使是这种情况,担保人也是基于与特定的债务人的关系才提供担保的。因此债务人是谁,对担保人有非常重要的意义,债务人变了,担保人就不保证债务人的清偿和履行。

按照《合同法》①的规定,债务人转让债务就是免责的债务转让,是要经过债权人同意的,债权人如果不同意,这个债务不能转让。现在债务人转让债务,债权人也同意了,也就是债权人相信受让债务的第三人能清偿。债务人转让债务,担保人能不能作为第三人来担保?如果担保人出具了书面文书同意继续担保,那债权人可以放心同意转让;如果债务转让没有征得担保人同意,或者担保人就没有出具书面同意,债权人可以不同意债务转让。债权人既然同意也就承担了风险,债务转让的时候,担保物权消灭。因此,转让要征得担保物权人的书面同意。

具体的情况下有具体的一些担保物权的消灭原因,由法律具体规定。比如动产质押中,质权人返还了质押财产,那担保物权当然就消灭了。比如留置权,债权人把财产还给债务人了,担保物权当然就消灭了。这就是一些消灭的特别原因。不同的担保物权有些不同的特别情况,这恐怕也是我们要注意的。

---

① 《民法典》2021年1月1日施行后,《合同法》已失效并废除。

第九讲　债的构成与分类

今天谈谈债的构成和分类。债是特定的当事人之间的特定的权利义务关系。债和物权、知识产权相比较来说，它的根本特点就在于特定性，它是特定当事人之间特定的权利义务关系。

一、债的构成

我们前面谈到，法律关系需要一定的构成要素。怎么才能构成法律关系？从静态上来讲，要有主体，要有内容，要有客体；从动态上来讲，还要有法律关系发生的原因。债的构成也是这样。如果从动态上来讲，债必须要有发生的原因，债的发生原因，有一个很重要的特点，就是它的多样性。物权发生原因要有合法性，只有合法行为才会引起物权变动，不法行为不会引起物权变动。债不是。合法行为可以导致债的发生，不法行为也能导致债的发生。侵权行为、缔约过失都是不法行为，它们都可以导致债的发生。债的发生原因，可以是法律行为，也可以是事实行为，还可以只是一些客观事实。因此，合同、无因管理、不当得利都是债的发生原因。债的发生原因还可以是单方行为,比如悬赏广告;还可以是行政行为。债的发生原因是多元化的,这是它的一个很重要特点。从静态上来讲,债要有主体才能构成。债的主体就是债权人和债务人,享有债权的是债权人,负担债务的是债务人。无论是债权人一方还是债务人一方,都可以是多数人,也可以是一个人。

债的主体特点是什么?债的主体的很重要一个特点,就是大多数情况下双方都享有权利,负担义务;都既是债权人,也是债务人。在我们前面讲的物权关系中,权利人就是物权人,义务人就是仅负担义务的人,义务人是不享有权利的。在债权关系中,多数情况下,双方都既是权利人又是义务人,这也表明债的关系的复杂性。

债的另一构成要件就是内容。债的内容就是债权债务。债权是债权人享有的权利。债权人享有的债权,包括了四个方面权能:第一个权能就是给付请求权,债权人有权要求债务人履行给付债务。第二个权能是受领权,债权人有权接受债务人的给付。诉讼时效期间届满,债务成了自然债务,债权人不享有给付请求权,但他仍然享有受领权。你不给我,我不能去要,但是你给我了,我有权接受,你不能说我是不当得利,我还是有受领权的。债权的第三个重要的权能就是救济请求权。债权受到损害,债权人可以要求救济,请求法律保护,这就是救济请求权。债权第四个重要的权能就是处分权。债权人可以处分他的权利,包括债权的转让、债权的放弃、债务的免除等等,为什么可以?因为债权人有处分权。

债权作为一项权利,跟其他权利相比有什么特点?

债权跟其他权利相比有一些特殊的特点,第一个就是平等性。债权不论发生的先后,都是平等的。前面我们讲到先发生的物权效力优于后发生的物权。债权不是,债权是平等的,不论发生的先后。比如,我先借给了他五百万,你后借给了他五百万,他应该先还谁的?不够还的时候怎么办?没有先后,我们两人的债权平等,这是债权的一个很重要的特点,即平等性。

债权还有一个特点，就是它的相容性，或者包容性，或者叫不具有排他性，在一个物上可以成立几个债权。我有一所房屋，我卖给张三，卖给李四，又卖给王五了，买卖都有效，这几个债权可以并存，这就是债权的相容性的体现。跟物权不同，物权有一个规则，叫"一物不能二主""一山不容二虎"，不能同时存在两个内容不相容的物权。债权都相容，不能说我把房屋卖给一个人了，签订了买卖合同，我就不能再跟第三人签订买卖合同。我可以签订买卖合同，但是我的房屋只能交付给一方，和第三人签订的买卖合同是有效的，我不能履行会构成违约，我要承担违约责任。

债权有没有绝对性？有没有不可侵性？一般我们讲债权是有相对性的。债权人只能向特定的债务人去主张权利，而不能向其他人主张权利。而绝对性的权利的权利人可以排除任何人，可以向任何人主张权利。债权具不具有绝对性？权利具有绝对性还涉及不可侵性，任何人都不可侵犯。

传统理论讲，债权不仅不具有绝对性，也不具有不可侵性。而现在一般认为，债权并不完全不具有不可侵性。我们之所以讲债权的相对性，就是因为它不具有公示性。第三人在不知道你的债权的情况下侵害了你的债权，构不成侵权，因为他没有过错，法律保护他的行为自由。如果他知道债权存在，侵害债权就是构成侵权。现在认为，债权也可以是侵权行为的对象，也是《侵权责任法》要保护的权益。所以从这点上来讲，债有绝对性和不可侵性。许多情况下，我们学法律的人一定要注意，不要把任何事情都绝对化，不能认为债权的相对性是绝对的，不能对第三人发生效力，只是在债权人债务人两个人之间有效，不是这样的。

债的另一方面内容就是债务。债务就是债务人应为一定行为和不为一定行为的这样一种义务。债务具有义务的特性。如果说权利是自由，义务就是拘束。权利是自由，权利人可以这样做权利人也可以不这样做。义务是拘束、约束，义务人必须这样做，不做不行。有人可能会说，我就是不做怎么办？那就追究你的法律责任，你要承担责任。义务的一个特点就是它的多样性，债务有多种多样，这包括主债务、从债务、主义务、从义务、给付义务、附随义务等等。

债的构成的另外的要素就是债权债务共同指向的对象，通常我们称它为债的标的，实际上是债务人应为的行为。债的标的必须具备三个特点：合法性、可能性、确定性。标的必须合法，债可以基于不法行为发生，但债的标的必须是合法的。因为债务人要履行，不合法怎么履行？债的标的必须是可能的，为什么要可能？因为债务人要履行，不可能不能履行。标的必须是确定的，为什么要确定？确定了债务人才能履行，不确定没办法履行。这些都是必须要确定的。因为债务人的给付有个履行问题，债的关系是特定的权利义务关系，义务必须是特定的、具体的才能履行。

二、债的分类

（一）单一之债和复数之债

债有各种各样的分类方式，我们先谈一谈单一之债和复数之债。对于单一之债和复数之债的区分标准有不同的观点。一种观点认为，单一之债与复数之债是从内容上相区别的。只有一个债权债务关系的债为单一之债；如果有两个以上的债权债务关系，这样的债叫复数之债。另外一种观点，是从当事人角度来分的，单一之债只有一个债权人、一个债务人，债的主体是单一的。双方有一方有两个以上的人，就是复数之债。复数之债由两个以上的人享有债权、负担债务，那就必然涉及每一个权利人、每一个债务人怎么行使权利、履行债务的问题。

如果单从内容来讲，有两个以上的债权债务关系，无非就是几个债权债务关系合在一起而已，没有什么特殊性。复数之债指的就是多数人之债。

多数人之债,根据债务人的给付是不是可分的,分为可分之债和不可分之债。如果两个以上的人负担同一项债务且这个债务是可分的,那么成立可分之债。可分之债的每个债务人都可以分别履行自己的份额。可分之债会涉及我们通常说的按份之债。不可分之债指的是标的不可分的且由两个以上的人负担的债务。如果债是不可分的,每个债务人都应当为全部的给付,债权人有权要求每个债务人和所有的债务人为全部的给付。

不可分债务是不是连带债务?不可分债务跟连带债务有一定的区别。不可分债务强调给付的不可分,每一个债务人都只能为全部的给付,不能只给付一部分。债务人之间并没有其他的连带性,也不存在怎么分割的问题。而连带债务只是强调债权人可以要求债务人为部分给付或者为全部给付。但每个债务人是不是都可以为全部给付?可以,也可以给付一部分,只是没有全部给付以前,债务人的责任不能消除。而不可分之债的债务人没有办法为部分给付,只能为全部给付。

前面我提到了连带债务问题。连带债务不履行发生的就是连带责任。连带债务对债权来讲,就是一个整体,每个债务人都负有清偿全部债务的义务。债权人也可以要求债务人部分或全部履行,他可以起诉全部或部分债务人。他可以要求任一债务人清偿全部债务,因为对外来讲连带债务是一个整体。而对内来讲,最后有个债务份额,每个债务人会按照一定的份额去承担。如果债务人的清偿超过了其应当负担的一定份额,会享有追偿权。

另外我还想再说一下,经常有人讲到不真正连带债务问题,而我们国家有的学者也把它扩展到了不真正连带责任。对不真正连带债务这个概念有不同的观点,有人认为,不真正连带债务就是连带债务,是连带债务当中一种特别现象。有人认为,不真正连带债务不是连带债务。不真正连带债务跟连带债务是有区别的,它们的根本区别在于是否具有连带性和共同性。连带债务的债务人之间是有连带性的,任何一个债务人在不能清偿全部债务时他的责任不能消灭,每个债务人都负有全部清偿的责任,债务人之间具有连带性。再一个就是共同性,连带债务人清偿债务的目的是共同的。而不真正连带债务不具有这两个特点,债务人间没有连带性,没有共同性。不真正连带债务人都向债权人负有债务,每个不真正连带债务人的清偿都会导致债权人的利益得到保护,其他债务也就消灭。比如,一个不真正连带债务人清偿以后,另外一个不真正连带债务人不负清偿责任了,不用赔偿。他们之间有没有追偿?不存在追偿问题。本来不真正连带债务人也应该承担责任。只是对债权人来讲,他只向一方要求就可以了,就可以满足他的利益需要,他可能对两个不真正连带债务人发生两个请求权,但是只要行使一个请求权满足了利益需要,就可以了,就不能再行使另外一个请求权了。

我们讲责任竞合,既可以基于侵权责任要求债务人赔偿,又可以基于违约责任要求债务人赔偿。但是只要债务人承担了侵权责任,违约赔偿责任他就不用承担了。那是针对一个人,不真正连带责任是针对两个不同的人。讲到不真正连带责任的时候,我们都会举这个例子:你既可以要求销售者承担产品责任,又可以要求制造者承担产品责任,可以同时起诉两个人。不真正连带债务的特点之一就是这个,你可以同时起诉销售者、制造者两个人,好像他们有连带性。但最后确定责任的时候会是他们两个人共同赔偿吗?不会,肯定只有一个人赔偿,制造者或者销售者,最终责任人当然是制造者。产品责任当中会不会发生不真正连带债务呢?会发生不真正连带债务。比如,销售者有过错,运输中运输者也有过错,受害人可能要求两个人都赔偿。或者制造者也过错,销售者也有过错,可能会出现这种情况。在这种情况下,发生的是不真正连带债务。像前面那个情况,好像不是个真正连带责任。我看到有的人举的例子是环境侵权责任,污染环境造成损害的,承担侵权责任。第三者造成损害的,由第三人承担责任。受害人可以要求行为人承担责任,行为人承担责任后,可再向第三人追偿,这种责任也不是连带的,这种情况下实际上责任人就是第三人。

（二）特定之债和种类之债

特定之债和种类之债也称为特定物之债和种类物之债，以债务人给付的是种类物还是特定物为区分标准。种类物的特点就是可以代替的。种类之债不是以特定物为标的，而是以种类物为标的的。因为这个种类之债的标的既然是种类物给付，必须要有数量的约定，没有数量的约定，是没有办法履行的。

种类物有品质的问题，应该约定品质是什么样的。没有约定什么样的品质，那当然按照法律规定，最后是要有通用的品质、一般的品质，或者满足使用目的的品质。种类之债的标的必须要有数量和品质。有的种类里面，还会限定种类物的一个范围，有的称作限制种类。区分种类之债和特定之债的重要原因就在于：如果特定物灭失了，就不能履行了，就免除对方履行责任；而种类物不是这样的，只有在限定的范围内的相同种类物全部灭失了，才可以免除履行责任。比如我要买你仓库里多少台电视机，结果这个仓库的货全部失火了，都销毁了，那当然不能履行了。

还有一个很重要的问题，种类物是要特定化的。因为种类物之债向债权人给付后，债权人取得标的物的所有权，而物权的客体只能是特定物。在特定化以前灭失，不发生履行不能问题。如果特定化了呢？就可能会发生履行不能，履行责任就免除了。种类物之债什么时候特定化呢？是交付时，原则上是交付的时候特定化。怎么才算交付？《合同法》中讲了很多。比如在债权人住所地交付，即送到了债权人住所才算交付。还有一种情况，当事人约定由债权人指定，什么时候债权人指定了，种类物就特定化了。

（三）简单之债和选择之债

简单之债的标的是单一的，当事人只能按照约定的标的进行履行，不能选择。选择之债的标的有两个以上，需要当事人选定其中一个标的来履行。选择之债的标的有两个以上，但是只需要履行一个，因此当事人就需要选择，这是选择之债的特点。实务中，选择之债的选择不限于标的的选择，包括对履行方式、履行地点等的选择。可以看出选择之债的选择，不仅仅是对标的选择，还包括对其他方面的选择。

选择之债只有选定了标的以后才可以履行，因此就要确定谁来选择、什么时候选择。根据约定，可以由债权人来选定，也可以由债务人来选定，还可以约定由第三人来选定。选择权人行使选择权，必须在规定的期限内行使。如果选择权人在规定的期限内没有行使选择权，这个时候选择权应该归谁？应该归对方。如果当事人根本没有约定选择权，由谁来行使？这时候选择权归谁？一般应该归债务人。选择权一经行使，履行标的确定，当事人就只能按照选定的标的来履行。标的一旦选定以后，如果选定的标的毁损、灭失了，或者不能履行了，就发生债的履行不能。能不能再行选择？可否以没选的其他标的来代替？不能。因为一经选定了，选择之债就成了简单之债，就不再是可供选择的了。但如果在选择权行使以前，可供选择的标的中有的已经发生履行不能了，不可能再履行了，那么选择权人只能在余下的标的中选择。选择权人能不能就选择不能履行的标的，要求债务人承担履行不能的后果？这个也不行，选择权人应该在余下的可供选择的标的中选择。如果余下的标的只有一个，那就无所谓选不选了，只能按照余下的唯一标的去履行。

选择之债和任意之债很相似。任意之债的标的也是两个以上，但可以由当事人任意决定履行其中的一个。比如，你春天借了他五百斤小麦，你和他约定麦收以后,你可以还五百斤麦子,也可以还五百块钱,这样的一个债就属于任意之债。麦收以后,到了还债期间,你可以任意决定,是还麦子还是还钱。你和他可以约定,他可以跟你要钱或要麦子,这种情况也属于任意之债,而不是必须由某一方选定标的以后才履行的选择之债。

债的另一种分类方式就是将债分为货币之债和利息之债。货币之债的债务人要给付货币。货币之债的最大特点就是不存在履行不能的问题。货币之债中又有给付的货币是本国货币还是外币,外币是什么样的外币,哪一国的货币,如果不能给付外币的时候,怎么来换算成人民币等问题。利息之债是一方给付利息的债。当事人约定利息的,按当事人的约定;没有约定利息就是法定利息。按照现在的规定不得预先从本金中扣除利息。

第十讲　债的履行

今天谈债的履行。债的履行属于债的效力问题。债的效力分对内和对外两方面的效力。对内效力就是债权人有权要求债务人履行债务,债务人应当按照债权人的要求,按照债的目的履行自己的债务。对外效力是对第三人发生的效力,涉及债的保全。债的保全是债的对外效力,债的履行是债的对内效力。我们今天谈债的对内效力,谈债的履行,下次我们再谈债的对外效力,谈债的保全。

一、债的履行的含义

债的履行是债务人按照要求履行自己的义务。所谓的履行,就是债务人按照要求实施他应为或者不应为的行为。我们有时候把债务人的履行叫作给付。债务人的给付和履行,应当说没有多大区别,是一回事。但是债的履行的效果应当是债的目的的实现,而债的给付能不能达到债的履行的效果,不一定。债务人有给付行为,但未达到履行的效果,那还实现不了债的目的。如果债务人的给付行为,达到了债务的目的,那么债消灭了,就是债的清偿。给付、清偿、履行这几个概念，是从不同的角度来谈债的消灭问题的。

债的履行是债务人的行为，债务是债务人负担的义务。但是因为债的相对性，债务人的履行也必须要有债权人的配合。债权人要受领，债务人的履行目的才能达到，才能实现。只有债务人的履行行为，债权人不接受、不配合，债的目的还是不能实现。从这个角度上来讲，债的履行不只需要债务人的履行，也需要有债权人的协助。

二、债的履行原则

债务人怎么履行才能符合要求？在债务履行中，应该遵循哪些规则？这个问题涉及债的履行原则。关于债的履行原则，我们看教科书，学者们讲的有很多。比如，完全履行原则、正确履行原则、适当履行原则、协作履行原则、经济合理原则、诚实信用原则、情势变更原则等等。应该说，这些都是债的履行当中应当贯彻的，也是民法的基本原则在债法中的体现。

在债的履行中以下这三条原则是非常重要的，是我们特别要注意的。

（一）诚实信用原则

诚实信用原则是民法的一个基本原则，从法制史上来看，可以说诚实信用原则最初作为一项原则被规定下来是在债法中，就是在债的履行中规定，债的履行要遵循诚实信用原则。后来诚实信用原则才被提升到了民法总则当中，成为各项制度中贯彻的一个原则。

诚实信用原则在债的履行当中特别重要。当事人不仅在设定债权债务的时候，要遵循诚实信用原则，在设立以后也要遵循诚实信用原则。如果债务人不按照诚实信用原则去履行债，债的目的不可能实现。"言必信、行必果",债务人首先要信守他的诺言,按照他的承诺去履行自己的义务。按照诚实信用原则,在履行中,如果出现了任何情况,双方应该互通情报,及时告知对方,让对方及时采取必要措施。在履行中,双方应该相互协助、相互配合,这都是诚信原则的要求。如果当事人的合同中约定得不明确、不清楚,也应该按照诚实信用原则来对争议的条款、争议的事项进行解释和补充。包括我们现在讲的经济合理原则,都可以归入诚实信用原则里面,我们在具体实务中要重视这项原则。

(二)情势变更原则

诚实信用原则还表现在一个很重要的方面,就是情势变更原则。因我国现行法没有规定情势变更原则,所以我们只能把它称为诚实信用原则一个表现。许多国家的法律中都单独规定了情势变更原则,这一原则也是很重要的。

情势变更中的情势指的是什么?咱们都知道,它就是指债的发生、订约时候的客观条件。我是根据那个客观条件来订约的,我买个东西,客观来说价格是多少,我的需求情况是什么或者我是一个转卖者,我买了能不能再卖出去,市场情况什么样,这些是我订合同时候考虑的。我是根据这些情况订立合同的,这些客观情况就是情势。有人把它叫作合同基础,它是订立合同的客观条件、客观情况。这是我订立合同,设定合同的权利义务的根据或者基础。

什么叫变更?所谓变更,就是发生了当事人预料之外的或者不可预见的变化。订立合同的时候考虑的那些因素、订立合同的那些客观条件,即权利义务设立的基础变了,而且这个变化不是一般的变化,一般的商业变化属于风险。比如,今天这个东西卖两块,明天卖三块了,涨价了一块钱,无论是对买方还是卖方而言,这个风险他要考虑到。我们现在说的变更,不是一般的风险,是当事人预料之外的,或者是在其订立合同的时候不可预测的变化。比如订立合同的时候是这个价格,后来这个价格又翻了几番且是难预料的。市场价格的浮动属于风险,民法中对于风险问题的规定都是自担风险,风险由当事人自己承担。

因为情势的改变,如果仍然按照原来的合同履行,按照原来的约定去履行,就显失公平,对一方会造成严重的不利益。在这种情况下,情势变更导致了当事人不应当按照原来的约定去履行债,那就可以变更或者解除,这也是诚信原则的要求。前面我们提到过,要把它跟商业风险区别开来,它不属于一般的商业风险,是不可预见的。但是实务中哪些情况构成情势变更,确实是值得考虑的,有时候很难界定。比如价格变动,在多大范围之内的变动属于正常的商业风险,这个问题我觉得确实很难把握。按照一般的商业习惯来讲,价格翻番恐怕已经是当事人难以预料的了,若其恰是特殊原因引起的,这种价格变动就构成情势变更。

(三)正确履行和完全履行原则

第三个原则是正确履行和完全履行原则,也叫适当履行原则。这个原则要求债务人全面地按照约定或者法律的规定来履行自己的债务。完全履行或者正确履行又叫适当履行,必须是履行主体、履行标的、履行期限、履行地点等各个方面都符合约定或者法律规定的履行。

首先履行主体必须正确。债的履行主体包括履行债务的人和接受债务履行的人。债务人向债权人履行,债权人受领,这当然是正确的。这里的债务人、债权人包括他的代理人,也包括所谓的履行辅助人。

在履行主体中主要涉及第三人履行和向第三人履行问题。如果按照法律规定或者按照当事人约定,债务可以由第三人履行的时候,第三人代债务人向债权人履行,这个履行也是适当、正确的,不能说主体错误,因为当事人约定或者法律规定可以。如果按照当事人约定或者按照法律规定，第三人可以接受债务人的履行，债务人向第三人履行，第三人受领，这个履行也是正确、适当的。在第三人履行或者第三人受领履行中，第三人只是履行主体，他既不是债权人也不是债务人，就是负责进行履行的人。因此在履行中出现任何问题，如履行不当、履行错误，或者受领错误、受领不当，仍然由债务人承担责任，仍然是债权人自己承担责任，而不能让第三人承担，这是最主要的一个问题。

双方订立一个买卖合同，卖方的货物在仓库里保管。现在买卖合同约定，直接由仓库保管人发货给买受人，这时就会出现第三人履行的问题。从买卖合同履行的角度来讲，仓库保管人发货是第三人履行，如果从仓储合同的角度来讲，如果买受人受领了货物，为第三人向债权人履行，仓储保管人向第三人履行了发还货物的债务。不管在哪种情况下，第三人仅是履行主体，出卖人交付货物不当，不够数、质量不合格，买受人能去找仓库保管人要，让他承担责任吗？不行的，他还要找出卖人。只能由出卖人向仓库保管去主张权利。

其次就是履行的标的正确。当事人必须按照约定的标的去履行。前面我们讲了，简单之债就一个标的，选择之债必须标的确定后才能履行，标的一旦确定了，就得按照选定的标的来履行，不能用履行其他标的代替。而且履行中债务人要全部履行，而不能部分履行，所以谈履行原则大家会讲到实际的履行原则。什么是实际履行原则？实际履行原则就是当事人应按照债的标的去履行，不能用其他标的代替。只要履行可能，债务人就必须按照这个标的履行，你不履行，债权人可以要求你继续履行。

曾经有一种合同法理论叫效率违约理论。如果我不履行，我违约，得到的利益会大于履行得到的利益，那么我可以违约，我就不履行，我赔偿你。现在一般认为，不应当接受这种理论，因为当事人确定一个合同履行标的，恐怕不单纯出于一个经济利益上的考虑,还有其他一些特别需要考虑的问题,这是一方面。另一方面,效率违约理论这种理论,它鼓励违反诚实信用原则,不利于稳定社会的交易秩序。当违约可能更有效益的时候,当事人可以协商变更,也可以协商解除。协商不一致,债务人自己决定就是不履行,赔偿违约金就完了,这不符合债的履行原则,是不符合适当履行原则的。从履行上来看,按照约定的标的履行才是正确的。

最后一个正确履行的要求就是履行的时间、履行的地点、履行的方式等等,都要符合当事人的约定或者法律的规定,只有这样的履行才是适当、正确的。

三、债的不履行

债的不履行可以分成各种形态,包括债的不履行、债的不适当履行等等。

(一)债的不履行

第一种不履行形态就是债的不履行。债的不履行就是债务人根本没有履行债。债务人没有为他应为的给付行为,即为不履行。

不履行又分两种情况:一种情况是拒不履行,即债务人能履行而拒绝履行。比如交付货物,债务人有货物就是不给债权人。拒不履行怎么办?那就应该要求继续履行,因为债务人是能履行的,而且这个不履行是故意的。不履行中的第二种情况就是履行不能。履行不能,是客观上履行不能,还是主观上履行不能?我们这里讲的履行不能,就是已经不能履行,没有履行条件了,客观上债务人不可能履行债务。理论上履行不能有自始履行不能、事后履行不能、主观履行不能、客观履行不能等等。以前讲自始履行不能的情况下合同应当无效,但是现在有一种理论主张,既然合同不能履行,确定债务人的违约责任就是了。我们这里讲的履行不能,就是指债务人没有履行的条件了。债务人不能履行了,你能再让他继续履行吗?当然不能再让他继续履行了。发生这种情况要注意,金钱债务不存在履行不能。不能履行如果是客观原因比如不可抗力造成的,当事人可以免责;但是如果不是客观原因造成的,是可以归责于债务人主观上的不能,债务人就应负违约责任。但既然履行不能了,就应免除债务人的给付义务。

履行不能分完全履行不能和部分履行不能。在完全履行不能的情况下给付义务完全免除的问题,部分不能就部分免除,能履行的部分应该是继续履行的。不履行这种违约形态是针对标的说的,指债务人不履行,没有按照标的全部履行。其他方面债务人没有按照法律规定履行,会发生其他的一些不履行的形态。

(二)迟延履行

第二种不履行形态就是迟延履行。迟延履行就是在履行期限届满以后再履行,履行期间届满债务人还没有履行,那就构成迟延了。债务人履行债务应当在约定或者规定的期限内,此种履行叫按期履行。如果没按期履行,无非是两种形态:一种是延期履行,再一种就是提前履行。提前履行可不可以?需要看期限利益是给谁规定的。在许多情况下期限利益本来是给债务人的,到期债权人才能让他履行,不到期债权人不能让他履行。如果这个期限利益是给债务人的,债务人可不可以提前履行?当然可以,给他利益他放弃不行吗?

在有些情况下,这个期限利益是双方的,既是债务人的,又是债权人的,或者有些情况下,期限利益仅是债权人的。在这些情况下,债务人就不能提前履行,提前履行了怎么办?提前履行了,债权人可以拒收,拒绝受领。

债权人拒收的时候，债权人也负有通知义务，要通知债务人他不收了，而且应当适当地采取一些防止损毁的措施。

债的履行在期限上违反规定，最常见的就是迟延履行。债务履行期间届满，债务人还没有履行，这是比较常见的。在这种情况下，债务人要负违约责任的。而且我们知道合同之债中，未在约定的期限延期履行可能会构成根本违约。构成根本违约的时候，当事人一方会享有解除权。

（三）瑕疵履行

第三种常见的债的不履行形态，就是瑕疵履行。瑕疵履行是债务人有履行行为，但是这个履行给付的标的又不符合要求。通常讲的瑕疵履行往往指的是标的数量和质量不符合要求，广义上的瑕疵履行还包括履行的方式、履行的地点不符合要求，这些都属于有瑕疵。瑕疵履行如果是可以补正的，债权人可以要求债务人补正，债务人补正了那就成为适当履行了。

比如，履行地点不符合要求，发货发错地方了，债务人改过来，那就可以；履行方式不符合要求，债务人改正过来；包装不符合要求，改正过来；数量不符合要求，数量少了，就再补上去，就补正了。因为债务人的补正耽误期限了，怎么办？那就构成延期，债务人负迟延履行责任。数量少了债务人补上，数量多了债权人可以拒绝受领。如果多了，债权人可以收，也可以不收；债权人收了就要按照原来的价格付款。债权人要是不付款，债权人就得将货退回来，有些债权人往往不知道这点，以为自己占了便宜。债务人多给了，债权人不退回去，构成不当得利。给付的标的物质量不合格怎么办？也可以补正，通过更换补正，债务人在约定期间内换好了，那也就可以了，不构成违约。债务人补正不了，就要承担违约责任。我们知道瑕疵履行还跟合同履行中的瑕疵担保有关系，无论是买卖合同，还是租赁合同中，都可能出现瑕疵担保。瑕疵担保责任中不考虑什么过错与否的问题,因为债务瑕疵履行中还有个债务人过错问题,债务人证明自己没有过错,就不用承担责任。

(四)加害履行

债的不履行形态中还有一种特殊情况,叫加害履行,有人叫加害给付。债务人履行了债,实施了给付,但这个给付行为是有瑕疵的,而且这个瑕疵给债权人造成了固有利益的损失,这种履行就是加害履行。加害履行和一般瑕疵履行的区别就在于是不是给债权人的固有利益造成了损害。

一般的瑕疵履行,只造成债权人履行利益的损失,而不会造成对债权人的固有利益的损害。如果造成了债权人固有利益的损害,就属于加害履行。比如,你卖了台电视机,给付的这台电视机不符合要求,图像不清楚、声音也不清楚,品质有问题,这属于瑕疵履行,你要给换台好的电视机,不然你要负违约责任。但是如果你给付的这台电视机爆炸了,结果把人炸伤了,造成了人身的损害;或者这个爆炸不是造成人身的损害,而是把旁边一个财物炸坏了。人身损害和财物损害都是对固有利益的损害,因此这样的履行就属于加害履行。加害履行会产生什么后果?就会发生责任的竞合。侵权责任和违约责任或者债务不履行责任的竞合,债权人只能行使一个请求权。按照以前《侵权责任法》的规定在这两个请求权中请求择一行使的时候会出现一定问题,即会不能包括固有利益损失或不能包括履行权益损失。问题就是债权人行使侵权责任请求权的时候,可不可以要求履行利益损失的赔偿?比如,电视机爆炸,炸伤人了,债权人当然可以要求债务人赔偿。那么债权人可不可以要求债务人赔偿给我这个电视机的损失?现在按照侵权责任法的司法解释,这个是可以考虑进去的。因为违约责任不包括固有利益的损失,侵权责任才会产生固有利益损失的问题。

第十一讲　债的保全

我们今天谈谈债的保全，前面谈了债的履行。债的效力就在于债权人可以要求债务人履行，债务人应当按照债权人的要求履行债务，这是债的内部效力。如果债务人不履行债务，他应当承担债务不履行责任。债务人怎么才能够履行？怎么才能够保障债权人的利益？债务人都是用直接财产来履行的，债不履行的时候，要用自己全部的财产来承担责任，因此债务人的财产也就是一个责任财产。你要保证债权人的利益，那就要保障债务人的财产不减少，怎么才能保障债务人的财产不减少？这就涉及债的保全问题。

债务人财产保障不减少，有两种情况：第一种就是针对应当增加的和能够增加的债务人财产，保障应当增加的财产、能够增加的财产。另一种情况就是，保障债务人现有财产不应当减少和不能减少。这两种情况会涉及第三人，因此债的保全是债的对外效力，跟债的履行正好相反。

针对保障债务人的财产不减少的两种情况，法律赋予了债权人两项保全的权利：一项就是债权人的代位权，另外一项就是债权人的撤销权。

一、债权人的代位权

债权人的代位权是指当债务人不行使他的权利，而影响债权人债权的时候，债权人可以以自己的名义行使债务人对第三人的权利的权利。当债务人对第三人享有权利的时候，债务人行使这个权利，就可以从第三人那里得到财产，使自己的责任财产增加，这是正常的。现在如果债务人不行使对第三人的权利，他能够增加责任财产就不能增加了。如果这种情况影响债权人的债权，有害于债权人的利益，债权人就可以以自己的名义来行使债务人对第三人的权利，以保障债务人的责任财产能够增加。债权人的代位权是债权人以自己名义行使的权利，债权人不是以债务人的名义，不是受债务人的委托以债务人代理人的身份去向第三人主张权利，而是以自己的名义对第三人行使权利。

债权人的代位权是债权人固有的一项权利。有人认为它是债权本身的权能。所以债权代位权，尽管按照我国法律的规定必须通过诉讼的方式来行使，但是债权人的这项权利不需要通过诉讼来确认，这项权利是他固有的，也不需要诉讼来执行。

债权人行使代位权的目的是保全债务人的财产，它是以保全债权为目的的。债权人的代位权是实体法上的权利，而不是程序法上的权利。程序法上也有个诉讼保全的问题，债权人要保障自己的利益，在诉讼中很重要的一项措施就是诉讼保全措施，无论是诉前保全还是诉中保全，目的都是保障债务人财产不能减少，有东西可以执行，以保障债权人的利益。而债权人的代位权是实体法上的问题，程序法上有诉讼保全制度了，实体法还有必要规定这个代位权吗？应当说从最终的价值目标来讲，程序法上的保全和实体法上的保全目的是一样的，都是保障债权人的利益。如果诉讼制度确实很完备,在实体法上可能代位权的意义也就不大。但是现实中有许多情况下,单纯靠诉讼中的保全措施是不行的,可能行使代位权会更有利于保障债权人利益。

比如,现实中的"三角债"的问题,甲公司欠乙公司的,乙公司欠丙公司的,丙公司甚至又欠了丁公司的,形成了这样的"三角债"。通过诉讼上的保全很难解决"三角债"问题。甲公司欠乙公司的,乙公司不行使权利,乙公司也清偿不了丙公司,那丙公司行使代位权,直接告甲公司,让甲公司把钱还给乙公司,那就可以清偿了,可见代位权在现实中还是有非常重要的意义的。

代位权在什么条件下才可能成立呢?这涉及代位权的成立条件问题,债权人要享有代位权,可以行使代位权。首先第一个条件,债权人有合法有效的债权。如果债权人没有债权,或者债权本身不合法,那当然不可能存在代位权的问题,这是基本条件。

第二个条件,债务人对第三人享有权利,而且这个权利是一个非专属于债务人的财产权。债务人对第三人的权利是代位权的标的,作为债权人代位权标的的债务人对第三人的权利,必须是财产权利,不能是人身权利。非财产权利当然不能成为代位权的标的。是财产权利,但是是专属于债务人的,这样的财产权利当然也不能成为代位权的标的。我们最高人民法院的合同法司法解释当中讲的,具有抚养关系的请求权,那当然不能成为代位权的客体。具有特定劳动关系的请求权,当然也不能成为代位权的客体。合伙人的权利能不能成为代位权的客体?司法解释当中没有讲,但合伙人的权利也是专属性的,也不能成为代位权的客体。

第三个条件,债务人怠于行使对第三人的权利。怠于行使就是能够行使而不行使。如果债务人对第三人的权利本身就不能行使,那当然就不存在怠于行使的问题。我本来就不能行使,我怎么去行使?

第四个条件,就是要有保全的必要。怎么叫有保全的必要?就是债务人不行使权利,怠于行使权利,有害于债权,会使债权得不到清偿,债权人利益不能实现,这才有必要保全这个债权,债权人才可行使代位权。如果债务人怠于行使对第三人的权利,但是其有足够的财力,仍然有财产来清偿债权,债权人利益完全可得到保障,就没有保全债权的必要,当然债权人的代位权也就不成立。

具备了代位权成立的条件,债权人可以行使代位权。怎么行使?各国立法例不同,我国规定的是诉讼方式,债权人代位权要通过诉讼的方式来行使。通过诉讼方式来行使代位权,程序上是复杂的,但是有利于防止债权人滥用权利,有利于保障交易安全。在诉讼方式上,债权人行使代位权,应该以谁为被告?从道理上来讲告的应该是债务人和第三人。因为他直接向第三人主张权利,第三人也就应该成为被告,第三人被称为次债务人。债权人行使代位权时,他只能以保全债权为目的,因此他行使权利的范围也应当以债权的数额为限,不能超过他的债权。

每一个债权人如果符合代位权的成立条件,都可以行使代位权。但是如果一个债权人对债务人的某一项权利行使了代位权,而且债务人对第三人的该项权利是不可分的,那其他人就不能再行使了。也就是说,如果一个人已经行使了,其他人就没有权利行使。但如果这个权利是可分割的,而且一个人行使以后还剩下一部分,另外一个债权人也可以行使。因为债权人行使代位权,是债务人不履行义务造成的,过错在债务人,而且行使代位权的目的是保全债权,是为了所有的债权人利益的,因此行使代位权的费用,应当从第三人清偿债务的财产中优先支付。因为这是债务人造成的,应该用债务人的财产来承担,又因为该费用是为所有债权人的利益发生的,属于公益性的费用,所以应该优先支付。

债权人行使代位权以后,第三人就应当清偿债务。第三人的清偿应当是向债务人的清偿；如果向债务人清偿，债务人不受领，债权人也可以受领。但是债权人受领以后能不能从这个受领财产中优先受偿呢？从理论上来讲是不能的。第三人应该向债务人清偿债务，该财产是债务人财产的一部分，应该交给债务人，这个在理论上叫作"入库规则"。但我国最高人民法院的司法解释作了另外的规定，司法解释中讲行使代位权以后，债权人和债务人、债务人和次债务人之间的债权债务在行使范围内消灭，第三人可以直接向债权人清偿。这个解释难说是正确的，因为严重违反了"入库规则"。你可以这样规定，但这就不属于债的保全，而是债权的优先效力了。谁先行使代位权，就是谁的，这违反了债权的平等性原则。会不会出现这种情况？按照我们国家的司法解释，债权人跟第三人只有在负有同等债务的情况下，才可以行使抵销权，他们之间的债权债务在这个范围内消灭，这是行使抵销的结果。如果不是这种情况，比如，甲公司欠乙公司一百万，乙公司欠丙公司一百万。可是丙公司现在向甲公司行使代位权，甲公司把这一百万一下还给丙公司，丙公司的债权受偿完了，那乙公司的其他债权人的债权呢？他们的利益如何来保障？这个制度的好处在于鼓励债权人去起诉，去积极行使权利。

二、债权人的撤销权

债权人的撤销权指的是当债务人的行为有害于债权人时，债权人可以撤销债务人行为的权利。撤销的是债务人的什么行为？是会导致责任财产减少的行为。债务人如果实施这个行为，会导致他的责任财产减少，债权人利益就难以得到保护。如果这个行为损害到债权人的债权利益，债权人就有权撤销债务人的这个行为。

关于债权人的撤销权的性质也有请求权说、形成权说、责任说、折中说等不同的学说。请求权说认为债权人撤销权是一种请求权,也就是说债权人可以请求第三人将从债务人处取得的财产返还给债务人,他可以请求第三人返还。形成权说认为债权人可以以自己的意思使债务人和第三人间的行为无效。折中说认为,撤销权既具有请求权性质又具有形成权性质,因为债权人既可以以自己的意思使债务人和第三人的行为无效,又可以请求第三人将财产返还给债务人。我国大部分学者主要采取这种学说。另外还有一种学说是责任说。责任说认为债权人可以直接把第三人取得的财产作为债务人的责任财产,予以执行。

债权人的撤销权当然也需要具备一定的条件。其一,债权人要有债权,而且这个债权应当是金钱债权,是可以要求债务人给付金钱的权利。如果不是这样的债权,是要求债务人给付实物的债权,撤销权不能成立。比如,甲和乙订立了一个房屋买卖合同,甲是出卖人,乙是买受人,甲负有将房屋交付给买受人的债务,买受人享有要求甲交付房屋的债权。现在甲又把房子卖给丙了,甲这个行为显然损害了债权人的利益,显然会使债权合同得不到履行,而且甲把房子交给丙了。这时候乙能不能行使撤销权,撤销甲和丙的这个买卖行为?不能。所以债权人的撤销权要保全的债权,应该是一个金钱债权,而不能是实物债权。

其二,债务人实施了使责任财产减少的行为。债务人的行为,必须是在债权成立以后实施的,如果是在债权成立以前就实施的,那在债权成立的时候债权人就知道这个情况,撤销权无法成立。

撤销权成立的再一个条件就是主观条件。一般债务人实施无偿行为的时候,只要这个行为客观损害了债权,那就可以撤销。这时候债务人主观上也应该是恶意的。有人认为没必要要求债务人是恶意的,因为债务人既然实施的是无偿行为,债权人撤销了这个行为,对第三人也没有构成不利益,第三人将财物还回去就是了,不需要债务人有恶意。但是,当债务人实施的是有偿行为时,只有债务人是恶意的,受益人也是恶意的,债权人才可有撤销权。

　　债务人有无恶意怎么来判断?理论上是有两种主张的,一个是观念主义,一个是意思主义。意思主义认为债务人的恶意必须是主观上有诈欺债权人的意识才可以。有有害于债权人的意思,或者实施这个行为目的就是要有害于债权人,这才叫有恶意。观念主义不是这样,观念主义认为债务人只要知道这个行为会使债权人利益受损失,就是有恶意的。他是不是有意识地去害债权人,那不管。只要他知道或者应当知道这个行为会使债权人利益受到损害,他就是恶意的。实际上,意思主义采取的是主观说,观念主义采取的是客观说。一般来讲现在都采取观念主义,这样更有利于保护债权人。

　　在债务人实施有偿行为的时候,受益人(第三人)主观上也应是恶意的。怎么才构成恶意?就是指他知道债务人实施这个行为,会损害债权人的利益。至于说收益人(第三人)是不是和债务人串通,那都无所谓。怎么判断知道会损害?判断受益人是不是恶意的,有一些标准。比如我们最高人民法院的司法解释里面讲的,低价出售财产的标准就是低于市场价格的百分之七十,那就是以不合理价格转让。以这样一个价格出售,受让人应该知道这个交易是有害债权的,这个标准既是判断是否有害债权标准,也应该说是判断受益人是不是恶意的标准。司法解释中规定,以高于市场价格百分之三十购入财产,也是以不合理价格受让财产。这样一来,债务人责任财产就减少了,支付多了,这个标准也应该是判断受益人是不是恶意的标准,这是从构成条件来讲的。我觉得债权人是不是能够行使撤销权,取决于债务人的行为是不是损害债权人利益,会不会有害于债权。如果债务人的行为无害于债权,不论他怎么处分财产,仍有财产给债权人承担责任,那么债权人当然不能撤销债务人的处分行为了。债权人如果再撤销请求,是对债务人自由的干涉。所以,债权人撤销权制度实际是在交易秩序与交易安全之间的一种平衡,你不能过多干涉别人的权利,这是根本的一个条件。

债权人的撤销权也是要通过诉讼方式来行使的,债权人行使撤销权的时候,以谁为被告?有不同的观点,按照最高人民法院的司法解释,要求以债务人为被告,受益人作为第三人。按道理来讲,因为还要由第三人返还,那应该是以债务人、第三人和受益人为共同被告。我觉得可能这更合适一些,因为受益人要作为第三人,是有利害关系的人,但是无独立请求权。

债权人的撤销权的行使的目的是保全债权,因此撤销权行使的结果也应该是受益人将所得的财产返还给债务人,也应该适用"入库规则",第三人应该将财产返还给债务人。当然第三人返还的时候,债务人不接受的,债权人也可以受领。但是债权人的这个受领也并不具有优先受偿的效力。债权人不能优先清偿自己的债权,也只能将从第三人受领这个财产归于债务人的责任财产,与其他债权人共享。当然,债权人行使撤销权的费用还包括请律师的费用,这一费用他应该从第三人返还的财产中优先受偿。这既是因为它是债务人造成的,又因为它是公益性的费用。债权人的撤销权的行使,会使第三人和债务人之间的行为无效,导致第三人将从债务人取得的财产返还给债务人,这会涉及财产秩序的稳定的问题。因此债权人的撤销权的行使是有期限限制的,如果不论处分行为发生多长时间,债权人都可以撤销,那财产关系会长期不稳定。

按照国家现行法律的规定,债权撤销权的行使期间为一年,自债权人知道或者应当知道撤销之日起一年。自行为发生之日起,撤销权的期限是五年,自行为发生之日起超过五年的,撤销权就消灭了,无论知道不知道,什么时候知道,债权人都不能再行使撤销权了。当然大家都知道,这个撤销权的消灭期间是一个除斥期间,除斥期间属于不变期间,这个期间不变化,一年就是一年，五年就是五年，不会发生终止、中断，当然也不存在延长。

　　今天我们谈的就是债权人的代位权和撤销权这两项权利。它们的目的都是保全全体债权人的债权利益，通过行使代位权、撤销权得来的财产，都属于债务人的责任财产。对于债务人的责任财产，债务人的所有的债权人享有平等的受偿权利，每个债权人并不具有优先受偿的权利，优先受偿的权利必须由法律另外规定，那是另外一个问题了。每一个债权人怎么能够保证他的债权优先得到受偿，从而更加有保障？那是债的担保问题。

第十二讲　合同的变更和解除

今天谈合同的变更和解除。合同依法成立以后，任何人都不能擅自变更和解除，只有在有一定条件的时候才可以变更和解除。什么情况下可以变更？什么情况下可以解除？变更和解除会发生什么样的后果？这是我们今天所要说的内容。

一、合同的变更问题

合同的变更是合同内容的变更，是指在当事人关系不变的情况下，对合同内容的增减、补充和改变，实际就是对当事人的权利、义务的一个量上的改变。如果是在权利义务量不变的情况下，主体变了，是合同权利义务的转让，我们前面在讲债的转让的时候讲到过。如果当事人之间的权利义务发生了质的变化，那属于合同更新，也不属于我们所说的变更。以前我们常讲把租赁合同变为买卖合同，这个变更是质的变化。而合同变更只是量的改变，包括标的物数量的增减，质量的改变，履行时间、地点的改变，这都是变更，不是质的改变。以前我们讲担保的时候曾经讲过，如果是合同内容的质的变更,担保会消灭;如果是合同内容的量的变更,担保人仍然在原来的担保范围之内负担保义务。

合同的变更包括情势变更和合意变更。

合同的变更当然也有不同的情况,比如我们前面讲的情势变更。如果订约的客观情况发生了变化,当事人可以请求法院或者仲裁机构对合同予以变更。因情势变更而变更的合同是由法院、仲裁机关作出的,虽是其应当事人请求作出的,但不是由当事人决定的。

通常我们说变更是指合同的合意变更。即当事人双方经过协商达成变更的协议,合意变更合同。合意变更实际上就是用一个变更合同的合同去变更原来的合同。这个变更必须达成变更协议,变更协议在成立程序上肯定跟订立合同的程序是一样的,一方提出要约,另一方承诺。实务中往往是,一方已经提出变更,但对方还没就变更表示同意,他就认为合同变更了,那不行。变更必须双方当事人意思表示一致。如果变更协议没达成,变更合同不成立,原合同不能变更。

合同变更后对未来的即未履行的合同部分有效,它不会发生溯及力。什么时候变更?肯定是在合同没履行完以前变更,合同履行完不能变更。如果合同已经履行一部分了,可不可以变更?当然可以,这时候的变更只对未履行的部分发生效力,已经履行的部分不能再变更了。

二、合同的解除

所谓合同解除就是解除双方的合同负担,解除双方的合同义务,使双方的权利义务关系消灭,不再存在。《合同法》中是把合同解除放在"合同权利义务的终止"这一章里面的,这是从权利义务消灭的角度来看合同解除。合同成立以后,基于一些客观情况的变化,当事人继续履行义务,会不利于当事人,在这种情况下,当事人可以依法解除合同,使自己不再负担给付义务,使双方的权利义务消灭。

从整个合同法体系来看,合同解除是个很复杂的问题。比如,解除有任意解除和非任意解除。有些合同解除是任意性的,当事人不需要客观理由就可以解除,如委托合同。委托合同基于当事人双方的信任订立,任何一方失去对另一方的信任,就可以解除。这种解除有一定的任意性,就叫任意解除。再比如说定作合同的定作人只要不需要这个定作物了,就可解除合同,不需要什么理由。律师代理合同也属于委托合同,也是会被任意解除的,但律师不能解除,对方当事人可以解除。对方可以说我不用你了,我不信任你了。但是律师不能说我不能给你干了,这是不行的。这些情况都会发生任意解除。

当事人可不可以约定不得解除? 比如针对律师代理合同或者委托合同,当事人约定了任何一方不得任意解除,可不可以? 这个问题涉及任意解除权。假如我们约定了我不得行使任意解除权,我可不可以放弃这项权利? 恐怕说完全不可以不行,说完全可以也不行。关键在于这个约定是不是会限制当事人的人身自由,会不会损害公共利益,如果不损害公共利益,不限制人身自由,这个约定恐怕是可以成立的。

这里我主要谈非任意解除。

（一）双方解除和单方解除

非任意解除包括双方解除和单方解除,双方解除要有双方解除合同的协议,或者说当事人双方就解除合同达成了协议,意见一致,这种情况相当于前面我们强调的合同变更,双方解除适用的基本是合同订立的程序。

我们谈合同的解除主要讲的是单方解除,单方解除指的是在发生合同解除事由的时候,由当事人一方行使解除权,解除合同。单方解除有两个要件:第一,有解除事由;第二,要有解除权的行使。

(二) 约定解除和法定解除

从解除事由上来看,单方解除分为约定解除和法定解除。

约定解除就是解除的事由是当事人约定的,即当事人在合同当中约定了可以解除的事由。约定解除不同于附解除条件的解除,附条件合同还有附终期合同,都有个解除问题。附解除条件的合同,一旦解除条件成就,当事人的权利义务就终止,合同就解除,这个解除条件也是当事人约定的,但它不属于约定解除。因为附解除条件的合同,一旦解除条件成就,合同就当然地解除,权利义务当然终止,不存在解除权的行使问题。比如出租人跟承租人约定,我儿子如果明年 10 月 1 日结婚,我们明年 9 月 30 日租赁合同解除,到第二年的 10 月 1 日那天,我儿子果然结婚了,合同自然就解除了。而约定解除不是,约定解除约定了什么情况下可以解除,这时候要解除合同仍然要有行使解除权的,约定的事由出现赋予了当事人解除权,而不发生合同解除的效力,这是约定解除跟附解除条件合同的解除的根本区别。

当然作为解除来讲,只是对有效合同的解除,无效合同不存在解除的问题。但有效合同不一定生效。前面我们强调过,有效而未生效的合同也是可以解除的。无效合同不存在解除的问题,可撤销合同一般来说也不存在解除的问题,而是存在撤销的问题。撤销跟解除还是不一样的,尽管都会发生使合同权利义务消灭的效果。

法定解除,是指根据法律规定的可解除事由行使解除权,解除合同,法定解除的事由是法律直接规定的。法定解除的事由按照合同法规定可以分为两部分。第一部分是特殊的事由。特殊的事由是在具体合同当中规定的可以解除合同的情况。《合同法》在每一种对具体合同的规定中规定了一些可以解除的情况。哪些情况下可以解除,那些情况就是属于特殊的事由。

第二部分就是一般的法定解除事由,这是适用于各种合同的解除事由,是《合同法》的总则中规定的解除事由。

其一,因为不可抗力合同不能履行的,当事人可以解除合同。对于因不可抗力不能履行的合同,双方都有解除权。如果不可抗力造成合同部分不能履行,那就是部分解除了;当然对方如果觉得部分给付对他没有意义了,他可以要求全部解除。但是发生不可抗力的这一方,他不能主张全部解除,他只能主张部分解除。另一方要不要求解除,事实上决定于现在要求给付对他是不是有利。

其二,逾期违约、逾期履行、拒绝履行、其他违约,都可成为解除事由。这些都是违约行为。发生这些违约行为,在什么情况下当事人才可以解除合同? 如果一方在履行以前就告诉别人他不履行,当然合同的目的就实现不了,此时另一方当然可以解除合同。

逾期履行的解除有个条件,即经催告,在合理期间内仍然不履行。这相当于拒绝履行。比如你过期了,我告诉你赶快履行,你还是不履行,那就意味着你不履行了,我这合同目的也就实现不了,我当然可以解除合同。

其他违约行为能不能解除合同? 这要具体分析。可导致合同解除的违约必须构成根本违约。怎么才算根本违约? 必须是合同目的不能实现。比如季节性的商品在规定期间内没交货,过了期限就可以解除了,因为合同的目的实现不了。比如你今天过生日,订了一个生日蛋糕,结果第二天给你送来了,有什么意义? 已经失去意义了。债务人交货了,质量有瑕疵,是不是可以解除? 可以,但是不一定就能解除,必须构成目的实现不了才可解除,仅是有一些小毛病可以修理,如不行,他还可以更换,最后实在没有办法才退货,退货就是合同解除,因为合同目的实现不了了。根本违约一般违反的是主给付义务。违反从给付义务会不会构成根本违约? 那要看会不会影响合同的目的实现。比如在承包合同中,发包人不能给承包人提供工作条件,致使承包人不能履行合同的情况下,尽管提供工作条件这是附随义务,根本不是给付义务,当然承包人也可以解除合同。

最后一种就是法律规定的其他情形,其他情形有很多,更多的是具体合同中规定的特殊的一些条件,每种合同中都会存在这些情况。

三、合同解除权的行使

合同解除权是解除事由出现以后,当事人一方享有的可以单方的意思表示解除合同的权利。解除权从性质上来讲,应当属于形成权。形成权有一个很重要的特点,是应该在规定的期间内行使,这个期间就是除斥期间。《合同法》总则中没有规定这个期间,所以一旦发生解除事由的时候,当事人还是应当及时行使这个解除权。过了这个期间,解除权消灭,不能再行使了。这个期间应该是合理期间,多长时间合理呢?恐怕要看一些具体规定,如果没有具体规定的时候,这个期间也不应该超过 1 年,因为撤销权的期间最长是 1 年。按照我国现行法律的规定,撤销权期间就是从知道事由,或者从这个事由消除以后 1 年,胁迫行为是胁迫行为消除以后 1 年。除了重大误解,其他行为都是从知道之日起 1 年,那个重大误解是 3 个月。所以解除权行使的期间不应该长过这个期间,这是要考虑的一个问题。

实践中会出现这种情况,当事人有合同解除权,但没及时行使,是不是他什么时候都可以行使?这个问题值得考虑。解除权怎么来行使?《合同法》中明确规定以通知的方式来行使解除权。什么时候发生解除的效力?自通知到达相对人之日起,通知到达相对人了,就发生合同解除的效力。相对人如果有异议,可以否认解除通知的效力,提出异议,但是他必须在规定的期间内提出异议。这个期间现在我们司法解释规定是 3 个月,你接到解除通知了,应当自此时起 3 个月内能向法院提出异议;如果过了这个期间了,你就没有异议权了,不能再提出异议了。解除通知生效当然也就发生合同解除的效力。这是合同解除权行使当中一个很重要的问题。

按照我国法律的规定,撤销权要以诉讼的方式行使,你必须向法院提起诉讼,让法院给你撤销合同,你不能说我通知相对方就撤销合同了,不可以,这种通知不能发生撤销效力。而解除权可以,解除权人通知相对方从什么时间起他们的合同解除,解除权的行使发生效力。当然当事人也可以不通过解除程序而可以通过诉讼程序向法院提出解除合同的请求,由法院裁决合同解除不解除。你现在行使解除权,你通过通知的方式行使解除权,对方提出异议,法院可以审理对方这个异议能不能成立,但是法院不能去决定这个合同解除不解除。只要解除权人有解除权,解除通知就没有问题。

实务中存在恶意解除或者乱解除问题。是不是只要解除权行使,只要发出解除通知,这个通知到达相对人,当事人如果没有在规定时间内提出异议,合同就当然解除了?不是的,解除权的行使必须是以解除权为依据的。他根本没有解除权,就通知对方解除合同,对方根本就不理他,最后他说我通知你了,通知到达以后你根本没有异议,因此这个合同就解除了,这可以吗?当然不可以的。他必须要有解除权才行,若他的解除事由不成立,根本没有解除的权利,他通知对方,对方凭什么理他?对方当然可以不理他了,当然就不能发生解除后果。通知解除必须以解除权为前提,没有解除权不能发生解除效力,只有有解除权的人才可以以通知的方式解除合同,而在以通知方式解除合同,对方提出异议时,法院审理的不是能不能解除合同的问题,而是通知符不符合要求的问题,符合要求就解除,法院不能裁决合同解除不解除。什么时候法院才可以就是否解除合同作出裁决?当事人通过诉讼程序来行使解除权的时候。当事人向法院提起诉讼,请求法院确认合同解除,这个时候法院才可以根据当事人是不是有解除权、合同有没有解除事由,决定可不可以解除合同。

合同解除权行使的问题，也是一个合同解除程序的问题。在双方解除的时候合同解除程序，那就是合同订立程序的问题。在单方解除、约定解除、法定解除的时候，就是形成权的行使问题。当然你也可以不经这个程序，直接可以走司法程序，由法院来裁决也可以。

合同解除发生什么样的后果？这是一个解除的效力问题。关于解除发生的效力有许多争议，主要集中于对合同解除的性质怎么来看。合同解除，有人把它视为合同消灭的原因，有人把它视为对违约的救济方式。对合同解除这两种性质不同的看法，就会导致对合同解除赋予不同效力。

从我国法律的规定来看，实际对两种解除的效力都有规定。比如从法定解除这个事由来说，不可抗力解除谈不上是对违约责任的救济的。而拒不履行、逾期履行、其他违约行为导致的解除，就需要实施违约救济措施。总的来说，合同解除时未履行的部分发生权利义务的消灭，在这一点上是没有什么争议的。也就是说，合同解除只对未履行部分发生效力。这就像合同变更一样，合同变更也是对未来发生效力。但是解除与变更不一样。被解除的合同中有一些已经履行了的怎么办？这就涉及合同的解除有没有溯及力的问题。如果违约解除有溯及力的话，那就溯及合同成立之时，权利义务就应当消灭。已经履行了的应返还，恢复原状；返还不了的，对方可请求返还不当得利，总之是要把双方的利益状态恢复到同没有这个合同前一样。如果解除没有溯及力，就不管已经履行的部分，已经履行的部分仍然是有效的，解除只对将来发生效力。

对这个问题恰恰是有两种不同的观点，一种主张有溯及力，一种主张没有溯及力。我国法律采取折中说，解除既不是完全没有溯及力，也不是完全有溯及力。解除在什么时候可以溯及？能够溯及的时候、可以溯及的时候、当事人要求的时候。解除发生溯及力要有两个条件：第一个条件是按照合同的性质可以溯及。什么样的合同在性质上可溯及？非继续性的合同可以,继续性的合同都不可以。非继续性合同,比如买卖合同,你把钱给我,我把货退给你,这是指的可以退货。继续性合同就不行了,供用水、电、暖,怎么退货?不能退。只有非继续性合同的解除才可以有溯及力,因为它可以做到恢复原状。

当事人请求对方返还,那就是请求将解除的效力溯及合同成立时。尽管可以恢复原状,但是我当事人不请求,我不要求你返还给我,那你也就没有必要返还。毕竟前面已履行的部分要恢复原状,也就是交易失败了。因此当事人的请求应该是有条件的,不是什么时候都可请求的。这是从条件上来看溯及力情况。如果是继续性合同,合同的解除就没有溯及力,只是已经履行的部分维持原状,没有履行的部分不再履行,将来的权利义务消灭。

我们谈的合同解除,许多情况下是违约造成的解除,因为当事人一方违约了才解除合同。比如前面我们谈的法定解除事由中,除了不可抗力其他都是违约行为。在违约造成解除的情况下,主要有两个问题:第一,违约方可不可以要求解除?一般认为违约方不可以,但有一种观点认为,违约方也可以要求解除。我违约了,你也不可以总是让我负担债务,我可以要求解除双方的债权债务关系。主流意见认为,还是不能让违约方通过解除来免除他应该负担的义务,合同的解除不能成为他规避责任的一种手段,必要时双方可终止合同关系,但违约方仍须承担违约责任。

第二,合同的解除和其他民事责任能不能并存?返还原物、继续履行,肯定不能与合同的解除并存。与合同的解除可以并存的主要是赔偿损失责任。我国法律中明确规定,合同解除不影响当事人要求赔偿的权利,因此合同解除和赔偿损失责任是可以并存的,解除合同后可以要求当事人赔偿损失,问题在于赔偿损失的范围是什么样。是对前面违约行为的赔偿,还是对合同解除、合同目的不能实现这样一个合同不履行的赔偿呢?有两种观点:一种观点,违约造成的解除,违约是已经发生的,违约发生了也就会发生赔偿损失责任,因此这时候尽管合同解除,前面的赔偿损失责任是存在的,这个不能消除。因此解除不影响请求赔偿的权利,这里的赔偿指的是对前面违约行为造成的损失的赔偿;另一种看法认为,违约行为导致合同解除,从而使整个合同目的不能实现时,就相当于合同完全不履行了。因此这时,守约方的损失是合同目的不能实现的损失。一般来说,这个损失应该是整个合同目的不能实现的损失。

当然,如果合同解除完全不是当事人的过错,不是当事人造成的,就不存在责任问题。但是不可抗力造成的解除也会有责任问题,合同解除权人没有及时通知、没有提供相关证据,那也是不行的。

第十三讲　无因管理

无因管理是债的发生原因之一,今天我们谈无因管理制度,主要谈以下四个问题:无因管理行为的性质,无因管理的构成要件,无因管理的法律后果,无因管理与见义勇为、紧急救助之间的关系。

一、无因管理行为的性质

无因管理是没有法律上的义务,为避免他人利益受损失,对他人的事务进行管理的一种法律制度。在此制度中,对他人事务进行管理的人,即为管理人;事务被管理人管理的人,即为本人,本人也是从管理人的管理行为中收到利益的人,又称为受益人。

无因管理与合同、不当得利、侵权行为,皆为债的发生原因。无因管理与其他债的发生事实相比,显然是不同的,类似而又不同于合同。

准合同只能准用合同的一些规定,但绝对不是合同。合同是民事法律行为,法律行为是以设立、变更、终止民事权利义务关系为目的,以意思表示为要素的一种行为。

　　无因管理中的管理人管理的目的,并不在于设立、变更、终止民事权利义务关系,虽然它也会发生这种后果。无因管理不以意思表示为要素,所以它不属于法律行为。行为是与人的意志有关的,受人的意志支配的。无因管理人的管理行为与人的意志有关,受人的意志支配,是行为,但并非民事法律行为。既然不属于法律行为,只能属于事实行为。事实行为有合法的和不合法的,不合法的事实行为就是侵权行为。而无因管理是合法的,是阻却违法性的一种行为。

　　无因管理和侵权行为一个是合法的行为,一个是不合法的行为,二者的区别在于具不具有合法性。一个事实、现象,若构成无因管理,就不是侵权行为,无因管理排除侵权责任。

　　无因管理与不当得利也有相似之处,因为在无因管理中受益人也会得到利益,但是无因管理中受益人得到利益是有根据的。因此无因管理排除不当得利,构成无因管理就不构成不当得利。

　　无因管理行为与不当得利的区别主要在于无因管理属于一种合法行为,而不当得利严格来说属于一种事件,在不当得利的情况下,一方得到利益实际上与人的意志没有关系。只要得到的利益是没有根据的,就会发生不当得利。如果一个人从他人的管理当中得到了利益,而他人的管理构不成无因管理,这时就会构成不当得利,可以适用不当得利的规定。

　　无因管理是没有法律根据、没有权利对他人事务进行管理而进行了管理。这种情况有时候跟无权代理相似。无权代理是没有代理权,以他人的名义对他人的事务进行代理,两者是不同的。无权代理行为代理的只能是法律行为;而无因管理,可以是事实行为,也可以是法律行为。无权代理行为人实施代理行为都是以本人的名义,而管理人无因管理事务的时候,可以以自己的名义,也可以以他人的名义。从行为的后果来讲,无因管理应当是有利于本人的,而无权代理的后果不一定有利本人,这是二者的不同之处。

二、无因管理的构成要件

关于无因管理的构成要件,有不同的讲法,有人主张三要件说,有人主张四要件说。四要件包括:管理事务、管理他人事务、为他人谋利益、没有法律上的原因。

按三要件说,无因管理的构成需要以下三个要件:

(一)管理他人事务

管理他人事务包括两方面的含义:

一是对事务进行管理。

事务是涉及人们生活利益的一切事项或者事宜。管理事务中的"管理"是广义的,包括服务;既包括对他人的财产进行保存、改良、维修、利用、处分的管理行为,也包括对他人提供服务、提供帮助的行为。把病人送到医院,这就属于提供服务,提供一些帮助,也算管理。

无因管理会产生债权债务关系,会在当事人之间产生权利义务关系,因此如果管理的事务本身不能产生权利义务关系,对这样的事务的管理不会构成无因管理。

比如对违法事务的管理,别人偷了东西让你保管,这属于对违法事务的管理,不会成立无因管理,你不能说我花费了什么东西,你得还给我;一些纯粹道义上的一些事务的管理,也不产生权利义务关系,不能构成无因管理;他的一个朋友来找他,但是他不在,我替他接待一下,让朋友喝杯水、坐一坐,这也构不成无因管理。

法律规定的或者与本人约定的,必须本人亲自实施的行为,你不能去进行管理,管理也不能构成无因管理。比如办理结婚登记,必须本人到场。但是我之前在某个电影里看到一个故事，当事人因故无法去结婚登记的现场，领导很关心，找了个人替他去办理结婚登记。从婚姻法上讲该婚姻不成立；从管理的角度说，我今天替你去结婚了，你把路费给我报销吧，可以吗？这构不成无因管理。

二是管理的事务必须是他人的事务。

管理的事务是管理人以外的其他人的事务。究竟事务是谁的呢？这没关系。无因管理不要求管理人必须知道事务是谁的，但是必须不是他自己的。哪些事务是他人的？哪些事务是管理人自己的？有些事务从外观上就可以清楚地看出是谁的，不需要证明。但是有些事务可能是你自己的，也可能是他人的。比如说你去买什么东西，你觉得挺便宜的，就买了一堆回来。你是给自己买的还是给别人买的？你就须要证明。从外观上看就是你为你自己买的。如果是他人需要这个东西，现在价格又便宜，我替他买的，你就须要负证明责任。

（二）为他人谋取利益或避免他人利益受损失

管理他人的事务，必须有为他人管理事务的意识，也就是为他人谋取利益。比如我前面说的例子，我为他买了一个东西，我看现在这个东西价格是非常便宜就买了，这是为了他人的利益不受损失而为的行为，也是为他人谋利益的行为。

无因管理不是民事法律行为，不要求管理人有行为能力，但是无因管理是一种事实行为，要有为他人谋取利益的意思。因此无因管理人必须具有一定的意思能力。完全没有意思能力的人，他的管理不会构成无因管理，受益人构成不当得利。

有避免他人利益受损失这样的管理意思也是构成要件，但是与法律行为不同的是，管理人不需要把意思表示出来，不需要说到底是为了谁，不需要有为了避免他人利益受损失之类的表述,有这个目的就可以。

如果你为了自己的利益免受损失而为管理,不能构成无因管理。即使管理的是他人的事务,也构不成无因管理,因为管理是为了自己。当然为了他人管理自己的事务,也构不成无因管理。

如果一项事务的管理,是为了避免他人利益受损失,自己也得利了,或者说于人于己都有利,实施行为的目的是有利于双方,无因管理同样成立。

例如邻居的房屋快要倒了很危险,如果房子倒塌,可能会危及我的安全,或者影响我的出行。我就找个人给他修一下,有利己的目的,但是整体来讲还是为了他人。在既利己、又利他的情况下可以构成无因管理;如果只利己不利他,那就构不成无因管理。

(三)没有法律义务

无因管理就是没有原因的管理。有原因的管理是有权利、有义务管理,有权利管理就有义务管理,有义务管理也就有权利管理。无因管理恰恰缺少法律上的原因,即没有法律上的义务进行管理,而你进行管理了;没有法律上的权利进行管理,你却管理了。

法律上的义务,包括法定义务和约定义务。如果当事人之间有约定,按照约定进行事务管理,那就不属于无因管理,属于法律行为。合同关系排除无因管理的适用,基于合同关系的管理是有法律上的原因的。

法定义务指法律直接规定的义务,即法律根据当事人的职权、职责确定的义务。这里的法律不限于民法,民法上的法定义务人当然应当管理,不管是要负责任的。

监护人对被监护人财产的管理,当然是其义务;失踪人的财产管理人对失踪人的财产管理,是其义务;遗产管理人对遗产的管理,这是管理人的职责。这些都是民法上直接规定的。

其他法律也可以规定法定义务,典型的就是《行政法》中的规定。消防队员抢救他人财产、救火,是其义务,是职责所在;警察在街上看到走失的儿童,把儿童带回派出所暂时收留,是警察的义务。

对于这些管理不能主张无因管理,这些管理是有原因的。只有在没有法定义务和约定义务的情况下进行管理才会构成无因管理。有没有义务是客观事实,不是主观认识。管理者接受管理的时候,客观上有义务,主观上认为没有义务,构不成无因管理。管理者着手管理的时候,主观上认为有义务,但客观上实际没有义务,在这种情况下可以构成无因管理。有没有义务是就着手管理的时候而言的,之前有义务,但是现在没有了,那就是没有义务;之前没有义务,现在有了,那就是有义务。判断是否有义务的时间节点就是着手管理的时候。

三、无因管理的法律后果

无因管理的效力就是发生无因管理之债。无因管理的当事人之间本来没有债权债务关系,无因管理成立后。管理人负有一定的义务,受益人基于无因管理人的管理行为也负有一定的义务。受益人负担的义务恰恰就是管理人可以享受的权利。

无因管理人主要有以下几个义务:

(一)适当管理义务

管理人对他人事务是没有管理义务的,但是一旦着手管理了,就要适当管理,管理人负有适当管理的义务。

适当管理的标准有两个:符合受益人的意思或符合本人的意思、管理方法有利于本人。

其中"本人的意思",可能明确表示过。他曾经说过想买什么东西、需要什么东西,你替他买了,这当然符合他的意思,这是他明确表示过的情况;他也可能没有明确表示过,但是从他的行为可以推测出来。比如说一个人生病了,他已经说不出话了,表示不出来什么。他虽然没有明确表示要去医院,但是肯定能推测出来,送他去医院符合他的意思。

有时候管理人的管理,不符合受益人的意思,不符合本人的意思,但是本人的意思违反公序良俗,尽管违反本人的意思进行管理,却和本人的根本利益相符合,这种管理也是适当管理。

比如,当事人自杀,他的意思就是想死不想活,但是你把他救过来了,这种管理是不是适当的? 应是适当的。因为生命权是最根本的,你抢救他,这是维护他生命的根本利益。自杀并不符合公序良俗,抢救自杀者是适当的。

违背本人的真实意思,替本人履行法定的义务也可以构成适当的管理。例如,他本来应该给老人赡养费,他不给,你帮他给老人赡养费。回头跟他要钱的时候,他不给,他就不想赡养老人,你帮他管理的事务是他的法定义务,他就应当给。在这种情况下管理不符合他的意思,却是符合他的根本利益的,而他的意思违反公序良俗,这种管理仍然适当。

管理方法要适当,实施管理的方法要有利于本人,能够让本人得到利益。如果采取的管理方法不适当,那就不利于本人,会给本人造成损失。如果因为方法不当,造成损害,管理人应当承担责任。承担的可能是债务不履行的责任,即不适当管理的责任,也可能是侵权责任。

例如,你对他人的危房进行抢修,在抢修的过程中房子倒塌了。如果你有过错,应当承担赔偿责任。如果你没有过错,房子的倒塌造成损失,损失大于受益人的收益,在这种情况下一般主张共同分担损失。如果损失少于受益的话,就在受益范围之内解决。当管理方法适当时,管理人可以要求受益人偿还其支出的必要费用。

典型的例子是帮倒忙。帮忙是好心，结果帮了倒忙，越帮越忙。这样的帮忙不符合当事人的意思，方法不得当。在这种情况下可以要求受益人进行补偿，但是补偿要在受益人受益的范围之内。如果你帮忙，使本人受的损失大于得到的利益，受益人可以不对你进行补偿。适当管理是管理人一项基本的义务。

事务管理，一旦构成无因管理，没有正当理由是不能中止的。例如，一个小孩在家，你对他说："我带你去海边玩。"到了海边让小孩自己去玩，你就不管了，中止管理了，那是不行的，管理不能中止，由此造成的损失你是要承担责任的。

（二）通知义务

无因管理人着手管理以后，要及时将管理的事实通知本人或受益人。通知义务的条件有以下两个：

一是有必要通知。如果受益人知道这件事，还用通知吗？没必要通知。

二是能够通知。不能通知，我还通知什么？我都不知道本人是谁怎么通知？

通知以后，管理人应听候本人的指示，本人叫管理人怎么办他就怎么办。如果让他继续管理，那就是委托了，就不属于无因管理了。不让你管理，那就是停止管理了。

（三）报告义务

管理人要及时地将管理的情况报告本人，在事务管理完结以后，要报告整个事务管理的情况。

（四）移交管理的收益情况

管理人通过管理得到的利益，需要移交受益人。如果管理人利用了受益人的财产，本来得到的收益应该是受益人的，但若管理人利用了，应该向受益人偿付利息。从管理人的角度来看，他着手管理以后，负有这样一些义务。

管理人的权利是什么？管理人的权利就是在管理符合管理要求的情况下，有权要求受益人偿付为管理所支出的必要费用。为管理所支出的必要费用有两种：一是为管理事务花费的必要费用；二是管理中受到的实际损失。若管理人在管理事务的过程中遭受损失了，这个损失属于为本人付出的代价。

例如，我抢救一个病人，打车将他送到医院，上班耽误了一天，误工费也是一种损失；送病人去医院途中出现车祸，医药费也是一种损失。这些损失受益人都是要偿付的。

管理必须是符合本人意思，有利于本人的。如果不符合本人的意思，又不利于本人，损失大于受益人的收益，受益人可以不偿还。

管理人可以要求偿还误工费，但是不能要求报酬。管理人不能因为抢救耽误了自己的时间，要求其付给劳务费。管理人一般不能要求报酬。一旦要求报酬，那就是索要劳务付出的对价了。

偿付的费用包括偿还负债，管理人不再清偿债务。无因管理人如果在无因管理中设定了债务，可以要求受益人直接清偿该债务。例如，买材料维修房屋，管理人请人、雇人并订立了合同，合同需要履行，尽管合同是他订立的，但是受益人要履行合同。

四、无因管理与见义勇为、紧急救助之间的关系

无因管理最初是在《民法通则》第93条里规定的,后来《民法总则》也做了规定,是在民事权利的债权相关规定中规定的,《民法总则》同时在民事责任的相关规定中规定了见义勇为和紧急救助。

《民法通则》规定,因防止、制止国家的、集体的财产或者他人的财产、人身遭受侵害而使自己受到损害的,由侵害人承担赔偿责任,受益人也可以给予适当的补偿;《民法总则》规定,因保护他人的民事权益使自己受到损害的,由侵权人承担民事责任,受益人可以给予适当补偿。

对于见义勇为与无因管理的关系,有以下几种不同的观点:

第一种观点认为,见义勇为就是无因管理。

第二种观点认为,见义勇为属于广义上的无因管理,无因管理和见义勇为之间是广义、狭义的关系。广义上的无因管理包括见义勇为;狭义上的无因管理不包括见义勇为。这种观点主要是认为无因管理发生的是债权债务关系;而见义勇为发生的是责任。

第三种观点认为,见义勇为不是无因管理,这两者是不同的。

从立法例上来讲,其大多将无因管理和见义勇为规定在一起,鲜有单独规定见义勇为的,见义勇为多放在无因管理中规定。立法例中也有两者分离的,《苏联民法典》中,无因管理就是无因管理,同时单独规定了为防止、制止国家的、集体的财产受损害的见义勇为。

见义勇为是不是无因管理呢?我觉得它就是无因管理,我认为,认定见义勇为属于无因管理是没有问题的。见义勇为也是为了避免他人利益受损失,对他人的事务进行的管理。"路见不平一声吼""拔刀相助"完全与无因管理的价值、目标一样。

为什么赋予无因管理合法性？因为它有利于他人、有利于社会。本来社会生活中任何人的事务都由自己管理,他人不得随意管理。我的事情你要管理,必须经过我的同意,或者法律规定你可以管。否则的话,我的事务谁都可以插手,都可以去管一下,那就乱套了。

在社会上能不能对他人的事务漠不关心、"事不关己、高高挂起"？这样做行不行？不行！有必要互相给予帮助。无因管理就是起到这样的平衡作用。见义勇为也是如此。

见义勇为的目的是鼓励善行,无因管理的目的是鼓励义举。从现行的法律规定来看,两者之间有没有区别？应该来说还是有区别的。见义勇为应当有见义的意思,在他人的利益受到损害的时候,我才能出手相助,才能见义勇为;而无因管理不是这种情况,无因管理是在平常状态下发生的,见义勇为是在特殊的状态下发生的。

无因管理要解决当事人之间的是利益平衡问题;见义勇为要解决的是管理人受到损失,损失由谁来负担的问题。见义勇为者受到损失的时候,如有侵害人,侵害人要承担责任;没有侵害人,找不到侵害人或侵害人承担不了怎么办？此时就需要鼓励善举、义举,由社会对见义勇为者给予基金救助,或者由受益人给予适当补偿,目的就是不能让英雄流血又流泪。从受害人的损失应当由谁承担来考虑,受益人的负担是适当的补偿义务;而无因管理中,受益人有偿还必要费用的法定义务。

《民法典》第183条相对于无因管理的规定是特别规定。一个行为如果构成见义勇为直接适用该条就够了,不需要再同时适用其他条款了。

《民法典》第184条规定了紧急救助,这是我们国家非常特殊的规定。紧急救助不是一般的救助,不是有义务的紧急救助,救助人是无义务的,有紧急救助义务的救助就不能适用这一条。

比如说《合同法》在旅客运输合同中规定,承运人对乘客在运输途中出现的意外情况,负有紧急救助义务,承运人的紧急救助义务不能适用此项规定。

没有救助义务而实行的救助行为属于无因管理,还是见义勇为?但是这种救助比较特殊,是紧急情况下的救助,这种紧急情况下的救助跟见义勇为中的紧急情况下的救助有所不同。

例如,老人突然发病需要急救,在急救过程中因专业水平不够,导致被救助人死亡或者受伤,这是紧急救助。你家失火了,我去救火,算不算紧急救助?这是不算的。这种救火行为属于见义勇为。在紧急情况下救火,结果可能被烧伤了。在这种情况下的损失往往有人身损害。无因管理中不发生人身损害,管理人的实际损失不是人身损害;紧急救助中,损害是受害人或受益人的损害,而不是救助人的损害。

民法中有一个基本的原则,对重大过失和故意损害,都是需要承担责任的。法律虽然没有规定重大过失应承担责任,但是从解释上来讲,应该考虑这个问题。

另外,紧急救助中会涉及第三人的利益,因为紧急救助会涉及紧急避险。例如,一辆车开过来快要撞到一个小孩,你发现他非常危急,你一个猛扑把他救下,结果你往那一跳,正好有个行人在那走,就把行人撞倒了,撞到了车底下。此时就要看你的行为适不适当,你实施的救助行为如果没有过错,就涉及对第三人进行补偿的问题。

第十四讲　不当得利

今天我们聊的是不当得利。关于不当得利我谈四个问题：一是不当得利的性质；二是不当得利的构成要件；三是不当得利的类型；四是不当得利的效力。

一、不当得利的性质

在不当得利中，一方得到利益，另一方利益受损。一方得利，一方受损这些都是没有法律根据的，得利人得到的利益是不正当的，所以叫不当得利。

不当得利也是一种债的发生原因。对不当得利的性质主要有两个观点：

一种观点认为，不当得利是一种行为事实，不管不当得利的原因是什么、怎么发生的，肯定都是与人的意志有关，与人的意志有关就是一种行为。不当得利制度的目的就是制裁这种不当得利的行为。

另一种观点认为，不当得利不属于行为事实，属于事件事实。这种观点认为得利人得到利益的现象与人的意志无关,法律规定不当得利制度的目的不是制裁得利人的行为,不是对这种行为进行评价。不当得利只是客观事实造成的一种财产利益的变动,没有法律根据的变动是不公平、不公正的。规定不当得利制度的目的就是纠正财产利益变动不公平、不正常的现象。不当得利是事件,不是行为。行为人的主观意思是什么是不考虑的。当得利人得到利益,他人受到损失,利益和损失没有法律根据的时候,那就要纠正过来,得利人要将得到的利益还给人家,从而保持财产利益的平衡关系。

从不当得利的性质来考察,把它作为一种事件,可能更有利,更符合制度设计的目的。从这个角度来看,它显然是不同于民事法律行为,不同于无因管理,也不同于侵权行为。因为民事法律行为、无因管理、侵权行为都属于行为事实。因民事法律行为事实而发生的利益变动的根据就是法律行为。基于民事法律行为产生的利益变动,即使一方利益受损,一方利益增加,也不会构成不当得利。

无因管理行为属于合法行为,无因管理中会有一方受益。受益人通过管理人的管理得到利益,但是受益人的利益是通过无因管理发生的,利益本来就是他本人的。管理人应该把管理中产生的利益移交给受益人,因为这个利益属于受益人。受益人从管理人那里得到的经管理取得的利益,不会是不当的,本来就是自己的利益,当然不会构成不当得利。

管理人在管理中取得了利益,但是他把利益又移交给了受益人,也就是他没有得利,当然不会构成不当得利。如果管理人得到利益,而不移交给受益人,自己占有利益就会构成不当得利。

侵权行为是行为事实,侵权行为也是不法行为。当然通过侵权行为侵权人也可能会得到一定的利益,但是这个利益是没有法律根据的。在这种情况下,侵权人得到利益会构成不当得利。这种事实,从利益衡平的角度来讲,可以构成不当得利。利益受损人可以基于不当得利要求返还不当得利,从权利受侵害的角度来讲,受害人可以要求侵权损害赔偿。当然涉及不当得利返还请求权和侵权损害赔偿请求权的关系问题。

二、不当得利的构成要件

(一)一方得到利益

怎么算得到利益?这里的利益指的是财产利益,所谓得到财产利益就是财产总量增加了。财产总量的增加可以是积极的增加,也可以是消极的增加。

积极的增加有各种财产的取得,既包括取得所有权、取得知识产权或者取得占有,也包括财产权利的扩张、财产债务的消灭、财产所有权的限制的消灭。

消极的增加是应该付出的,但是没有付出;应该把钱花出去,但是没有花;债应该清偿,但是没有清偿;物应该还给人家,但是没有还给人家。

财产不应该增加的增加了,应该减少的没有减少,都属于得到利益。这里的利益不限于权利。

(二)一方受损

受损的一方一般叫受损人或受害人,得到利益一方叫得利人或受益人。受损就是利益的损失。利益的损失包括积极损失和消极损失,包括直接损失和间接损失。

积极损失、直接损失容易看到。现有的财产没有了,这当然容易看到。间接损失、消极损失,指的是应该得到的利益没有得到,这里的利益与可得利益是有所不同的。可得利益损失必须是可以得到的。没有侵权行为、没有违约行为,你就会得到利益,这才叫可得利益损失。

例如,你违约了,没有按期交房,工期晚了一年。我的房子是个铺面,本来要出租的,但是这一年我没有租出去,租金损失算不算可得利益损失?那就要看,没有这个违约行为,我是不是就会得到利益。如果我按照约定的交房期限,与他人签订了租赁合同,你按期交房的话我肯定能租出去,那么租金损失就可构成可得利益损失;如果我没有与他人签订租赁合同,你把房屋交付给我了,我也不一定能租出去,那租金损失就构不成可得利益损失。

我们讲不当得利当中的一方受损,其损失的利益是应该得到的利益,而不是必然得到的利益。你不占有我的财产,我也不一定得到利益;你占有财产,我就会失去利益。

比如我有个房子空着,我也没有往外租,没与他人签订租赁合同,房子被你占了,我要求你返还房子且要求你返还租金。你获得的利益就是租金。房子只要租出去就会有租金。我有租赁合同,因为你现在占着房子,我租不出去了,可以要求返还;没有租赁合同,我不一定会得到租金,但是租金是我应该得到的利益。不当得利的受损是应得利益的损失,或者说间接损失,应得利益并不是必须得到和必然得到的利益。

(三)受损和受益之间的因果关系

不当得利中,一方因他方的受损而得到利益,而他方的受损就是一方得到利益造成的,它们之间有因果关系。一方受损和另一方得到利益是不是同时发生的、受损利益和得到利益的表现形式是不是一样、受损利益的范围和得到利益的范围是不是一样,这些都是无所谓的。只要一方受益是由一方受损产生的,一方受损是一方受益造成的,这就有因果关系。

对受损和受益之间的因果关系,理论上是有两种学说的。一种是直接因果说,该说认为一方得到利益和另一方受到损失,必须基于同一个原因事实,只有这样二者间才有因果关系;如果不是基于同一个原因事实,那么二者间就没有因果关系。

还有一种学说即非直接因果关系说认为,这个因果关系是非直接因果关系,不当得利中一方得利与一方受损之间有因果关系,并不要求两者是基于同一个原因事实。基于同一个原因事实当然有因果关系,如果不是基于同一个原因事实,但是一方得到利益,就是由另外一方受损造成的,也有因果关系。

比如,甲跟乙借了一笔钱,甲拿着这笔钱给丙维修房屋了,丙因此得到利益,现在甲不还钱给乙,造成了乙的财产损失,丙得利了,那么乙的损失和丙的得利之间有没有因果关系? 按照直接因果关系说,二者不是基于同一个原因事实;按照非直接因果关系说,钱花在丙身上,丙的得利造成了乙的财产损失,因此二者间有因果关系,乙可以按照不当得利要求丙返还利益,两种学说的区别就在这。

我国的法律规定并没有强调因果关系的直接性,并没有强调受益和受损必须是基于同一个法律事实、同一个事实原因。因此,可以说我国在法律上采取的是非直接因果关系说。

(四)一方得利和一方受损是没有法律根据的

不当得利中,一方得利和一方受损是没有法律根据的。我们知道民法中有一个很重要的规则,就是利益的取得必须是合法的,得到利益必须有法律根据,法律根据就是法律行为和法律的直接规定。

通过民事法律行为得到利益是有法律根据的。尽管不是通过法律行为,但是基于法律的直接规定得到利益是合法的,比如根据法定继承得到的利益。只要不是根据法律直接规定或通过民事法律行为取得的财产,都是没有法律根据的。没有法律根据就没有合法原因,没有合法原因取得利益是不正当的。

三、不当得利的类型

不当得利在现实生活中是非常多的,对不当得利可以进行各种不同的分类,一般大家都是在利益的取得方式上进行分类。根据这种分类一般把不当得利分成两种类型:第一种是因给付发生的不当得利;第二种是因给付以外的原因发生的不当得利。

(一)因给付发生的不当得利

一方将财产利益移转给另一方,即为给付。给付也是履行债务的行为,所有的给付都是有法律目的的。

给付的概念在民法上是很重要的,只要有给付就决定了这种行为不属于盗窃。

因给付发生的不当得利包括自始没有法律目的;法律目的不合法;法律目的一开始有,后来没有了等情况。

按照《民法典(草案)》这次规定,受领以下几种自始没有法律目的的给付,不构成不当得利。也就是,尽管没有法律目的,受领给付了也不构成不当得利。

1. 履行道德义务。实际不存在法律义务,但有道德义务,如果你因认为有法律义务,而履行了义务,不能因此要求返还。

现实中大家常举的就是养父母、养子女的例子,养子女应该赡养养父母,对生父母就没有法律上的赡养义务了。但是养子女知道自己生父母是谁以后,对生父母也履行了赡养义务,给付了赡养费。给付了以后能不能再要回来? 养子女能说,我不应该养你,你把钱给我? 不可。因为有道德义务。

我们现行法律规定,受兄姐抚养的弟弟、妹妹,对兄姐有抚养义务。假如弟弟、妹妹不是受兄姐抚养的,对兄姐没有抚养义务,在兄姐没有劳动能力困难时,给予了抚养费。后来双方关系恶化了,弟弟、妹妹能说我不应该给你,我没有义务给你,现在你应该还给我吗? 也不可,这种抚养也是一种道德义务。

2. 偿还未到期的债务。对未到期债务,债务人是没有清偿义务的,他是可以不还的。这是债务人的期限利益的体现,现在不到期他还了,是不能再要回来的。因为他本来就有债应当清偿,而期限利益他又放弃了。

3. 明知没有债务而进行清偿,即为非债清偿。我知道我没有债务,但是我仍然清偿债务,这就是非债清偿。为什么这种情况不构成不当得利? 因为这种清偿与赠予无法区别,比如甲和乙没有债权债务关系,甲给乙钱是赠予还是非债清偿? 这个乙没法清楚。甲知道自己不欠乙的,还给人家,那就是赠送,也不构成不当得利。

我们在日常生活中还遇到另外一种没有法律目的的给付,即不法债务的给付。如我的债务是因不法原因形成的,受领我履行此债务的给付也不构成不当得利,典型的就是赌债。

我欠了一笔赌债,把债务还清后,我能不能再要回来? 赌债是因不法原因形成的,对方不享有债权,其受领我的给付不构成不当得利,但对方也不应当得到给付利益。从法律规定来讲,该给付利益谁也不能得到,财产应该追缴给国家。赌债不是因法律行为发生的,无效合同当中是会发生不当得利的。因为你基于无效合同给付了那就是不当得利,这是我们所说的另外一种情况。

二是给付目的,一开始存在,之后不存在了。基于无效法律行为、可撤销法律行为而为的给付就属于这种情况。基于民事法律行为给付,法律目的是存在的,受领给付不构成不当得利。但是该民事法律行为被法院判决无效或者被撤销了,它就不存在了,已经受领的给付应当返还。

无效法律行为和可撤销法律行为被撤销以后,为什么还要返还?就是因为其得到利益没有根据,法律目的不存在,因此须要返还。而这个返还是不讨论你有没有过错的,实施的行为人如有过错,那就要承担赔偿责任。

如果双方故意实施无效法律行为,损害了国家利益、公共利益,在这种情况下应该追缴财产给国家。但这个是有原因,与不法之债的含义有所不同,这是给付法律行为的问题。

三是给付目的没有实现,指为了一个法律目的而为给付,结果法律目的没有实现。比如,本来该你把债务清偿给我,我把借据还给你;你把货物给我了,我把收据交给你。但是,你没有交货给我我就给了收据,或者我把借据还给你了,但是你没有还款给我。这些都是法律目的没有实现的情况。

现实中典型的例子就是彩礼。彩礼是基于结婚的目的,一方当事人自愿给予另一方的财物,必须有为了结婚这样的一个性质。我给你彩礼是为了结婚,结果我们现在不结婚了,彩礼钱是不是应该退给我?

最高人民法院在关于《婚姻法》的司法解释中,规定了在什么情况下可以退彩礼,在什么情况下不能退彩礼。我给你东西是以结婚为目的的,只要婚姻不成立,咱俩没结婚,彩礼就应该退还给我。如果不是彩礼,是一方在交往期间自愿给的礼物,那叫赠与的财产,赠与的财产当然不能要回去了,它和彩礼是两回事。以上谈的是给付时发生的一些不当得利。

（二）因给付以外的原因发生的不当得利

除了一方为给付行为以外,还有其他的一些原因事实也会造成不当得利。其他原因可能有当事人的行为、第三人的行为、自然事件。

第一,因为受益人即得利人的行为发生的不当得利。比如,通过侵占他人的房屋得到利益,这是得利人自己的行为,在这种情况下得利人往往会同时构成侵权。

第二,基于受损人的行为发生的不当得利。比如说,你以为房屋是你自己的,你进行了装修,不是别人让你装修的。你的行为造成了你自己的利益损失,别人得到利益,但这不是别人造成的。如果你拿第三人的材料进行装修,第三人的利益受到损失,这种损失是第三人的行为造成的。

假如我用你的材料来装修我的房屋,不当得利是得利人的行为造成的;你用你的材料给我装修房屋,不当得利是受损人的行为造成的;第三人用你的材料给我装修房屋,我得利了,不当得利是第三人的行为造成的。

第三,不是行为而是客观事件造成的不当得利。比如,两个虾池子靠在一块,有一天下了大雨,结果池子水一满,这个池子的虾跑到另一个池子里去了,这是大自然造成的,跟人没有关系。这个池子虾多了,那个池子虾少了,这是没有法律根据的,就是不当得利。因为天气变化突然发生自然灾害,这家放养的羊跑到那家去了,也是客观事件造成的,但也是没有法律根据的,因此得利人会构成不当得利。

第四,法律规定的其他原因造成的不当得利。法律规定的其他原因造成的不当得利比较典型的就是添附。发生添附的时候,两个物不能分开,一方取得所有权,另一方的所有权就没有了。一方取得所有权他的财产利益增加了,但另一方的财产利益就减少了,但是他的利益增加是没有法律根据的,在这种情况下他就应该按照法律规定把得到的利益还给人家。

四、不当得利的效力

不当得利作为债的发生原因,其效力是在得利人与受害人之间产生债权债务关系。受害人享有要求得利人返还不当得利的请求权,这里的请求权被称为不当得利返还请求权。受害人享有这个债权，得利人负有将不当得到的利益返还给受害人的义务。

不当得利返还请求权，跟其他请求权有时候会发生一些竞合。比如我们前面提到的，一个事实可能会同时构成侵权行为，构成侵权行为会发生侵权损害赔偿请求权。

不当得利返还请求权和侵权损害赔偿请求权两者是选择关系，受害人可以根据自己的利益判断是行使不当得利返还请求权还是行使侵权损害赔偿请求权。不当得利返还请求权的优点在于，不当得利是事件，只要受害人证明得利人得到利益时他受损了就行了，至于构不构成侵权，行为性质是什么，是不用证明的。如果他要行使侵权损害赔偿请求权，是需要证明被告侵权的，侵权的构成要件是要考虑的。

合同中的违约损害赔偿请求权，有时候也会与不当得利返还请求权发生竞合。典型的例子就是双务合同，对方缔结了双务合同，如果一方履行给付了，另一方不能履行，另一方就构成了违约，一方可以基于违约损害赔偿请求权要求赔偿。因为他是为了得到对方利益而给付的，以对方履行为代价，对方不能履行时，给付目的就没有了，因此对方得到的利益是不当的，他可以基于不当得利请求权要求返还。

在这种情况下，两个请求权只能行使其中一个。是要求不当得利返还，还是要求违约赔偿，需要根据具体的案件来判断，要看哪一个对当事人更加有利。

给付当中会产生给付物，按照我国法律的规定，除了货币以外，你把物给付给对方，所有权不一定转移，但是有一种情况下所有权是可以转移的。所有权转移的时候，只能要求返还不当得利，所有权没有转移的时候，可以基于物的所有权要求物的返还。

要求物的返还，即返还原物请求权的体现。同时若得利人取得物的占有,因为占有也是一种利益,他也构成不当得利,受害人可要求返还。这两个请求权应该行使哪一个? 一般来说当原物存在的时候,应该行使返还原物请求权。如果原物不存在,那只能行使不当得利的返还请求权。

不当得利返还请求权是受诉讼时效限制的,而返还原物请求权不受诉讼时效限制。不当得利返还请求权的诉讼时效是从受害人知道利益受到损失开始计算的。

要行使不当得利返还请求权,就要知道利益受损和得利人才行。如果你要行使不当得利请求权,你必须要知道利益给谁了,谁得到了。

换一种视角来看,不当得利的效力,就是得利人返还不当得利。返还不当得利中的利益包括原物的孳息,也包括其他利益。返还不当得利的返还范围,需要根据得利人的主观状况来确定,要看得利人是善意的还是恶意的。

如果得利人得到利益时是善意的,他返还利益仅以现存利益为限。也就是说,仅返还要求在返还的时间存有的利益。不知道,也不应当知道得到的利益是没有法律根据的,这样的得利人才是善意的。你什么时候要求返还了,我才知道这个利益不属于我,这时,我只返还现存的利益,现存利益就是现有的利益。

比如,你给我一个电脑,我不知道也不应当知道我得到的电脑是不应当得到的。我把电脑卖了,当时是 6 000 元买的,我 3 000 元就把电脑卖了。现在你要求我返还,我卖了 3 000 元,我就给你 3 000 元,因为这就是我得到的利益。如果我把 3 000 元花了,买了一件衣服或者买了一双鞋,我仍然要还,因为我把利益转换了。

再比如,如果我卖了 3 000 元,在路上被人偷了或者我丢了,在这种情况下我就不需要返还了,因为我没有利益了,利益已经不存在了。我在路上看到一个人有困难,我把 3 000 元给他了,这种情况也不需要返还。

　　恶意是指知道或者应当知道得到的利益是没有法律根据的。得利人如是恶意的，应当返还取得的全部利益。取得的全部利益的时间是知道取得利益是不当的时间，这段时间产生的利益应当全部给受损人。

　　比如我们前面说的，那台电脑 6 000 元，我卖了 10 000 元或者 8 000 元，我不能把多卖的钱留下，需要全额返还。如果我卖了 3 000 元，得到的利益少于你的损失，不仅我需要把利益全部返还，你还可以要求我赔偿。

　　若得利人是恶意的，得利人得到的利益大于损失时，需要全部返还；得到的利益小于损失的时候，除全部返还外还要赔偿。从返还范围来讲，善意得利人和恶意得利人是不同的。如果得利人一开始是善意的，后来是恶意的，是从知道恶意的时候计算，再来考虑恶意返还的问题。如果前面你的利益已失去了，那当然不用负责任了。当得利人知道自己得到的利益是不正当的还仍然占有时，那就按照恶意的返还标准进行返还。

第十五讲　特种买卖

《合同法》①对特种买卖作了以下规定：

一、所有权保留

保留所有权买卖是一种特殊的买卖，其特殊性在于出卖人保留了所有权。按照买卖合同的一般效力，动产所有权自交付之日起转移，只要交付了所有权就可以转移，但是保留所有权买卖的当事人可以约定交付而所有权不转移，买受人将来支付了全部价款，或者履行了其他义务，所有权才能转移。它的特殊性就在这里。

最高人民法院的司法解释里讲到保留所有权买卖不适用于不动产买卖，只适用于动产买卖。为什么最高人民法院的司法解释这么规定？因为只有动产的所有权随交付转移，不动产的所有权不是从交付之日起转移的。

---

① 《民法典》2021 年 1 月 1 日施行后，《合同法》已失效并废除。

　　所有权保留必然是对动产所有权的一种保留，从合同来讲，所有权保留买卖合同是一种特殊的买卖合同。当事人保留所有权的目的是保障其能够取得价款，因此，所有权保留本身是一种担保方式，属于非典型担保。保留所有权的目的就是为了保障当事人能够取回货款。

　　合同中很多所有权相关的问题，都是跟担保联系在一起的。融资租赁合同也是一样，为什么融资租赁的出租人享有所有权？因为这是他花钱买的东西。实际上，在融资租赁中承租人的权利，基本上与所有权人的权利相同，而所有权却是出租人的，就是为了担保购买标的物的资金能够收回来。从这一意义上可以说，融资租赁也是一种担保方式。

　　所有权保留以后，标的物交付了，所有权没有转移，所有权仍然是原所有人的，买受人对标的物享有占有、使用的权利。从物权来讲，双方是一种什么权利状态？买受人享有期待权，他期待在将来取得所有权，出卖人也不享有完全的所有权。

　　物交付给你，所有权是我的，但是我不能占有、使用。你取得物的占有，这是一个债权吗？它确实又具有对抗物权的效力，买受人可以占有、使用该物。在这种情况下，双方共同享有所有权，是对物权的一种分割。占有、使用的权利归买受人，所有权人尽管享有所有权，但买受人是占有人。

　　保留的所有权只有进行了登记，才具有对抗第三人的效力。比如，你以保留所有权的方式卖出去一辆车，车现在由买受人占有、使用。所有权还是你的，如果车辆已经登记，那就有对抗第三人的效力。第三人从买受人手里取得车辆时，他应该知道车辆是谁的。如果车辆没有登记，那就不具有对抗善意第三人的效力。如果买受人将物出卖、转让，第三人就属于善意取得人，他可以依照善意取得规则取得所有权。

　　所有权人为了保障自己能够取得价款，才保留所有权。如果他发现出卖人的行为会导致他的价款债权得不到保障，那他就需要采取一定的措施收回标的物。

按照法律规定,如果买受人没有按照约定支付价款,或者没有按照约定履行其他义务,或者对标的物实施了出卖、出借、出租等处分的行为,出卖人有权取回标的物。标的物在买受人占有、使用期间如果受到损害,出卖人可以要求买受人赔偿损失。按照最高人民法院的司法解释,如果买受人支付的价款已经达到总价的75%,出卖人不能要求取回出卖的标的物。

出卖人取回标的物以后,与买受人可以约定一个回赎期,或者直接指定回赎期,告诉买受人他把物拿走以后,需要满足什么条件才可以赎回去。比如,没有支付价款,把价款支付了;没有履行其他义务,把其他义务履行了。这些条件具备了,买受人就可以把物赎回去了。

回赎是有期限的,如果在回赎期限内,买受人没有赎回,双方对物的处置应该进行协商;协商不成时,可以要求法院对标的物进行出卖、转让。出卖人可以对标的物进行再次出卖、转让。

再次出卖、转让的目的就是取得价款,因为出卖人(所有权人)还有一部分价款没有取得,需要把物卖了再把价款收回来。因此,出卖、转让的目的是担保价款的实现。如果标的物再次出卖、转让,再次出卖、转让所得到的价款,扣除了标的物的保管费用、再次交易的费用、利息和买受人尚欠的价款,剩余部分要返还买受人,这部分不能由出卖人得到。

如果再次出卖、转让得到的价款,不足以清偿这些费用,还不够偿还保管费用、交易费用、利息和剩余欠款,在这种情况下,剩余的不足部分,出卖人仍然有权要求买受人返还,可以让买受人清偿这笔债务。

标的物交付以后,物的价值可能增加,价值增加产生的利益是买受人的;也可能减少了,由此带来的损失也是买受人的。不管物的价值怎么变化,对出卖人来讲,它的价金债权是不变的。

二、分批交货买卖

分批交货买卖就是签订一个合同，按期分批交付标的物，不是一次交付全部标的物的买卖。现实生活中分批交货有以下两种情况：

其一，合同中约定的货物，每次交一批，每交一批进行一次结算，即为分批交付分批结算。这种情况下，分期分批交付的货物是有关联性的，比如，这次交主件，下次可能交配件。

其二，分批交付的货物若没有关联性，是一次结算的。每次交多少记下来，到最后统一结算。

分批交货的特殊性在于分批交付、一次结算。如果交付的一批货物不符合要求，最后怎么算账？每批交付的货物都应该符合这一批货物的交付要求，如果这一批交付的货物不符合要求，使以这批货物为标的物的合同目的不能实现时，可以解除合同。但解除的只能是以这批货物为标的物的合同，结算的时候不结算这批货物。

每批交付的货物可能是有关联性的，因此会存在这次交付的货物不符合要求，导致以后交付的标的物不能实现合同目的的情况。在这种情况下，这一批以及之后的各批买受人都可以解除，已经交付的不能解除。如果这一批交付的货物不符合要求，导致各批交付的标的物都不能实现合同的目的，那么买受人可以就全部的标的物解除合同。

买受人只能就影响合同目的实现的那批标的物来解除，不能因为一批货物不符合要求，就解除全部合同，那是不可以的。这批货物不合格，当然可以解除，这批货物不合格导致以后交付的也没有意义了，在这种情况下可以解除。对已经交付的标的物，买受人一般不能解除合同。如果已经交付的标的物导致全部标的物都不能实现合同目的，对已经交付的标的物也可以解除。

三、分期付款买卖

分期付款买卖是当事人约定，买受人分期分批地支付价款，而不是一次性支付价款的买卖。最高人民法院司法解释中载明，分期分批至少要分三次，分两次付款不算分期付款。

分期付款买卖在现实生活中有很多，它是一种促销手段。我把东西卖给你，你不用一次给我钱，分几次给我都可以。在这种情况下，出卖人需要考虑怎么能保证他的价款能收回，一般有以下几种措施：

一是所有权保留，没付清全部价款前，所有权不转让给买受人。分期付款买卖跟所有权保留买卖，往往是结合在一起的。

二是出卖人会采取一些措施，来保证自己的利益实现。一般来讲，分期付款买卖中标的物的价格相较于一次付款买卖更高。

三是在出卖人和买受人订立合同时，往往会提出一些不利于买受人的条款，为此法律须进行规制，主要是保护买受人的期限利益和防止出卖人对买受人支付的价款进行全部扣除。

分期付款有期限利益，期限利益是买受人的，期限利益不能剥夺。出卖人为了保障他的利益，可以在合同中约定，一旦买受人不支付某一期价款，就应当支付全部价款。类似这样的限制条款，限制了买受人的期限利益。因此，法律对此要进行限制，规定只有买受人未支付的价款达到了一定的数额，出卖人才可以要求买受人支付全部价款。《合同法》①规定只有未支付的价款达到标的物总价的五分之一，出卖人才可以要求买受人支付全部价

---

① 《民法典》2021年1月1日施行后，《合同法》已失效并废除。

款。如果当事人之间的约定，违反了此项规定，损害了买受人的利益，约定是无效的。如果当事人之间的约定跟法律规定的不一样，但有利于买受人，该项约定是有效的。

当事人可能在合同里约定一旦买受人不支付价款，出卖人有权解除合同。解除合同以后，买受人把标的物返还给出卖人，出卖人把价款返还给买受人。出卖人不能将价款全部返还买受人，因为物被买受人占有了一段期间，这段期间内买受人是有利益的。如果从不当得利的角度来讲，买受人得到该利益是没有法律根据的，应该返还给出卖人，出卖人有权扣除这部分利益。当事人可能约定一旦解除合同，出卖人有权扣留交付的价款。这样的话，买受人的权利就丧失了。这样的条款称为扣款条款或失权条款，无效。

分期付款买卖当中，标的物一般都是大宗商品。买受人是弱势的一方。在这种情况下，为保护消费者利益，法律规定扣款条款是无效的。出卖人取回标的物以后，必须把价款返还给买受人，但可以扣除买受人占有标的物期间取得的利益。该利益就是使用费，占有人占有标的物期间的使用费可以扣除。不管买受人用没用，使用费就是买受人应该交的费用。出卖人把买受人交的价款，从中扣除使用费后，剩余部分出卖人应返还给买受人。使用费的标准应当按照当地、当时的通用租金标准来计算。

四、样品买卖

样品买卖是当事人在合同中约定，以样品的质量标准为交付的标的物的质量标准的买卖。其特殊性在于以样品的质量标准作为交付的标的物的质量标准。交付的标的物的质量标准，必须符合样品的质量标准。如果不是这样，那就不属于样品买卖。

样品买卖合同中，一定要表明以样品的质量标准作为交付的标的物的质量标准,否则,不为样品买卖。因为将来要以样品的质量标准作为交付的标的物的质量标准,因此,签订合同的时候必须要看看样品是什么样子的并封存样品,对样品质量可以予以说明,另附质量说明书。

样品买卖是否必须是现货买卖呢?对此有不同的观点。签订合同时要有样品,因此样品必须是在签订合同时存在的。法律对样品买卖是不是必须为现货买卖,没有作规定。签订合同的时候,必须有样品。其他的标的物完全可以签订完合同后,再进行制造,但是制造出来的货物的质量必须跟样品一样。

当事人订立的合同属不属于样品买卖合同?发生争议时怎么证明?谁负举证责任?对这些问题都有不同的看法。如果买受人因为交付的货物质量与样品不符拒收货物,那买受人就需要证明其与出卖人缔结了样品买卖合同。如果买受人说不符合样品拒收货物,这时出卖人应该证明货物质量与样品相符,买受人要举证证明不符。如果买受人收了货物以后说货物质量与样品不符,买受人也要提供证据。

发生争议时怎么办?那就要看交付的货物质量与封存的样品是否符合。怎么判断是否符合?如果封存的样品外观、内在没有什么变化,那就按照样品的现状来判断。内在有没有变化,有时候从外观也能看出来,例如罐头瓶鼓了,那肯定是内在质量有了问题。

样品的质量一般只能从外观来看,内在、隐蔽的瑕疵是难以发现的。出卖人交付标的物时,买受人可能只能看到外观是否有瑕疵。如果交付的标的物外观符合样品,但是有内在的隐蔽瑕疵,而买受人不知道,不能说出卖人就不负瑕疵担保责任。

有一条基本规则,要保证标的物能够实现合同目的。如果买受人认为标的物的内在隐蔽的瑕疵影响标的物的使用,那出卖人仍然要承担责任。是否有内在、隐蔽的瑕疵看不出来时应当按照国家规定或行业标准来对标的物的质量进行检验,如果各种标准都没有,都确定不下来的时候,需要符合物的使用目的,这是最基本的要求。如果交付标的物有内在、隐蔽的瑕疵,不符合国家规定或行业标准,致使物的使用目的不能实现,买受人虽可能不知道有这种瑕疵,交付的标的物的质量仍然是有瑕疵,不合格的。

五、试用买卖

试用买卖的特殊性在于,以试用后买受人的同意购买作为合同的生效条件。试用买卖有两个特殊性:

其一,既然要试用,需要把物交付给买受人。在合同生效以前,出卖人负有交付标的物给买受人试用的义务。这项义务是独立的义务,是一般买卖合同中没有的义务。

其二,以买受人是否决定购买为合同生效的条件。使用人决定购买,合同就生效了,没有任何附加的条件。约定经试用合格后购买,不是试用买卖。

试用买卖合同有两项很重要的内容:

一是试用期间。试用期间届满,买受人就应该作出是否同意的表示。试用期间是双方约定的,没有约定可以由出卖人指定,比如出卖人说我给你7天的时间来决定。这种情况跟7天无理由退货不一样,7天无理由退货的情形下买受人被赋予了解除权,而试用合同中出卖人指定的是试用期间。

在哪试? 由双方当事人约定。一般由买受人来定。试用买卖中的试用跟我们日常生活当中的试用不同。日常生活中的试用都是当场试,不合适买受人不会要。没说要没要,试了以后就把东西给出卖人了,那就是不要了。

二是同意购买的意思表示。试用期间届满,买受人要作出明确的同意购买的意思表示。作出同意购买的意思表示，那买卖合同就生效了。但是买受人同意购买的意思表示，可以采取默示的方式，即通过自己的行为表示同意购买的意思。

比如，我没说要不要，但是我付了一部分款给你，或者我付了全部的款项。付了一部分的款就表示我要了，就认可合同生效。

对试用的标的物，实施一些对自己的物才能实施的行为，比如出卖。你要把它卖了，那当然属于以自己的行为表示同意购买的意思。你把试用的物抵押了或者出租了；你不是自己亲自试用，而是让别人用了，或者是准备让别人用了。这些情况中你都有同意购买的意思表示。当事人是否可以约定由第三方来试用？当然是可以的。

同意购买的意思表示，除了明示作出以外，出卖人也可以以自己的行为，表达同意购买的意思表示。

特种买卖在日常生活中主要是以上这几种，从《合同法》①的规定来看，还有以下两种特种买卖：

一是招标、投标买卖。如果通过招投标的方式订立买卖合同，需要适用招投标的规定。首先发出招标公告，它是一个要约邀请。可以公开招标，也可以邀请招标。现实生活中的招标投标买卖，最主要的就是政府采购。招标、投标买卖的特点在于：投标人的投标是保密的，投标人相互之间不知道对方的条件。招标人最后公开开标，从中选取最优的投标人与其签订合同。

二是拍卖。拍卖有很多种，例如任意拍卖、强制拍卖、个人拍卖、司法拍卖等等。不管是什么情况下的拍卖，拍卖中的竞买人的竞价是公开的。每个参与竞买的人都知道其他人的出价，每个人提出来的条件随时可以修改。这跟投标不一样，投标人的出价是不能改的。

---

① 《民法典》2021 年 1 月 1 日施行后，《合同法》已失效并废除。

竞买人的出价属于邀约，竞买人向拍卖人发出邀约。最后拍卖人拍定了，他的意思表示是接受了竞买人的条件，拍卖必须按照《拍卖法》的规定进行。

拍卖人一旦拍定了，买卖就成立了。招标投标中一旦有投标人中标了，买卖就成立了。可能之后大家还会签署一个书面合同，是对拍定和定标结果的确认。因此，合同订立以后，买受人应当按照约定支付价款。如果不按约定付款，那要承担违约责任。

拍卖中会出现一个情况，怎么认定标的物是否有瑕疵？如果在拍卖中，拍卖人对标的物作出保证，那要履行其保证责任。标的物的品质要符合拍卖人所保证的品质，如果不符合，拍卖人当然就要承担责任。

拍卖合同签订以后，拍卖人一方负有将标的物交付给买受人和将标的物的所有权转移给买受人的给付义务。这是他应当负担的，不能因为拍卖结束了就不管了。拍卖程序上适用《拍卖法》的规定，其效力适用《合同法》对买卖合同的规定，出卖人和买受人仍然需要承担相应的义务。

第十六讲　人格权

今天我们聊的是人格权，人格权在《民法典》中是作为一编单独规定的。从立法渊源上讲，人格权实际上来自《民法通则》①。《民法通则》②第五章专门规定了民事权利，民事权利中有一节规定的是人身权。《民法典》第四编规定的人格权就源自人身权。人格权是一项非常重要的民事权利。民法调整的社会关系主要就是两类：人身关系和财产关系。财产关系的法律内容是财产权利义务，人身关系的法律内容是人身权利义务。

一、人格权与人身权

人身权包括两部分：身份权和人格权，身份权是具有特定的身份的人享有的特定的不可转让的法律地位和法律资格的权利。身份权主要体现为以下两部分：

第一，亲属关系中的身份权。亲属关系中基于亲属这层身份产生的一

---

① 《民法典》2021年1月1日施行后，《民法通则》已失效并废除。
② 《民法典》2021年1月1日施行后，《民法通则》已失效并废除。

些权利就是身份权。主要有两类,一是配偶权,为夫妻人身权。男女结婚以后双方互为配偶,基于这种关系所产生的权利就是配偶权。这是《婚姻法》①里规定的;二是亲权。即父母对未成年子女享有的教育、管理、保护等这样的一些权利。除此以外,还有其他的一些身份权,如监护权。监护权主要是在《民法典》总则编里规定的。

第二,知识产权中的身份权,知识产权包含两方面的权利:财产权和人身权。知识产权中的人身权是身份权,是基于知识产权人的身份享有的权利。比较典型的就是作者的身份权,作者享有的保持作品的完整权、作品的发表权、作品的修改权、作品的署名权等,这是著作人身权的身份权利。

除此以外,亲属关系中还有哪些人身权? 实际上有一些权利,法律不可能都规定。比如,探望权。离婚后的父母对未成年子女有探望的权利,这是《婚姻法》②中有规定的,《民法典》中也有规定。但是《民法典(草案)》中规定了祖父母和外祖父母的探望权,实务中有没有这项权利? 应当承认有这项权利。

再比如,兄弟姐妹其中的一个人跟其他人有矛盾、有冲突。他的父母死亡了,但他的其他兄弟姐妹都没有通知他,就把父母安葬了,他也不知道,他可不可以要求其他兄弟姐妹承担侵权责任? 这种情形下,实际他被侵害的是祭祀权或祭奠权。父母去世,他有祭祀的权利,有哀悼的权利,这份权利是基于他的亲子身份产生的。现在他的权利被剥夺、侵害了,他的兄弟姐妹的行为应该是构成侵权的。

人身权和人格权是不是两种泾渭分明的权利? 这两种权利是不是分得那么清楚? 我想这两种权利是有交集的,并不是很容易区分的。我比较倾

---

① 《民法典》2021 年 1 月 1 日施行后,《婚姻法》已失效并废除。
② 《民法典》2021 年 1 月 1 日施行后,《婚姻法》已失效并废除。

向于用人身权代替人格权,身份权本身就是一种人格权,就是一种人格利益,体现的是一种人格权益。它跟其他的人格权相比起来,它是有相对人的。

比如,配偶权。配偶双方之间同居的权利和义务,任何一方不得与其他人发生婚姻外的性行为,如果发生了,就是对另外一方的配偶权利的一种侵害。但是这种配偶权利是不是一种人格利益?我觉得也是一种人格利益,涉及配偶一方的人格尊严。

另外,有一些权利从在《民法通则》[①]中规定起就有争议。例如,荣誉权是人格权还是身份权?《民法典》把它规定在人格权里,但是它跟其他人格权一样吗?人格权是主体存在就应该享有,不需要其他事实就能发生的,身份权还要有其他事实才能发生。而荣誉权不是谁都有的,需要有荣誉称号,才能享有荣誉权,从这方面来讲,荣誉权属于身份权。为什么说它是人格权?因为它确实体现了一个人的名誉。什么是荣誉?荣誉就是好名誉。而名誉是社会对他的一种评价,荣誉是社会对他的一种高评价,说它是人格权也不是没有道理。《民法典·人格权编》中有一条规定,对因婚姻家庭关系等产生的身份权的保护,适用《民法典》中的第一编、第五编和其他法律的相关规定,其他法律没有规定的,参照适用《民法典·人格权编》中保护人格权的有关规定。

二、人格权的类型

从法律规定来看,人格权分为一般人格权和具体人格权。《民法典》第990条第1款规定的是具体人格权,第2款规定的是一般人格权。

---

① 《民法典》2021年1月1日施行后,《民法通则》已失效并废除。

（一）具体人格权

具体人格权是以具体的人格要素为标的的人格权。比如，生命权、身体权、健康权、姓名权、肖像权、名誉权、隐私权等等。我为什么讲等等？有两项权利在法律中是被规定在一起的，名誉权和信用权。我们在对名誉权的规定里把信用作为名誉的一部分，名誉是社会对一个人的品德、才干、能力、信用等各方面的评价。

一般来讲，名誉权和信用权是有区别的。信用只是经济方面的评价，不涉及道德、品质，信用的经济价值很强。黑名单，这是信用评价。我们在对名誉权的规定里对信用权也作了具体的规定。比如，信用受到损害，你可以去查询，可以要求删除。

隐私和个人信息，也是规定在一起的。隐私和个人信息是不同的。《民法典》里讲到的隐私是指私生活的安宁和私密空间、私密活动、私密信息，只有构成私密信息才构成隐私，不私密的信息仍然属于个人信息。

《民法典》里讲的电话号码、行踪等，都不属于隐私，身份证号码也不算隐私，原本这种单纯的信息不具有什么价值，但是在大数据时代，其价值得以凸显。《民法典》在隐私权这一节里对个人信息的保护、个人信息权利人的权利，个人信息收集人的义务，在《民法典》中都有规定，但《民法典》没有规定个人信息权。从立法机构来讲，我们之所以没有规定个人信息权，主要是为了对后面的《个人信息保护法》立法留下空间，因为现在这项法律太重要了。

（二）一般人格权

一般人格权不是以具体的人格要素为客体，而是以抽象的人格要素为客体的。一般人格权是指以人格自由、人格独立、人格尊严为标的的权利。

《民法典》中没规定人格平等,而是规定了人身自由、人格尊严。

一般人格权的概念,据我所知,最初出现在德国,德国《民法典》中没有规定人格权,只是在侵权里讲到人格权受保护。后来德国在实务当中,根据德国的宪法创造出一般人格权的概念。也就是人格自由、人格平等、人格尊严是宪法规定的。国家保护人格尊严。这一规定应该是人格权保护的兜底性条款。这涉及人格权是不是法定的问题。除了法律规定的具体人格权以外,还有没有其他的人格权?

有一种观点认为,法律不可能规定所有具体人格权的种类。然而,人格权的种类可以无限宽泛吗?比如,司法实务中曾经出现一个案例,原告受伤了不能与他人亲吻了,要求被告赔偿,理由是被告侵害了亲吻权。亲吻权算不算人格权?一种观点认为,人格权仍然是法定的,不能由当事人任意设定,但是在具体人格权以外,随着社会的发展而出现的需要保护的人格利益,就属于一般人格权。

人格权还分为物质性人格权和精神性人格权。物质性人格权是以人的自然机体为载体的人格权。物质性人格权只有三项:生命权、身体权和健康权。其他人格权是属于精神性人格权,对精神性人格权可作进一步区分,其中有一些是标志性的,比如姓名权、名称权和肖像权。

精神性人格权和物质性人格权的根本性区别在于受侵害以后的后果不同。物质性人格权受到侵害后有修复、维护、价值赔偿的问题。身体权、生命权、健康权等物质性人格权受侵害发生的是人身损害赔偿,而精神性人格权受侵害发生的是精神损害赔偿。精神损害赔偿强调要考虑当事人双方的一些个人特质,而人身损害赔偿无须考虑这一点。这是两者之间的区别。

三、人格权的保护

关于人格权的保护，有以下几点需要我们重视：

一是人格权请求权。人格权请求权不受诉讼时效的限制，这是法律明确规定的。人格权受到侵害，受害人请求停止侵害，恢复名誉、消除影响、赔礼道歉，不受诉讼时效的限制。

二是精神损害赔偿责任和违约责任单独适用。违约造成人格权侵害，按照违约责任追究违约责任的，不影响受害人主张精神损害赔偿。

三是《民法典》中规定的人格侵害请求权救济方式中的保护禁令。人格权受到侵害或者正在受到侵害，以及受到侵害威胁的受害人可以请求法院发布禁令。

四是解决了过去实务中存在的赔礼道歉责任执行的问题。判决被告赔礼道歉、消除影响、恢复名誉，他不做怎么办？没有办法强制他执行。这也是过去有一些人反对把赔礼道歉作为责任方式的理由，因为法律对赔礼道歉是没法强制的。这次《民法典》规定，法院可以在报纸上发出公告，在裁判文书上写明由加害人承担费用，也就是用别的责任方式来代替被告人责任承担。必须说明的是，责任承担的替代方式，不是替代责任。

物质性人格权和精神性人格权这两类权利在行使、保护上也有不同。对人格权有哪些特性？人格权是专属的。《民法典》中明确规定人格权不得转让、不得继承，它是专属性的权利。人格权有没有支配性？主体可不可以支配自己的人格权？《民法典》中规定人格权是不得放弃的，但是人格权可不可以处分？这往往是要考虑的。权利人当然有处分权了。做不做手术，是要经过你的同意的，因为做手术是对你的健康权的处分。但是这种处分绝对不能违反法律和公序良俗。

《民法典》针对物质性人格权特别强调,权利主体可以决定捐献自己的人体细胞、人体器官,包括遗体。自然人死亡了,其他亲属可以决定捐献遗体,这种捐献就是一种处分。比如,有个人死亡了,亲属把他的个别器官捐献出来,仍属于个人的处分,是生前的处分死后发生效力了。有些人还活着就处分了某器官,比如我们经常在报道看到的捐身救父、捐身救母。法律明确规定禁止器官买卖,但自然人可以自主决定捐献。自然人还可以自主决定实施可能有害身体健康的一些行为。《民法典》中讲到的参加医药试验是有风险的。你参加了这些活动就是自愿接受损害,最后受到了损害当然不能要求赔偿,因为这是你自主决定的。试验方有告知义务,需要把风险告知受试人员,参加试验的受试人员应该知道这些风险。他参加试验有什么好处、有什么坏处、会带来什么后果,他都有知情权,应该在完全知情的基础上决定。

《民法典》在第 1008 条中规定,试验者不得收取试验费用。试验者可不可以要求补偿? 这需要看双方的协议。

《民法典》中在第 1009 条中还对利用人体基因、胚胎基因进行科学研究者规定了社会责任,规定进行这些活动不得违反人伦道义,不得损害公共利益。利用人体基因、胚胎基因进行科学研究,必然以捐献者的同意为前提。那捐献者同意了是不是就可以任意地进行研究? 那也是不行的,仍然要遵守伦理道德,不得损害公共利益。现在有克隆羊,克隆人能不能做? 这是不允许做的,会损害公共利益。

权利人可不可以利用自己的人格要素? 随着社会、技术的发展,对人格要素的利用越来越多。而且现在对人格要素的利用,会创造出很大的经济价值。

《民法典》中规定可以利用人格要素,常见的主要是利用姓名、肖像。姓名是很关键的,打着某一个人的旗号,可以创造出很大的价值。为什么现在要花那么多钱请形象大使？因为会创造很大的价值。姓名、肖像这些人格要素必须要经过权利人的同意才能用。权利人自己用可以，也可以许可他人使用，没有经过权利人的同意就使用，那就是侵权。

这里会涉及一个问题，未经允许使用他人的人格要素，侵害人格权的赔偿怎么来考虑？通常我们讲侵害人格权，赔偿就是精神损害赔偿，按照最高人民法院的司法解释，标准精神损害赔偿额最高是 5 万元。在这种情况下，侵权人造成的损害，如果仅仅是精神痛苦，那还好说，但如果给权利人造成了经济损失应该怎么处理？

典型的是冒名上学问题。认定冒名上学侵害姓名权，是没有问题的。冒名上学跟一般的冒用是不一样的，一般的冒用是你用了我的名字，去招摇撞骗顶多给我造成名誉损失。但是你冒名上学，我就不能去上学了，这个损失就不单纯是精神损害了。侵害人身权益造成的财产损失，可以从受害人可得利益损失和侵害人由此得到的利益两方面考虑。

精神损害和物质损害是不是可以结合在一起？比如，肖像权损害。肖像权损害包括污损肖像、未经同意制作、擅自使用肖像等等。一个人一张非常好的肖像挂在墙上，我泼上了墨水。在这种情况下，受害人受的损害是不是单纯的精神损害？加害人损害肖像会造成精神损害，但是这幅肖像如果要恢复，会不会造成经济损失？需不需要赔偿？精神损害和物质损害中只能赔一项吗？恐怕不好说。

咱们要思考一个问题，人格要素是不是就没有经济价值？过去讲人格权是不具有经济价值的，意思是人格要素不能直接用金钱去评价。你的姓名、你的名誉、你的肖像值多少钱，这些都不能直接用金钱去评价。但是，这不意味着人格要素没有经济价值。因为无论是当事人自己利用，还是他人利用人格要素，都会带来经济价值，有时候带来的经济价值是巨大的。既然它有这种经济价值的潜能，我觉得就会有赔偿的问题。

在人格权的保护上还有权利冲突的问题,《民法典》对此也作了规定。在人格权的保护上会发生的权利冲突包括以下两种情形:

一是关于私权利和私权利的冲突。

同时存在两个需要保护的权利的时候,哪个权利优先?典型的是著作权和肖像权。一个模特叫一个画家画了一幅自己的肖像画,画家对这幅画是享有著作权的,模特对这幅画享有肖像权。这里有两个权利,权利人都可以行使。画家可以展览这幅画,这是作者享有的展览权;但模特是肖像权人,利用他的肖像要经过他的同意。

之前我们国家曾经出现过这样的案子,当时哪个权利优先,主要看协议。协议有约定的没有问题,协议没有约定的怎么办?《民法典》明确规定肖像权优先。比如,我利用某个真人真事进行文学创作,侵不侵害名誉权?创作权和人格权两个都是私权利,需要有一个利益平衡,不能限制人的创造自由。因此作品中的真人、真事、真实场景,只要不针对特定人,就不构成对他人人格权的侵害。如果是真人、真事、真实场景且有侮辱性的语言,那就不可以了。

二是关于公权利和私权利的冲突。

在公权利和私权利相互冲突的情形下,公益优先,强调合理化使用,私权利让位于公共利益。比如,你在广场上参加了援鄂英雄的活动,记者拍到了你的脸,你觉得这不行,没有经过我的同意,怎么能用我的肖像呢?但这不构成侵权,因为这是公共利益需要。

在舆论监督和使用利益上,也强调公益。只要没有过错,正当地行使舆论监督的权利不构成侵权。怎么算有过错?《民法典》中规定得比较具体。只要我的消息来源是可靠的,我不需要审查。比如新华社发了一篇报道,我给转发了一下,会构成侵权吗?我需要去核实它是真是假吗?当然不需要了。但是如果是某个小道消息,我把它转发了,那就有问题了。信息的可靠程度、信息能不能发布，这些在权益衡量上是要考虑的。

在人格权的保护上还有死者人格利益保护的问题。自然人死亡以后，他的名誉、姓名、肖像、隐私等等，这些人格要素需不需要保护？怎么保护？理论上有不同的观点。最高人民法院最初强调的是保护死者的人格权，后来最高人民法院就不强调保护死者的人格权，而是强调保护死者的人格。

一个人死亡了，他是没有什么利益可以存在的，死者是需要保护的，但保护的是一种公共利益、社会利益。《民法典》中明确规定，死者的配偶、子女、父母有权主张给予保护。配偶、子女、父母没有的话，其他近亲属也可以主张。为什么是近亲属？因为与近亲属的利益相关。

侵害死者人格，配偶、子女、父母，或者其他近亲属主张权利，主张侵害死者人格的加害方承担侵权责任。这时候的侵权责任是什么？要采取什么样的方式？只能是一些非财产性的方式，比如停止侵害、消除影响、赔礼道歉，不能主张精神损害赔偿。如果因此侵害了近亲属的名誉，对近亲属的名誉带来损害，这时候近亲属可以主张精神损害赔偿。

具体人格权中不同种类的人格权，都有不同的特点，都有一些特别的规定。比如，姓名权和名称权。姓名权和名称权是自主决定姓名和名称，使用自己姓名和名称的权利。针对这两种权利有一个很重要的规定，你有姓名权不是说你愿意叫什么名就叫什么名，你愿意姓什么就姓什么。你在决定自己姓氏、名字的时候，需要遵守法律的有关规定，你在使用的时候，也要遵守相关规定。尽管你的笔名、艺名比你的真名影响还要大，但是需要你实名的时候，你就得实名。哪个名字算实名？身份证上的名字就算实名。再是名称，名称指的是非法人组织和法人组织的组织名称，非法人组织和法人组织有权决定自己的名称，但是也需要按照《企业名称登记管理规定》起名称，不是它们愿意叫什么名字就叫什么名字。比如，我成立个公司叫"中华国际贸易公司"，这是不允许的。《民法典》中规定企业名称的简称，商号、字号通常属于企业的简称，它是按照名称权的规定进行保护的，也不能乱起。

在人格权保护上还有一些规定，比如侵害方式。对各种主体人格权的侵害方式有所不同。侵害姓名权、名称权的方式跟侵害名誉权是完全不同的，跟侵害肖像权也不同；侵害隐私权的方式跟侵害肖像权也不同，侵害不同的权利有不同的方式。在实务中要根据不同的侵害方式去界定有无侵害某种人格权的行为。

第十七讲　婚姻的效力

今天我们聊的是婚姻的效力。婚姻的效力从广义上来讲指的是已成立的婚姻发生的法律后果,从狭义上来讲指的是有效婚姻发生的法律后果。讲婚姻的效力首先要讲婚姻的成立,婚姻只有成立了才会发生一定的法律后果。今天我谈四个问题。

一、婚姻的成立

婚姻怎么才算成立? 实际上,法律规定的婚姻成立的要件就是经过婚姻登记机关的婚姻登记,婚姻登记机关进行了婚姻登记,婚姻就算成立了。

《民法典》跟《婚姻法》①的一个区别是认定婚姻成立的时间不同。《民法典》明确规定完成婚姻登记,婚姻就算成立;《婚姻法》规定的是取得结婚证婚姻才算成立。现在婚姻成立的要件是婚姻登记,而不是取得结婚证,结婚证只是证明婚姻存在的法律文书。

---

① 《民法典》2021 年 1 月 1 日施行后,《婚姻法》已失效并废除。

《民法典》把婚姻登记作为婚姻成立的要件。当然,在理论上对婚姻登记是不是婚姻成立的要件,是有不同观点的。因为婚姻登记机关是行政机关,其对婚姻的登记应该是对婚姻成立的一种确认,而不应当是婚姻成立的要件。但是法律规定登记有确立婚姻的效力,不单纯是确认的效力。

二、婚姻的有效条件

成立的婚姻是不是都有效?不是都有效。成立的婚姻要想有效,还必须符合婚姻的有效要件。婚姻的有效要件包括主观要件和客观要件。从主观上来讲,因为结婚也是一种民事法律行为,而民事法律行为的根本要件是意思表示真实,所以有效的婚姻必须是双方结婚的意思表示是真实的、自愿的婚姻,否则不能有效。

现在我们国家的有效婚姻必须是异性婚姻,结婚的必须是男女双方。个别国家承认同性婚姻,但我们国家不承认。婚姻当事人还必须要有结婚能力,即达到法定婚龄。只有达到法定婚龄,才具有结婚能力。婚姻不只是自然现象,也是社会现象;不单具有自然属性,还具有社会属性。

《民法典》仍然维持了《婚姻法》的规定,就是男性在 22 周岁以后才能结婚,女性在 20 周岁以后才能结婚。我们国家的 1950 年《婚姻法》规定的法定婚龄是男 20 周岁、女 18 周岁,后来 1980 年《婚姻法》把法定婚龄提高了。在《民法典》编纂当中,有人主张恢复男 20 周岁、女 18 周岁的法定婚龄,以适应现在我们国家的人口状况,但是许多人认为目前的婚龄已经成为习惯,现在降低法定婚龄,大家也不会早早结婚,干脆还是维持男 22 周岁、女 20 周岁的婚龄。所以当事人必须要达到法定婚龄,有结婚的能力,婚姻才能有效。

另外还有就是不存在禁止结婚的条件。关于禁止结婚的条件,《民法典》中规定直系血亲和三代以内的旁系血亲禁止结婚。直系血亲之间禁止结婚,这是没有问题的,各个国家都是一样的。三代以内的旁系血亲之间禁止结婚,这是 1980 年《婚姻法》规定的。禁止结婚的范围扩大到了三代以内的旁系血亲,表亲婚被禁止了,但从传统上来讲,表亲婚是不禁止的。1980年《婚姻法》对表亲婚的禁止,主要是从优生优育的角度考虑的,因为近亲繁殖容易生出先天异常的孩子。有人认为,现在的生殖技术可以最大程度地避免生出先天异常的孩子,但是法律仍然禁止表亲婚,这样的婚姻是无效的。

三、可撤销婚姻、无效婚姻

不符合婚姻要件的情况是不一样的,一是从客观上就能看出不符合婚姻要件的情况,像不到法定婚龄、重婚、存在近亲婚,这些情况从客观上就能看出来,客观上不符合婚姻要件的婚姻是无效婚姻;二是主观上不符合婚姻要件,即违背真实自愿。违背真实自愿从客观上是看不出来的,只有当事人知道,违背真实自愿的婚姻是可撤销婚姻。

《民法典》在婚姻成立以后是否有效上的规定跟原来的规定有所区别,扩大了可撤销婚姻的范围,缩小了无效婚姻的范围。原来婚姻无效情形中包括一方有重大疾病,或者有禁止结婚的严重疾病。对患有什么样的疾病的人禁止结婚法律采取了列举的方式,从 1950 年《婚姻法》规定的麻风病、性无能,一直到后来增加的一些。我国曾经实行强制婚检制度,当事人结婚以前必须去进行婚姻检查,看看有没有不能结婚的疾病,没有的话再办理婚姻登记,后来给取消了。

对于患某类疾病的人禁止结婚的考虑涉及以下两方面:第一,哪些疾病属于影响婚姻的疾病是无法确定的,它是变动的,当出现新的疾病时无法认定它符不符合结婚条件。艾滋病人能不能结婚? 如果从这种疾病的后果上来看,与其他禁止结婚的病人相比,肯定是不能结婚的,但是法律没有将艾滋病人列在不能结婚的病人上面。因为艾滋病是新出现的疾病。第二,对禁止结婚的病人的考虑主要是从生育角度出发的,考虑更多的是疾病会不会影响生育?能不能影响下一代的健康?更多的是从这个角度考虑的。

在现在的婚姻中,生育是婚姻功能之一,但不是根本的目的。因此,一方或双方患有某种疾病影不影响在一起生活,那是当事人自己决定的事情,法律没有必要干涉,所以《民法典》把禁止结婚的疾病的规定去掉了,只是规定了一方患有重大疾病却没有告知另一方,可以作为撤销婚姻的理由。

为什么把隐瞒重大疾病作为可撤销婚姻的理由?因为这是当事人可以决定的事情。一方患有疾病应该告知对方,这是忠实义务的要求。当事人双方在婚前要增加对对方的了解,需要知道对方是什么情况,各方应该谈清楚,不应该隐瞒。对方有知情权,他应该知道你的健康状况是什么样的,这也确实会影响婚后的生活。因此一方应有告知义务,如果你没有告知,对方在不知道的情况下跟你结婚了,那就属于欺诈或者重大误解的情形,这都应该是民事法律行为中的可撤销行为。因此《民法典》把这样的行为称为可撤销婚姻,而不属于无效婚姻。

隐瞒了什么样的疾病才能撤销婚姻?应该是严重的疾病,是能够影响婚姻共同生活的疾病。当然根本的标准是会不会影响婚后的共同生活、疾病会不会传染给对方,如果患的疾病有传染的性质就应该考虑了。

可撤销婚姻和无效婚姻与可撤销民事法律行为和无效民事法律行为还不太一样。可撤销婚姻和可撤销民事法律行为都是由当事人自己主张撤销,这一点是一样的。无效民事法律行为任何人都可以主张无效,而无效婚姻只有利害关系人和当事人可以主张无效。

哪些人属于利害关系人?这在最高人民法院的司法解释中有规定。一个人不到法定婚龄就结婚了,他的父母、其他亲属当然可以主张婚姻无效。

他的邻居可不可以主张婚姻无效？不可以。因为他的邻居不属于利害关系人，他的婚姻跟邻居没有关系。

《民法典》跟《婚姻法》①对可撤销婚姻的撤销权行使的规定不同。《婚姻法》规定被胁迫的婚姻中，受胁迫的一方可以向登记机关请求撤销，《民法典》规定的是，各种可撤销婚姻的当事人都只能向人民法院提起诉讼，行使撤销权，由人民法院决定是否撤销。也就是说，你的婚姻是不是受胁迫？你是不是有重大疾病没有告知？这些都应当由法院审查，行政机关是难当此任的。

被确认无效或者被撤销的婚姻发生的法律后果，是不同于有效婚姻的法律后果的。但无效婚姻或者被撤销婚姻的当事人毕竟有一段共同生活的期间，因此产生的一些关系怎么来处理？法律对此没有规定。财产关系按照当事人的协议来处理，如果出现共有的情况，那也只能是一般共有，不能是夫妻共同共有。

在财产关系处理中，有一个原则我们一定要注意，即处理财产关系要保护无过错一方，特别是对重婚的，要保护、尊重原婚姻合法的当事人。怎么算重婚？原来有个婚姻，后来又有一个婚姻，而且两个婚姻都成立，都是有效的，这叫重婚。按照我们的社会现状来讲，两个婚姻都必须是登记婚。以前一个是事实婚，一个是登记婚，也构成重婚，现在讲重婚，两个都必须是登记婚。

现在有一个观点，这个观点我也主张，即应该承认事实婚。在认定重婚上，刑事和民事应该一致，民事上如不构成事实婚，刑事上也不应当构成重婚罪。不承认事实婚对社会有没有什么好处，值得研究。现在"包二奶""包二爷"不构成事实婚，也没有办法追究其法律责任，只能构成离婚和财产分

---

① 《民法典》2021年1月1日施行后，《婚姻法》已失效并废除。

割当中照顾另一方的条件。

对于重婚,应该照顾原婚姻合法的当事人,因此原婚姻中重婚者的配偶,可以以有独立请求权的第三人的身份参加诉讼并主张自己的财产权利。这是保护、维护其权利的需要。至于其与重婚者之间生育的子女,享有和负担子女的权利和义务,这不是婚姻的结果,而是生育的结果。亲子关系的产生是基于子女出生的事实,而不是婚姻。

四、有效婚姻的效力

我们通常讲的婚姻效力,指的是有效婚姻的效力、有效婚姻发生的法律后果。有效婚姻当然要符合婚姻有效条件,直接后果是夫妻双方互为配偶,发生夫妻关系。当事人之间基于这种夫妻关系,享有的权利称为配偶权。间接后果是和配偶的其他亲属形成亲属关系,男方跟女方的父母是女婿和岳父母的关系,女方跟男方的父母是媳妇和公婆的关系,当然再往大了说还有其他的姻亲。

婚姻是个身份行为,是以发生身份权利义务为目的身份法律行为,身份法律行为不会导致财产法律关系的变动。因此来讲,结婚以前男女双方的财产,不会因为结婚而发生物权变动,不会因为结婚就把婚前财产变成婚后共同财产。

婚前财产会不会成为婚后共同财产?双方达成协议就可能成为婚后共同财产,这实际属于赠与。财产法律关系发生变动的原因是财产协议,不是身份协议。这点我们一定要注意,身份行为不会导致财产法律关系的变动,但是身份行为可能导致身份法律关系的产生,会引发身份法律关系确立以后的财产法律关系的变动。

男女成为夫妻、互为配偶以后的财产还能各自归各自吗?那需要约定,没有约定的就财产夫妻共有。发生这些财产关系，这是属于夫妻财产关系。结婚发生身份关系、配偶权益关系，这是属于身份权利，包括夫妻之间的相互忠实、相互同居，夫妻之间的住所决定权、姓名决定权，以及自由权。

男女成为夫妻、互为配偶以后，会有两个问题需要处理好：一是既然互为配偶，那就需要共同生活，怎么维持共同生活？需要夫妻双方相互支持、相互忠实。二是人格独立，现代社会讲的是夫妻结婚以后，仍然保持各自人格独立。

怎么保持人格独立？比如，住所决定权。双方要协商，不论女方到男方家落户或是男方到女方家落户，都需要保持人格独立。再比如，姓名决定权。你可以决定自己用什么姓名，可以用过去原来的姓名，也可以另外改个姓名，也可以夫随妻姓或者妻随夫姓，这些都是人格独立的问题。再比如，自由权。任何一方都有选择职业、从事社会活动、接受教育等权利，这些都是保持人格独立的权利。

对于夫妻的忠实义务，现实生活中争议比较大。《民法典》没有规定忠实义务，在婚姻家庭编的一般规定里强调夫妻应该互相尊重、互相忠实。违反忠实义务会有什么结果？忠实义务当然要求在婚姻存续期间，不与婚姻关系以外的人发生其他一些性行为；如果与其他人同居，发生性关系，在离婚时可能被认定为过错方。

现实中存在夫妻为了保持同居关系、遵守忠实的承诺，签订忠实协议的情形。忠实协议里往往会约定如果一方违反忠实协议，与他人发生婚外情或者同居，另一方就应该如何如何。

忠实协议是否有效？一种观点认为，忠实协议是无效的。忠实协议限制了人身自由，尽管结婚了，双方当事人仍然有自己的自由，一方不能限制另一方的自由；限制了自由的协议无效。

另外一种观点认为，忠实协议是有效的。是不是所有的忠实协议都有效？也不全是。只要符合民事法律行为的有效要件，它就是有效的；如果不符合民事法律行为的有效要件，它当然是无效的。如果协议里有限制自由的条款，该条款是无效的，一方不能限制另一方的自由。但是对违反了忠实义务的不利后果的约定应当是有效的。比如，约定若一方违反了忠实义务，在离婚的时候，应当赔偿多少，这是可以的，只要是双方的真实意思表示。

忠实协议有没有维护夫妻共同生活的效力？我觉得它是有这个效力的。但是有人会说："这就是互相不信任，信任对方的话还会签这样的协议吗？既然不信任，婚姻就没有基础了，干脆离婚吧。"如果离婚的话，当然无需考虑这个问题。但只要没有离婚，说明双方还是有共同生活的意思，那就应该承认忠实协议的效力。关于这一点，我觉得这需要很好地分析一下忠实协议的效力问题。因为实务中有这样的纠纷，而法院的判决也是不一样的。

《民法典》在夫妻关系中有一个新的规定，即对家事代理权的规定。在家事中夫妻互为代理人，双方的代理是法定代理，是法律直接规定的代理。以前法律中没有规定家事代理，但最高人民法院的司法解释予以承认。所谓的家事代理权，就是夫妻双方代理对方实施家庭日常事务的民事法律行为的权利。任何一方以个人名义实施的，为了家庭日常生活需要所实施的法律行为，其法律后果应该由夫妻共同承受，而不是由实施行为的行为人自己来承受。

家事代理只限于对家庭日常事务的代理。什么算家庭日常事务？家庭日常事务属于家庭日常生活需要的一些事务。什么算家庭日常生活需要？这需要你进行一些事实判断、价值判断，教育、医疗、保险等，这些都属于家庭日常事务。当事人可不可以限制家事代理权？比如，双方约定超过多少开支的保险或医疗费用，一方不能决定。这是可以的，但是这种限制不能对抗其他人。

　　家事代理产生的债务是属于夫妻共同债务。什么是夫妻共同债务？夫妻共同债务是要由夫妻共同财产来承担的债务。确定夫妻共同债务有以下两个根本因素：

　　其一，人格独立。

　　每个人可以独立承担债务、独立欠债，谁也不能代表谁。因此共同债务必须共同同意。共同同意基于夫妻双方各自的人格独立，共同债务肯定需要两个人共同承担。基于这种人格独立，因此夫或妻一方未经对方同意的债务不能视为共同债务。

　　其二，共同生活。

　　只要一方的债务是用于共同生活的，夫妻就应该共同负责偿还。你说借的钱不是你们共同签字，是你一个人借的，但是你用于共同生活了，你们就需要共同偿还。谁来证明债务用于共同生活？现行法规定的是让债权人来证明。

　　为什么要让债权人证明？因为这是夫妻中他一个人借的，而又不属于家事代理，如果是属于家事代理那不用说，那是法定代理，法律是有规定的。不是家事代理，又是他一个人借的，那需要证明他用于共同生活。这时候债权人需要证明，他是用于了共同生活。

　　共同生活不一定指的是在一起生活，我们过去讲"同居共财"，现在不同居也可能共财。比如说，一对夫妻两地分居，一方有病需要救治，因救治而花去的这笔钱仍然是用于共同生活的，不能说他们不在一起生活，医疗费不属于共同生活的开支。

　　夫妻共同债务和夫妻个人债务是有区别的。结婚以后，夫妻人格仍然独立，因此每个人都会欠下自己的债务，即个人债务，但夫妻共同生活也会产生共同债务，这是两者的区别。夫妻共同债务应当用夫妻共同财产来清偿，原则上来讲，夫妻对夫妻共同债务应该负连带责任。个人债务应当以个人财产来清偿,其他人是不负清偿责任的。

结婚以后的夫妻财产,有夫妻共同财产和个人财产。因此来讲,共同债务就应当用共同财产来清偿,共同财产不足以清偿的时候,再由个人来清偿,个人负连带责任。如果是个人债务的话,就应当先用个人财产来清偿,个人财产不足以清偿的,应当用共同财产当中他享有的份额来清偿。

什么是夫妻共同财产?什么是夫妻个人财产?《民法典》规定,对夫妻婚后的财产实行法定财产制和约定财产制。实际上夫妻是可以约定的,怎么约定就怎么办。夫妻之间关于财产的约定,可以在婚前达成,也可以在婚后达成,该约定在夫妻之间是有法律约束力的。对外来讲,该约定不能对抗善意第三人,它要有对外效力应该经过登记。我国现行法律对此没有规定。夫妻之间关于财产的约定应该登记,如果将来明确规定应该到婚姻登记机关进行登记,和不动产登记一样,登记过后利害关系人都可以去查询,那时候这种约定就有对抗效力,不仅仅可对抗善意第三人,对任何第三人都可以对抗。

我国法律对当事人关于财产的约定是没有限制的,可以约定全部个人所有,也可以约定全部分别所有;也可以约定部分共同所有,也可以约定部分个人所有。不像有些国家仅让当事人在几种财产制中选择,在我国,夫妻双方怎么约定都可以。

当事人没有约定的,实行法定财产制。法定财产制是一些财产是共同所有,一些财产是分别所有的财产制。婚后的收入都是共同所有。这里会有一个关于孳息的问题,婚前的财产在婚姻关系存续期间的孳息,属于个人财产还是共同财产?这有不同的看法。从最高人民法院的司法解释来看,婚后发生的孳息应该属于婚后财产。还有一种观点主张确定婚后发生的孳息归属需要看孳息产生有没有婚后双方共同的因素在起作用。

比如,有一棵果树是你的,你和另一人结婚以后,这棵果树结出来的果实属于共同财产，因为这里存在婚后共同管理的问题。婚前你有100万元存在银行，存款期间内结婚了，这时候的利息属于共同财产吗？我觉得不是，因为利息的产生跟婚姻当事人的共同管理没有关系。如果你的100万元是你结婚以后存的，那利息就属于共同财产。如果你婚前买了某一公司100万元的股票，婚后股票一直涨，那也不能说股票上涨带来的收益属于夫妻共同财产，因为股票是你婚前购买的，婚后夫妻没有共同管理。如果婚后你用100万元买了股票，后来股票上涨，产生的投资收益属于夫妻共同财产。

夫妻共同生活期间继承和受赠与的财产属于共同财产，但是被继承人或者赠与人另有规定的除外。在继承中被继承人指定谁继承财产，那个财产就是那个人的，赠与人指定赠予给谁财产，那个财产就是那个人的。我比较倾向于这项规则应这么规定：只有被继承人指定继承人继承的财产为共同财产，不是继承人个人的，才应该是共同财产；赠与人赠与的财产，指定不是赠与个人的，才应该是共同财产，否则就应该是个人财产。因为婚姻关系存续期间继承、赠与跟夫妻共同生活没有关系。

比如，本来夫妻感情破裂，要离婚了，但一方就是不离婚，因为等着要继承财产，对方父母有一大笔财产，只要对方将这笔财产作为遗产继承，这笔财产就是他们的共同财产了，除非遗嘱里明确规定不许另一方继承。其实这个继承跟夫妻共同生活没有关系。现在的规定只考虑了婚姻关系存续期间，没有考虑财产本身变化的原因，这是不够的。有些利益不在于是什么时候取得的，而在于取得利益的那个时间段有没有对方的利益、跟对方有没有关系。

我们现在讲知识产权，在婚姻关系存续期间取得的知识产权，属于共同财产，但是知识产权中的个人权利，不能变成共同权利。比如，在婚姻关系存续期间取得一项专利，不能说该专利成为夫妻两个人的专利，婚姻关系存续期间专利产生的收益属于夫妻共同财产。

在分别财产上怎么确定财产是个人所有？主要是看该财产是不是与个人的人身直接有关，与个人的人身直接有关的就是个人财产。我们为什么规定侵权损害赔偿中的补偿金、赔偿金、补助金、救助金等属于个人财产？因为其跟人身是有关的，旨在恢复受害人的健康，保障他的个人生活。

在个人财产的确定中有个问题，就是日常生活必需的个人用品的归属问题。个人用品的价款如果超过了日常一般的支出，恐怕要考虑是不是个人财产。比如，女士的装饰品，算不算个人财产？一般的金项链、金戒指没有问题，但是我看现在有的人戴的"手铐""脚镣"都是金子做的，这些能算成个人财产吗？我看不一定，有些东西的价款超过了日常支出，属于投资性质的财产。

比如，一般的一个玉的挂件，可能构成日常所需使用的。但是有一些玉器件就属于投资，这种财产能算个人财产吗？这是很难区分的。你们约定谁用就是谁的，那是你们约定的问题，这不属于法定的个人财产问题。

夫妻结婚以后，在考虑各种问题怎么解决的时候，我还是反复强调这两个因素：一是人格独立，二是共同生活。另外有一些法律规定有变动，比如对生育权的规定。《婚姻法》[①]中规定了生育权，《民法典》没有规定生育权，《民法典》也删去了有关计划生育、晚婚晚育的规定。

在《民法典》对生育权没有规定的情况下，夫妻有没有生育权？生育权仍然涉及人格独立。夫妻仍然享有生育权，任何一方不能强迫另外一方生育。如果发生了争议，就会构成一个离婚理由，因为违背了共同生活的宗旨。婚姻法律行为的目的是为了共同生活，共同生活就包括共同生儿育女，既然违背了这个目的，那就没有必要继续维持婚姻。

---

① 《民法典》2021 年 1 月 1 日施行后，《婚姻法》已失效并废除。

　　婚姻关系一旦有效成立,在此期间生育的子女都属于婚生子女。对婚生子女和非婚生子女,从权利、义务上来讲,我国现行法律未作区分,婚生子女和非婚生子女的地位是相同的。

　　非婚生子女出生以后有个认亲的问题,如果不认的话,就会出现诉讼,原告承担举证责任。而婚姻存续期间所生的子女,原告否认他是对方的亲生子女,是需要提供证据的。婚生子女和非婚生子女都是基于出生的事实发生的血亲,权利和义务是一样的,但是在认定上有所不同。

　　补充一点,夫妻共同财产由夫妻共同共有,共同共有的基础是夫妻关系,只要夫妻关系不解除,没有重大的理由不能分割夫妻共同财产。夫妻关系终止时可以分割,这是没有问题的。法律规定可请求分割共同财产的两个重大事由:一是一方实施了损害共同财产的行为,包括转移财产、隐匿财产、设定共同债务等等;二是一方认为需要支出医疗费,但是对方又不同意。比如,有一方的父母得了重病急需用钱,对方就是不同意付,那他就只能请求分割共同财产,分割以后再拿着钱去支付,这只限定于存在法定抚养义务的情况。如果你有一个朋友病了急需用钱,你是不能请求分割共同财产的,必须是有法定抚养义务才可以。

　　夫妻共同财产分割以后又形成的财产属不属于共同财产?我国法律没有规定,我认为这是一个漏洞。按照现在的规定,分割以后形成的财产还是共同财产,因为这些财产还是在婚姻关系存续期间取得的,只有在离婚的时候才可以分割夫妻共同财产,终止夫妻共同财产关系。

第十八讲　法定继承

　　法定继承是效力次于遗嘱继承的继承方式。为什么主张遗嘱继承优先于法定继承？关键是遗嘱继承完全体现被继承人的意愿，因为遗嘱是被继承人处分自己遗产的意思表示，按照遗嘱继承就是按照被继承人的意思处理遗产，是最符合被继承人意愿的。法定继承不是这样的，法定继承是按照法律推定的被继承人的意思来处置遗产，法定继承并不直接地体现被继承人的意愿，而是间接地体现被继承人的意愿，法律推定被继承人希望或者愿意由这些人来继承遗产。

　　关于法定继承的适用范围在《民法典》遗产处理这一章有具体的规定。什么情况下可以适用法定继承？不能适用遗嘱继承的时候都适用法定继承。继承开始以后，有遗赠扶养协议的，执行遗赠扶养协议，这时发生的不是继承，而是遗赠扶养协议的执行；没有遗赠扶养协议的，有遗嘱的，按照遗嘱继承，遗嘱必须是有效的。如果遗嘱中指定的继承人、受遗赠人，没有继承能力或没有受遗赠能力，或在被继承人死亡时、遗嘱生效时死亡了，那这些财产就不能按照遗嘱进行处置；如果遗嘱中指定的继承人、受遗赠人，丧失了继承权或丧失了受遗赠权，其也不能按照遗嘱进行继承；如果遗嘱中指定的继承人放弃继承、指定的受遗赠人放弃受遗赠,那其也不能按照遗嘱进行继承。以上情况只能发生法定继承。

遗嘱人可以处分全部财产也可以处分部分财产,遗嘱中没有处分的财产,只能由法定继承人法定继承。发生继承的时候,即使有遗嘱也需要看看遗嘱处分了哪些财产,这些财产能不能执行? 没有处分的财产和遗嘱中处分了但不能执行遗嘱的财产,都要按照法定继承来办理。说有遗嘱就没有法定继承的适用,这是不对的。对不能执行遗嘱或遗嘱没有处分的财产,都应该按照法定继承来办理。

一、法定继承人的范围和顺序

法定继承人的范围和顺序是根据婚姻关系、赡养关系和经济关系来确定的,以前两者为主,当然各个国家规定的范围是不一样的,主要是因为其规定的血亲范围不一样。有的国家规定的血亲范围非常广,有的国家规定的血亲范围相对狭窄。比如,有的国家将血亲限制在六亲等以内,六亲等以外的人就没有继承权,我国规定的血亲范围是最窄的。

从《民法典》的规定来看,法定继承人的范围和顺序跟原来的《继承法》①没有太大的改变,在《民法典》制定过程中,争议最大的是法定继承人的范围,许多人认为范围太小了,应尽量使财产能够有人继承。《继承法》将法定继承人限定在近亲属的范围之内,许多立法建议中都提到,应该将法定继承人的范围扩大到四亲等以内,最终《民法典》没有扩大法定继承人的范围,只是扩大了代位继承的适用范围,规定兄弟姐妹死亡了,可以让他的子女代位继承。

---

① 《民法典》2021 年 1 月 1 日施行后,《继承法》已失效并废除。

关于继承人的顺序争议也很大。继承人的顺序主要涉及以下几点:第一,配偶是不是固定在一个顺序上?因为许多国家立法规定配偶并不是固定在一个顺序上,而是与其他继承人在不同顺序参与继承,在不同顺序上份额不等。比如,与子女一起继承时份额是二分之一,与父母一起继承时份额可能是三分之二,与兄弟姐妹一起继承时可能是四分之三或全部,但不是固定在同一个顺序上。第二,父母、子女现在都规定在第一顺序上。有一种观点主张父母不应该在第一顺序上,这种观点主张第一顺序的法定继承人是子女及其晚辈血亲,第二顺序是父母。因为继承本来就是从长辈往晚辈传的,是从上往下传而不是从下往上传的,所以父母不应该放在第一顺序上。《继承法》①中规定配偶、子女在第一顺序,父母也在第一顺序。有人主张把法定继承人的范围扩大到四亲等以内的亲属,这种意见主张应该规定第三顺序的法定继承人。第一顺序的法定继承人是配偶、父母、子女;第二顺序是兄弟姐妹、祖父母、外祖父母;第三顺序是四亲等以内的其他亲属,亲等近者优先,但是立法时仍然规定了两个顺序。

按照现行法律的规定,第一顺序的法定继承人是子女、配偶、父母。这里存在一个问题,第一顺序的法定继承人应该是子女及其晚辈血亲,亲等近者优先,这涉及代位继承的继承人,他们应当属于法定继承人,享有法定继承权。子女的晚辈血亲子女都有代位继承权,晚辈血亲不受代数限制。儿子死了由孙子继承,若孙子也死了由重孙继承。子女一般指亲生子女,我国法律规定养子女和有扶养关系的继子女也包括在内。

继承开始时,与被继承人没有解除收养关系的养子女有继承权,已经解除收养关系的养子女是不能继承的。未成年的养子女与被继承人解除收养关系以后,他与生父母的亲子关系是要恢复的,也就是他跟他的生父母的权

① 《民法典》2021年1月1日施行后,《继承法》已失效并废除。

利义务关系就恢复了。如果恢复了亲子关系，这时候他的生父母死亡了，他是有权继承的。如果养子女在成年以后与被继承人解除收养关系，他跟生父母之间的亲子关系能不能恢复？需要有协议，不是当然恢复的。如果他没有同意恢复父母、子女的关系，他与生父母亲子关系也不会恢复，跟生父母和其他近亲属之间不能发生法律上的权利义务关系。在这种情况下，如果生父母死亡了，他就不能继承，因为他不是法律上有权利义务的子女。

再一个是有扶养关系的继子女。继子女要继承继父母的遗产，必须与继父母形成扶养关系；继父母继承继子女的遗产，也必须要和继子女有扶养关系。是不是继子女只要受过扶养就有权继承？我比较倾向于只有在继子女和继父母双方扶养的情况下继子女才有权继承。比如，继父母扶养了继子女"半天"，就因为养过他，继父母死了，继子女就有权继承遗产，这对亲生子女的权利义务来说不一定公平。按照法律的规定，有扶养关系是指被继承人死亡时继子女与其还有扶养关系，如果已经解除了扶养关系，就不能继承继父母的遗产。

《人民法院报》曾经登过一个案例，一对继父母对继子女形成扶养关系，后来继父母离婚了，继父母曾经扶养过继子女，现在不再扶养该继子女了，与该继子女解除了扶养关系。继父母死亡了，继子女要求继承遗产，因为他曾经受过扶养。但是因为扶养关系已经解除了，所以他就不能继承继父母的遗产。

有法定继承权的配偶须在被继承人死亡时与其有婚姻关系，如果婚姻关系解除了，那他肯定没有继承权。现在我国实行的是法定登记婚姻，没有进行婚姻登记，只有与被继承人一起生活的同居关系，法律上是不承认这样的人有继承权的。一定是被继承人死亡时与其有婚姻关系的人才可以继承。婚姻关系是不是解除了，需要看婚姻关系的解除、终止有没有发生效力。协议离婚的，必须完成离婚登记手续，没有完成离婚登记手续，只签订了协议，那仍然是夫妻。判决离婚的，必须是离婚判决书生效，婚姻才能解除,上诉期限未满还不算解除;调解离婚的,调解书生效才算离婚。离婚判决书、调解书没有生效,那都不算离婚。对婚姻终止的时间一定要注意,实务中往往在这上面发生纠纷。

再就是父母。法律规定的父母包括生父母、养父母和有扶养关系的继父母。《民法典》中还有一项规定,丧偶儿媳对公婆、丧偶女婿对岳父母,尽了主要的赡养义务的,作为第一顺序的法定继承人参与继承。这说明在第一顺序的法定继承人中还会出现丧偶儿媳、丧偶女婿,这项规定原来《继承法》①中就有。这项规定合不合适一直是有争议的,我觉得它是不太合适的,因为会跟代位继承发生双份继承。

丧偶儿媳、丧偶女婿法定继承公婆、岳父母的遗产的一个条件是尽了主要的赡养义务。怎么看尽了主要的赡养义务?他们需要赡养公婆、赡养岳父母直至死亡,因为从法律规定来看,儿媳和公婆之间是没有赡养义务的,女婿和岳父母之间也没有赡养义务,儿子对父母有赡养义务,女儿对父母有赡养义务。尽管在现实中是丧偶儿媳替她的丈夫继续赡养公婆,丧偶女婿替他的妻子继续赡养岳父母,但是从法律上来讲,他们没有这个义务。因此他们尽了赡养义务直至公婆、岳父母死亡,确实应当给予他(她)一定的财产。

怎么给法?这是有争议的问题。原来《继承法(草案)》讨论的时候,草案规定的是,没有代位继承人的,尽了主要赡养义务的丧偶儿媳、丧偶女婿作为第一顺序的法定继承人,后来讨论的时候大家觉得不管有没有代位继承人都应当作为第一顺序的法定继承人,主要是为了鼓励赡养老人。这次《民法典》的编纂中又提出这个问题,因为这一规则最大的问题是与我们传统当中的按支继承和按房继承有冲突。实务中会发生的是,一个人有两个儿子,这时候本是两个儿子按支继承。如果其中一个儿子死了,由他的子女

---

① 《民法典》2021 年 1 月 1 日施行后,《继承法》已失效并废除。

代位继承遗产。如果一个儿子死了，被继承人的儿媳妇继续赡养这个人，儿媳妇也是第一顺序继承人，她的子女参加代位继承也是第一顺序继承人，这个人死去的儿子这一支就会得到两份遗产，这不符合按支继承的传统。

实务中传统认为，儿子死了，儿媳妇当然应该尽孝，继续赡养老人，大家有这样的一种观念，但是从法律上来讲她可以不赡养，她没有这个义务。已经赡养的怎么办？应当给予一定的待遇。有一种观点主张她作为继承以外的人应当得到一定的财产。现在法律仍然规定是第一顺序的法定继承人。儿媳妇尽了主要的赡养义务直至公婆死亡，就应该作为第一顺序继承人，不管儿子有没有代位继承人，都属于第一顺序继承人。

第二顺序的法定继承人是兄弟姐妹、祖父母、外祖父母。我国法律中规定的兄弟姐妹的范围很广，包括全血缘的兄弟姐妹、半血缘的兄弟姐妹（同父异母、同母异父的兄弟姐妹）、养兄弟姐妹、有扶养关系的继兄弟姐妹，这是我们跟其他国家或地区不相同的地方。现实生活中有争议，理论上也有不同的看法，特别是对异父、异母的兄弟姐妹是不是都一样继承，有没有条件限制有不同的观点。但是我国现行法律未作区分。祖父母和外祖父母也包括养祖父母和养外祖父母，因为收养形成或者其他形式形成的祖父母、外祖父母，也可以作为第二顺序的法定继承人继承。

二、代位继承

代位继承，是指继承人先于被继承人死亡，由代位继承人来代位继承该继承人应继承的遗产份额的一项制度。关于代位继承的适用范围各个国家法律的规定是不同的，《民法典》扩大了代位继承的范围，《继承法》①只是规

---

① 《民法典》2021年1月1日施行后，《继承法》已失效并废除。

定了被继承人的子女先于被继承人死亡的,由被继承人的子女的晚辈血亲代位继承。《民法典》还规定了第二顺序的法定继承人中的兄弟姐妹先于被继承人死亡的,由兄弟姐妹的子女代位继承。

第二顺序的继承如果要实行代位继承,所有该顺序的继承人都应该适用代位继承。比如,祖父母、外祖父母先于被继承人死亡,也可以由他的子女代位继承。如果不这样规定会出现外甥子女可能比他的叔伯地位更优,侄子女、外甥子女可以代位继承,但是叔伯姑舅姨不能因为祖父母、外祖父母死亡而进行代位继承的问题。如果一个人死亡了,其兄弟姐妹没有子女、而他的祖父母、外祖父母已经过世的时候,只有叔伯姑舅姨,他的遗产就没有人继承。

需要注意的是,法律规定的这两种代位继承的范围不同。子女先于被继承人死亡的,由子女的晚辈血亲代位继承,没有代数限制;兄弟姐妹先于被继承人死亡的,由兄弟姐妹的子女代位继承,如果他的子女死亡了,不能由死亡的子女的子女再来代位继承。法律明确规定只是由被继承人的兄弟姐妹的子女而不是子女的晚辈血亲代位继承。代位继承中,由代位继承人取得被代位人的地位继承他的应继份额,大家需要注意的是,代位继承人无论有几个人,继承的都是被代位人应该继承的份额。

代位继承人的代位继承权的性质是什么?对代位继承权的性质,有不同的看法,从代位继承的基本理论和维护代位继承人的利益的角度来讲,代位继承权为固有权,是代位继承人固有的一项权利,代位继承本身就属于法定继承范围之内的权利。如果被代位人丧失了继承权,代位继承人能不能代位继承?实务中是否认的。从理论上来讲,代位继承人是可以代位继承的,被代位人丧失继承权是基于他自己的不法行为,这种不法行为的后果不应当影响到代位继承人,让代位继承人承受被代位人的不法行为的后果,这就是株连。现代法中是不应当承认株连的。

代位继承人正是在被代位继承人不能继承的时候，才参与继承，被代位人能继承的时候，代位继承人就不能参与继承。如果被代位继承人放弃继承，就不会发生代位继承。

三、法定继承人的遗产分配原则

法定继承人的应继份额是法律规定的，法定继承人按照法律规定的份额来继承。法律规定的份额可以是不同的，有的国家立法规定配偶不是固定在某一个顺序上，而以不同顺序继承人身份继承的时候，其份额是不同的。我国的继承份额怎么定？我国法律规定的继承份额是以份额相等为原则，以份额不等为例外。原则上继承人的继承份额应该是相等的，只有在例外的情况下才不适用这个原则。

我国法律规定的例外情况主要有以下几种：一是对有特殊困难的继承人要予以照顾，需要被照顾的人会多得一点。什么情况下予以照顾？法律中明确规定对有特殊困难的继承人予以照顾。照顾的目的是什么？有人认为是解决他的生活困难，因此只有遗产不多，才应当考虑照顾的问题。如果遗产很多，大家同等分了也能解决他的困难，还需不需要照顾？这是有争议的。一种观点认为，这样的情形下有特殊困难的继承人就不需要照顾了，被继承人有几千万的遗产，他分了几百万，这还需要再照顾吗？另外一种观点认为，法律规定对有特殊困难的继承人予以照顾，而没有规定要照顾到什么程度，只要他跟其他人相比有特殊困难，就应当予以照顾，不论最后遗产能分多少。如果都有困难呢？需要看困难程度。

二是尽扶养义务较多的或与被扶养继承人共同生活的可以多分。经济上和精神上的义务都要考虑在内。一般来讲，扶助多、资助多的，那肯定是尽扶养义务较多的。被继承人可能不是跟几个继承人在一起生活，在继承人分别生活的情况下,被继承人跟哪个继承人在一起生活,一般这个继承人对被继承人尽的扶养义务相当来说是比较多的。经济上大家平摊了,照料日常生活还是靠他,精神上的抚慰还是靠他,对于这样的继承人可以多分。

三是尽义务少的或不尽义务的少分。我国法律规定的是可以少分或不分。有学者认为这里不应当规定不分,只要法定继承人没有丧失继承权,就有权继承遗产。这里要注意,是有扶养能力、有扶养条件的法定继承人不尽扶养义务才少分、不分,如果他本身都自身难保,根本不可能尽扶养义务,想扶养也扶养不了,这样的法定继承人不应当少分。有能力尽义务而不尽的法定继承人,遗产应少分或不分。

四是经法定继承人协商继承份额可以不均等。法定继承人一致同意怎么分法就怎么分法,至于分配的时间和分配方式等,都由当事人协商决定,协商不一致可以自由调解,调解不成或者不同意调解,直接向法院起诉,由法院来判决。

四、继承人以外的人取得遗产份额的权利

继承人以外的人在一定条件下享有取得遗产份额的权利,有人将这种权利称为遗产酌给请求权,其他叫法也很多。法律规定两部分人享有遗产酌给请求权:一部分人是被继承人生前扶养的,依靠被继承人扶养的人,这一部分人因为在被继承人生前一直是由被继承人扶养的,在被继承人死亡以后,其仍然应当以被继承人的遗产来扶养。

这里要注意的是这样的人一定是受被继承人扶养的,而且这个扶养应该延续到被继承人死亡的时候。如果被继承人死亡的时候已经不再扶养他了,那他就不享有这项权利。这部分人如果不用被继承人的遗产来进行扶养,就要让社会来扶养,因为他们自己没有能力,需要扶养。给这部分人多

少遗产？应该以满足被扶养人基本生活需求为标准来分配遗产。

另外一部分人是继承人以外的，对被继承人尽了较多扶养义务的人。这里的继承人以外的人是指参与继承的人以外的人，而不是指法定继承人范围以外的人。有两个顺序的法定继承人，有第一顺序的法定继承人参加继承，第二顺序的法定继承人不能继承，没有第一顺序的法定继承人继承，第二顺序的法定继承人才能继承。

比如，一个人有子女，但是子女都不在身边，或者子女都不孝顺。他的侄子女或者兄弟姐妹离他很近，平日他的生活起居都是侄子女或兄弟姐妹在照顾。如果是侄子女在照顾，按照我们原来《继承法》①的规定，侄子女不是法定继承人。如果是兄弟姐妹尽扶养义务多，兄弟姐妹本身就在法定继承人范围之内，但是他不能参与继承，因为这个人有子女，子女是第一顺序的法定继承人。在这种情况下，他就可以以继承人以外的对被继承人尽扶养义务较多的人，要求参与分配遗产。

继承人以外的人本来是没有扶养义务的，他尽的扶养义务本来是道德上的义务，是一种善举、一种义行，法律正是为了鼓励这种善举、这种义行，赋予了尽扶养义务的被继承人以外的人取得遗产的权利。

可以取得的遗产应该是多少？法律规定适当给予一定的遗产。适当如何来确定？一般来说应当按照他尽的义务的情况来确定，尽的越多给的量越大，但是一定要尽了较多的扶养义务，不能把一次性的、零碎的一些帮助都看作是扶养。对于一次性的帮助，当事人可以要求返还，而不能享有要求分配遗产的请求权。最高人民法院有个批复，讲到一个人没有别的亲人，也没有任何继承人，完全由扶养人照顾，可以把全部遗产给这个扶养人。现实生活中这种案例也不少。

---

① 《民法典》2021 年 1 月 1 日施行后，《继承法》已失效并废除。

继承人以外的人取得适当遗产的请求权是一项独立的权利,权利人可以放弃,权利人没有放弃的时候可以行使权利。因此在被继承人死亡以后,他可以请求继承人酌情给予适当的遗产。如果继承人分配遗产的时候,没有酌情给予适当的遗产,权利人可以向人民法院提起诉讼,请求给付适当的遗产。

第十九讲　遗嘱继承

今天我们聊的是遗嘱继承的问题。遗嘱继承是遗产继承的一种方式，涉及的问题很多。随着人们权利观念的增强，遗嘱继承的适用范围也会越来越广，将来遗嘱继承可能比法定继承还要多，而且遗嘱继承比法定继承涉及的问题还要多。

一、遗嘱继承的条件

遗嘱继承与法定继承的区别在于，遗嘱继承要有有效的遗嘱。仅有自然人死亡一个法定事实只能发生法定继承，不能发生遗嘱继承。遗嘱继承发生的前提是必须要有遗嘱。所以，遗嘱继承要具备被继承人死亡和被继承人留有遗嘱两个条件，当两个条件同时满足时才会发生遗嘱继承。有遗嘱也不一定会发生遗嘱继承，因为遗嘱必须是有效的，才能执行。另外，遗嘱继承人必须接受继承，才能按照遗嘱进行遗嘱继承。如果遗嘱无效，根本就不能执行，当然不会发生遗嘱继承；如果遗嘱有效，可以执行，但是遗嘱继承人不接受继承，也不能按照遗嘱继承，也不会发生遗嘱继承，对遗嘱继承人放弃继承部分的财产只能按法定继承来处理。

遗嘱继承较法定继承具有优先效力。自然人死亡后,在进行继承的时候,有遗嘱要先执行遗嘱继承,没有遗嘱的实行法定继承。为什么遗嘱继承优先于法定继承?因为遗嘱体现了被继承人的意思,按照遗嘱继承是直接按照被继承人的意愿来处置被继承人的遗产,所以遗嘱继承有优先效力。

遗嘱继承的特点是继承人按照遗嘱继承被继承人的遗产,这里会涉及两个问题:遗嘱继承人是哪些人?什么样的遗嘱才可以执行?这是遗嘱继承中必须要解决的问题。遗嘱中指定继承遗产的继承人,即为遗嘱继承人。哪些人可以成为遗嘱继承人?各个国家的法律规定是不同的。有的国家规定谁都可以成为遗嘱继承人,自然人也行、法人也行、国家也行;有的国家规定只有自然人可以成为遗嘱继承人;我国法律规定只有法定继承人范围之内的人,才能作为遗嘱继承人。我国法律规定遗嘱继承人只能是自然人,而且只能是法定继承人范围之内的人,法定继承人范围之外的人,无论是自然人、法人还是其他组织或国家都不能成为遗嘱继承人。遗嘱中把财产指定给这些人的时候,发生的不是遗嘱继承,而是遗赠。

遗嘱继承人参加遗嘱继承最大的影响是打破了法定继承人的固定顺序,法定继承中第一顺序的法定继承人先继承,而后才由第二顺序的法定继承人继承,只要有前一顺序的法定继承人继承,后一顺序的法定继承人就不能继承。遗嘱继承中是不同的,只要遗嘱指定的继承人是法定继承人范围之内的人,不论他是哪个顺序的法定继承人,都有权按照遗嘱来继承。即使是前面顺序的法定继承人,遗嘱没有指定他继承的时候,他也不能继承。

遗嘱继承中涉及最根本的问题是遗嘱。什么是遗嘱?遗嘱是自然人生前对自己财产作出的事后处分,于死亡后发生效力的法律行为。遗嘱是自然人设立的,法人不能设立,非法人组织也不能设立。遗嘱是自然人生前对自己财产的一种处分,只要自然人生前的陈述同财产处分无关,就不属于

《继承法》①中的遗嘱，因为只有与财产处分有关的内容才属于遗嘱。

遗嘱在立遗嘱人死亡后才能发生效力，在立遗嘱人死亡以前遗嘱不发生效力。为什么遗嘱具有可撤回性？因为遗嘱在立遗嘱人死亡以后才能发生效力，在他死亡以前不生效，所以遗嘱具有可撤回性。

二、遗嘱的设立

被继承人在生前对自己遗产作出处分，这就是在设立遗嘱。法律对遗嘱的设立规定了如下一些条件：

一是遗嘱人要具备遗嘱能力。遗嘱能力即设立遗嘱的资格。因为遗嘱是单方民事法律行为，完全民事行为能力人当然有遗嘱能力；无民事行为能力人不能独立实施法律行为，所有民事法律行为都由法定代理人代理，当然他也没有遗嘱能力，不能设立遗嘱。

限制民事行为能力人能不能设立遗嘱？限制民事行为能力人可以实施与他的智力、年龄、健康状况相适应的一些民事法律行为。限制民事行为能力人是否可以实施设立遗嘱的行为？从《继承法》②到《民法典》都规定限制民事行为能力人没有遗嘱能力，不能设立遗嘱，只有完全民事行为能力人才能设立遗嘱。对于限制民事行为能力人是不是都不能设立遗嘱是有争议的，包括我也主张部分限制行为能力人可以设立遗嘱。比如，16周岁以上的限制行为能力人。现在限制民事行为能力人都有自己的财产，16周岁以上的限制行为能力人也能部分认识自己行为的后果。现行法律规定必须是完全民事行为能力人才能设立遗嘱，如果自然人立遗嘱的时候没有完全民事行为能力，这份遗嘱是不能发生效力的。因为他没有资格设立遗嘱，遗嘱

① 《民法典》2021年1月1日施行后，《继承法》已失效并废除。
② 《民法典》2021年1月1日施行后，《继承法》已失效并废除。

当然是无效的。

二是遗嘱必须是立遗嘱人真实的意思表示,遗嘱只能是遗嘱人自己作出的意思表示,是单方法律行为。立遗嘱不适用代理,任何场合、任何时候遗嘱都不能由代理人来制作,只能是遗嘱人自己作出的意思表示,且意思表示必须是真实、自愿的,受到其他手段不正当的影响制作出来的遗嘱是无效的。

三是遗嘱的形式符合要求。遗嘱是要式法律行为,其形式必须符合法律规定。遗嘱为什么是要式法律行为?因为要通过一定的形式来保障遗嘱是遗嘱人真实的意思表示。遗嘱在遗嘱人死亡后方可发生效力,而遗嘱是遗嘱人当时的意思表示的唯一证明,所以需要通过严格的形式要求来保障遗嘱的内容表达的是遗嘱人生前的真实意思。遗嘱形式的功能或者作用,要从保障遗嘱是遗嘱人真实的意思表示上来考虑、来观察、来分析。遗嘱有哪些形式是法律规定的。我国现行法律规定的遗嘱的形式,包括自书遗嘱、代书遗嘱、打印遗嘱、录音录像遗嘱、公证遗嘱、口头遗嘱。

第一,自书遗嘱。自书遗嘱是遗嘱人亲笔书写下来的自己的意思表示,遗嘱上面应该有遗嘱人的签名,遗嘱中要表明设定遗嘱的年月日。为什么要有设定遗嘱的时间?为了证明遗嘱人立遗嘱时有立遗嘱的能力。如果一份遗嘱上没有表明设定遗嘱的年月日,这份遗嘱是否有效?如果能证明遗嘱人自始至终就没有丧失过民事行为能力且只有这一份遗嘱,那么该遗嘱是有效的,因为遗嘱人的意识一直是清醒的,遗嘱人就没有丧失过行为能力。

遗嘱人亲笔书写遗嘱时,要用不易涂改的笔书写,不能用铅笔书写,要保证遗嘱的内容真实,不能改变遗嘱。遗嘱如果是用圆珠笔或其他笔写的,时间长了字迹不清楚了,当然就无效了。遗嘱写在哪里是无所谓的,一般来说遗嘱是写在纸上的,但有人写在布匹上、木头上,只要表达的内容清楚,均不影响遗嘱的效力。自书只是要求自己书写,没有要求书写的具体载体。实务中如果立遗嘱人在书信中很清楚地交待了财产如何处分,自己书写的内容谁也不能改变,该信件可以视为自书遗嘱,因为其真正表达了遗嘱人处分财产的意思。

第二,代书遗嘱。代书遗嘱是他人代写的遗嘱,不是立遗嘱人自己写的遗嘱,是他人对立遗嘱人口述遗嘱内容的一种笔录。对遗嘱人口述内容的记录,如果进行了录音就是录音遗嘱,如果进行了录像就是录像遗嘱,用笔记录下来就是代书遗嘱。代书遗嘱有一个要求,需要有两个以上的人见证,其中一个人可以代写,其他人见证,只有一个见证人是不行的,至少要有两个有见证能力的人。代书遗嘱要求代书人要如实地记录遗嘱人的意思,而不能自作主张地代遗嘱人书写、表达处分遗产的意思。如果这样的话,那就不是代书遗嘱,而属于代立遗嘱。

代书遗嘱要由代书人、见证人、遗嘱人签名。遗嘱人可不可以以盖章或按手印代替签名?对此大家有不同的看法。代书遗嘱的签名可不可以以按手印替代?我觉得是可以的,因为签名的作用就是证明这是签名人的意思表示,对于不会写自己名字的遗嘱人,按手印我觉得是可以的,因为指纹一般不能被他人取代,有手印足以证明是他的意思表示。但遗嘱上的章不一定是遗嘱人自己盖的。盖章的效力是可以否认的,按手印的效力是不能否认的。代书遗嘱也要注明年月日,这不光涉及对遗嘱人遗嘱能力的证明,也涉及对见证人能力的证明。

第三,打印遗嘱。打印遗嘱是《民法典》新增加的一种遗嘱形式,主要是为了应对现实生活中存在的打印遗嘱的现象,打印遗嘱是随着计算机的普及而出现的一种新的遗嘱形式。对于立法中要不要规定打印遗嘱?大家有不同的看法,有人认为打印遗嘱可以视为代书遗嘱,《民法典》最后还是规定了打印遗嘱,这确实是一种新的遗嘱形式。

打印遗嘱中需要注意的是,遗嘱人需要在每一页上签字并注明日期,打印遗嘱不可能只有一页,可能有好几页,因为需要证明每一页的内容都是立遗嘱人的意思表示,所以打印遗嘱的每一页上遗嘱人都要签字并注明日期,注明日期还是出于证明遗嘱能力的考虑。打印完毕后可以将遗嘱封存好,交给相关人员保管。

第四,录音录像遗嘱。录音录像遗嘱有一个特殊要求,最后要有见证人,要把见证人和遗嘱人都录制在音像资料里。录音、录像遗嘱现在使用起来非常方便,它最大的缺点就是容易被改变。怎么保障录音录像遗嘱体现的是遗嘱人当时真实的意思表示? 一般来说,录音录像遗嘱录制完毕后需要封存起来,在密封处应该有见证人、遗嘱人的签名并注明日期,以保障遗嘱不被篡改、不被删剪。

第五,公证遗嘱。由公证机构出具公证证明的遗嘱,即为公证遗嘱。公证遗嘱要求必须有两个以上的公证人员,对遗嘱人的遗嘱进行公证。公证遗嘱可以是书面遗嘱,也可以是代书遗嘱,还可以是口头遗嘱。遗嘱人在公证人员面前口述的遗嘱,实际上是由公证人员代书。当然公证遗嘱也可以是录音录像遗嘱。

公证人员公证的是公证遗嘱的有效性和合法性,但公证遗嘱公证的是形式上的合法性,不是内容上的合法性。公证人员不能公证内容是否合法,只能就遗嘱形式是否符合要求、遗嘱人有没有遗嘱能力这些情况作出公证。公证遗嘱合法、有效是指形式合法有效,而不是指内容合法有效,因为公证员不能去调查。比如,一个人去公证处办理公证遗嘱,把他的房子留给某个人,结果这个房子根本不是他的,公证人员不会去调查他究竟有没有这个房子、是否可以处分房子。公证人员管的是他处理房子的时候,意识是否清醒。公证遗嘱是形式审查,不是实质审查。

公证人员经过公证证明遗嘱符合要求后,由公证处出具公证证明。如果公证处还没有出具公证证明,或者公证处审查完毕后认为不符合要求,公证处不给予公证,这份遗嘱就不属于公证遗嘱。那这份遗嘱是否有效?这是不一定的,只能说这份遗嘱不属于公证遗嘱,它属于什么遗嘱按照法律对遗嘱的要求来审查效力。比如对遗嘱人自己书写的遗嘱,那就看这份遗嘱是否符合自书遗嘱的要件,代书遗嘱就要符合代书遗嘱的要件,它符合哪种形式的遗嘱,就以该种形式发生效力,都不符合的话,那这份遗嘱就没有效力。

公证遗嘱只能由公证处来出具。之前看到一个案例,一个律师事务所给人做了遗嘱公证,结果做出来又不符合代书遗嘱的要求,法院判处遗嘱无效,最后当事人要求赔偿。律师事务所是没有资格公证遗嘱的,律师事务所有见证遗嘱的资格,需要有两个以上的律师见证,也不需要律师事务所出具证明。

第六,口头遗嘱。口头遗嘱是当事人口述遗嘱内容,事后由其他人记录下来的遗嘱。肯定得有人记下来,没人记下来怎么知道有口头遗嘱?口头遗嘱属于事后追记。不是当时记录,如果当时记录下来就属于代书遗嘱,当时说的时候没人记,事后有人记下来了,这才属于口头遗嘱。

必须在危急情况下才可以采取口头遗嘱形式设立遗嘱。什么样的情况属于危急情况?即来不及以其他形式设立遗嘱的情况。比如被继承人在生命垂危的时候;在战场上来不及设立其他遗嘱;洪水来临时,立其他遗嘱来不及,要赶快交代后事。这些情况都属于危急情况。

口头遗嘱毕竟没有有形的形式,因此法律要求在危急情况解除以后,遗嘱人能以其他形式设立遗嘱的时候,口头遗嘱就失去效力。多长时间以后口头遗嘱失效?其他国家法律多有规定,两周、一个月不等。我国学者建议要有时间限制,但是《民法典》仍然没有规定,依然跟《继承法》①中的规定一

---

① 《民法典》2021年1月1日施行后,《继承法》已失效并废除。

样,危急情况解除以后,能够以其他形式设立遗嘱的,口头遗嘱无效。实务中口头遗嘱一定要有时间限制,比如医院今天下了病危通知,他留了口头遗嘱,过了几天危急消除了,危急既然消除了,就可以以其他形式设立遗嘱,但是他没有设立,过了几天他又去世了,在这种情况下口头遗嘱是否有效?这不能说口头遗嘱无效,要求危急消除后赶快立即用其他的形式立遗嘱,恐怕不太合适,还是应该有时间限制。

四是设立遗嘱的内容应当合法。一般设立遗嘱的内容有哪些?由于与财产处分有关的内容才属于遗嘱,因此遗嘱应包括以下内容:

第一,遗嘱中应该列明自己的财产。

第二,应该指明继承人,指明继承什么遗产,继承人的姓名要清楚。他原来叫"小三",你在遗嘱里把他的名字称为"小三",这是可以的,大家要很清楚地知道这个人是谁,不能写只有你们两个人才知道的名字,如果这么写的话,恐怕就有争议。

第三,遗嘱中可以指定受遗赠人。你把你的遗产给法定继承人以外的人,这是可以的。遗嘱中要指明受遗赠人的姓名或名称,因为受遗赠人可以是非自然人,而且应当指明遗赠的财产。

第四,遗嘱里也可以指定后备继承人,或叫候补继承人和候补受遗赠人。遗嘱生效的时候能够生存的指定的继承人或受遗赠人才可以受遗赠,如果你指定了某一个人继承某一项遗产,在遗嘱生效的时候,这个人已经死了,这份财产就应当按照法定继承来处理。你可以在遗嘱中写明,当这个人死亡时或放弃继承时,由谁来继承这份遗产,这是候补继承人。当指定某一项遗产赠与他人,指定受遗赠人的时候,受遗赠人在遗嘱生效的时候可能已经死亡,不能受遗赠,或者他放弃遗赠,因此你完全可以在遗嘱里另行指定一个受遗赠人,这就是候补受遗赠人。

第五,遗嘱可以说明其他与财产处分有关的事项。这些事项一般属于遗托的内容。比如,你可以在遗嘱里对遗嘱继承人附加一定的义务,这就是附义务的继承;也可以对受遗赠人附加一定的义务,这就是附义务的遗赠,这都是可以的。《民法典》在总则编里规定了遗嘱监护,父母可以在遗嘱里指定子女的监护人,这也属于遗托的内容。将某事务托付给谁,这是遗托。

第六,遗嘱中还有一项重要的内容是设立遗嘱信托。怎么保证家族企业传承下去?解决这个问题最好的办法是,当老板死亡的时候设立遗嘱信托,老板的继承人中有人有这个能力,可以指定他来继承。如果继承人中没有人有能力,怎么来保障企业能够传承下去?最好找执业的管理团队设立信托,由受托人来管理企业,然后把利益转给老板指定的继承人,这是保证家族企业能够传承下去一个非常有效的手段。具体的操作涉及《信托法》,利用遗嘱来设立信托,这是遗嘱的重要内容,我们不可忽视。

第七,遗嘱中还应当指定遗嘱执行人或者遗产管理人。遗产管理人也可以在遗嘱中指定,也可以不直接指定,而是委托他人来指定遗嘱继承人、遗产管理人,可以有这方面的一些内容。

三、遗嘱的变更和撤回

遗嘱的变更和撤回,是在设立遗嘱以后,遗嘱生效之前对已经设立的遗嘱进行修改或者取消。变更是对遗嘱的内容进行修改,可以在原来的遗嘱上进行修改,也可以另立一份遗嘱来修改,遗嘱的变更只是对遗嘱的部分内容进行的修改。如果在原来的遗嘱上修改,必须注明修改的时间并签名。遗嘱的撤回取消了原来的遗嘱,把原来遗嘱的内容全改了,等于没有设立遗嘱。《继承法》[①]用的是"撤销"的表述,《民法典》改为"撤回",撤回是对的,

---

① 《民法典》2021年1月1日施行后,《继承法》已失效并废除。

撤销是对生效行为的撤销，撤回针对的是没有生效的行为。大家要区分撤销和撤回，有时候我们用法律术语要严格一些，律师有时候不严格就会让他人抓住把柄。

变更和撤回遗嘱在程序上、法律形式上跟设立遗嘱是相同的，是单方的真实意思表示，也不适用代理，表意人在撤回、变更遗嘱的时候必须有遗嘱能力。遗嘱的变更和撤回可以用明示的方式，也可以用默示的方式。你另立一份遗嘱，说明对原来的遗嘱的变更或撤回都是可以的。如果你把原来的遗嘱撕了，可以说是以默示的方式撤回。你把原来遗嘱中指定给谁来继承的遗产处分了，这就是不给他遗产了，也属于以默示的方式变更遗嘱。

最典型的方式就是设立一份新遗嘱，撤回原来的遗嘱，这就涉及被继承人立有数份遗嘱的时候，如何来确定遗嘱的效力，不同形式的遗嘱效力有无优劣之分等问题。不同形式的遗嘱不应有优劣之分，它们的效力应当是相同的，不论是什么形式的遗嘱，只要符合法律规定的要件就应当是有效的。最高人民法院的司法解释，曾认为公证遗嘱的效力最强，立有数份遗嘱的时候，其他形式的遗嘱不能变更、撤回公证遗嘱。赋予公证遗嘱最强效力的做法没有法律根据，唯一目的就是保障公证机构的权利。你在我这立了公证遗嘱，你必须还要到我这里改，不到我这里改就视为无效，借此强化了公证机构的作用。公证机构出具的公证遗嘱的效力就强于自书遗嘱？强于口头遗嘱？这是没有道理的。

《民法典》中明确规定立有数份遗嘱的时候，以最后一份遗嘱为准，最后一份遗嘱采用什么形式都可以，只要最后一份遗嘱的形式要件符合要求就可以，这一规定跟以前的规定不同。如果立有数份遗嘱，最后一份遗嘱被确认无效，这时候哪一份遗嘱有效，还是所有的遗嘱都无效？对此是有不同的观点的。一种观点认为，每一份遗嘱都是对前一份遗嘱的撤回或变更，既然已经撤回或变更了，就等于之前的遗嘱不存在了。最后一份遗嘱无效了，就等于所有的遗嘱都不存在了。

另外一种观点认为，最后一份遗嘱无效的时候，应该以最后一份遗嘱的前一份遗嘱为准，因为每一份有效遗嘱都是对前面遗嘱的撤回，最后一份遗嘱无效，等于前面的那份遗嘱没有撤回。比如共立了5份遗嘱，第5份遗嘱无效，那第4份遗嘱就有效。我比较赞成后一种观点。遗嘱撤回、变更符合条件就按照撤回、变更以后的内容来执行，撤回、变更以后原来的遗嘱就不能执行。如果有数份遗嘱，以最后一份遗嘱为准，若最后一份遗嘱无效，应该以它的前一份遗嘱为准。

四、遗嘱的效力问题

遗嘱什么时候发生效力？遗嘱于被继承人死亡时生效。任何法律行为都必须符合有效要件才能发生效力。遗嘱也只有在符合法律规定的有效条件的时候，才是有效的，有效的遗嘱才能够执行，或者说应当执行。如果遗嘱不符合法律规定的有效要件，遗嘱就是无效的，无效的遗嘱是不能执行的，也就不会发生遗嘱继承。判断遗嘱是否有效以什么时间为准？应当以继承开始的时间为准。遗嘱"有效"是指遗嘱有执行力。

在什么情况下遗嘱无效？一是遗嘱不符合法律规定的形式要求。无民事行为能力人、限制民事行为能力人设立的遗嘱无效；不符合法律规定的形式的遗嘱无效。怎么算符合法律规定的形式？怎么算不符合？如果有形式上的瑕疵，遗嘱一定无效吗？应该看遗嘱的形式是不是保障遗嘱是真实意思表示。

有效遗嘱有形式上的要求，前面我讲了几种遗嘱形式，除了自书遗嘱以外，都要求有两个以上的见证人，见证人必须有见证能力。哪些人有见证能力？除了有行为能力、没有利害关系的要求以外，有没有其他要求？你找一个聋哑人,让他作为口头遗嘱的见证人、录音遗嘱的见证人,这肯定不行,他见证不了。代书遗嘱他也见证不了,口述了什么内容他都不清楚。同理,若立遗嘱人是聋哑人,他用哑语作出意思表示,见证人必须懂哑语才可以,不懂哑语不能当见证人。见证人必须能够见证才可以。

关于见证人有两个问题是有争议的。其一,见证人必须在现场见证。怎么才算现场见证? 我主张现场见证不必一定在当场,现在科技手段这么发达,完全可以通过微信视频见证,难道不属于现场见证? 应当考虑对"现场"作扩大解释。

其二,危急情况下的口头遗嘱,哪些人可以成为见证人? 在病危的情况下,除了一个医生、一个护士以外,其他在现场的都是亲属,他们都是不能作见证,因为这些多与被继承人有利害关系。我觉得在这种情况下也不一定要一概否认亲属见证遗嘱。如果亲属里没有利害关系人见证,甚至见证人中有利害关系人但大家认为遗嘱是真实的,我觉得这份遗嘱也是有效的。为什么要见证? 见证的目的是为了证明遗嘱是遗嘱人的真实意思表示。形式上的瑕疵影不影响遗嘱的效力,要看这个瑕疵能不能影响证明遗嘱是遗嘱人的真实意思表示,证明遗嘱人有遗嘱能力。

二是遗嘱不是遗嘱人的真实意思表示。被篡改的遗嘱,篡改部分无效,伪造的遗嘱也是无效的。以胁迫等手段,迫使被继承人设立的遗嘱也是无效的。如果其他继承人、利害关系人能够证明,遗嘱是被继承人在胁迫的情况下立下的遗嘱,那这份遗嘱也是无效的,因为不是遗嘱人真实意思表示。

三是遗嘱内容不合法。哪些内容属于不合法的内容? 第一,处分的财产不合法,处分的不是被继承人的财产。比如,你租了一套房子,立遗嘱的时候指定某个人继承,这是不行的。你只有居住权,这是在处分别人的财产。第二,遗嘱人没有为继承人保留必要的继承份额,这涉及继承人的应继份、必继份的问题。在其他国家法律中多有特留份制度,遗嘱人不得处分继承人的特留份。为什么要有特留份？特留份有不同的理论根据，一个理论根据是一个人的遗产不完全是这个人创造出来的。遗产的取得源自三方面力量取得的：一是国家。没有国家的支持、政策，你不可能取得这部分财产，国家给予支持的部分归国家取得，因此你要支付遗产税。二是亲属。在家人的帮助下，你才创造出来的财产，对这部分财产你也不能处分，需要留给家人，因此法定继承人中有一些继承人是有特留份的。比如，有的规定配偶必须有特留份多少、父母特留份多少、子女特留份多少。三是自己的努力。这部分财产可以自由处分。

为什么要有特留份？特留份是留给你的近亲属的，因为你在世的时候和他们一起共同生活，你对他们有扶养义务，你去世了，还需要用你的财产去尽这份义务，你不能把这部分财产处分了，使他们的生活处于不利的境地，仍须给他们留下部分财产。《继承法》①中没有规定特留份，规定的是必留份。1985年《继承法》规定，必须对缺乏劳动能力又没有生活来源的人保留必要的遗产份额，这样的继承人叫双缺乏人员或双无人员。对没有劳动能力又没有其他生活来源的继承人而言，必要的遗产份额可保障他们的基本生活需要，因为他们没有其他的生活来源。

在当时的情况下，这个规定是很有必要的。而现在不同了，因此我们一直主张应该规定特留份制度。《民法典》仍然没有接受特留份制度的建议，仍然沿用了《继承法》②的规定，即遗嘱必须为缺乏劳动能力又没有生活来源，即缺乏其他生活来源的继承人保留必要的遗产份额。遗嘱如果处分了必留份，这份遗嘱是无效的。

判断继承人是不是缺乏劳动能力又没有生活来源的人，以什么时间为准？应当以继承开始的时间为准。遗嘱生效的时候，若这个继承人属于双

---

① 《民法典》2021年1月1日施行后，《继承法》已失效并废除。
② 《民法典》2021年1月1日施行后，《继承法》已失效并废除。

无人员或双缺乏人员,而遗嘱没有保留必要的遗产份额,涉及这部分财产的遗嘱内容无效。如果设立遗嘱的时候,他属于缺乏劳动能力又没有其他生活来源的人,而遗嘱生效的时候,他有劳动能力或者有其他生活来源,那就没有必要为他保留必要的份额。对遗嘱中因他属于缺乏劳动能力又没有生活来源的人而给他保留的部分也不需要执行。

遗嘱中的财产是要能够处分的,必留份、特留份都是对被继承人处分财产的限制。被继承人遗嘱处分的必须是自己的财产,而且必须是合法取得的财产,不是合法取得的财产都不能成为遗产,当然是不能处分的,处分也是无效的。

五、遗嘱的执行

遗嘱执行是由遗嘱执行人按照遗嘱人的意愿、根据遗嘱的内容处置遗嘱中处分的财产。这在理论上涉及遗嘱执行人的地位问题,他是代表谁来执行遗嘱的?有人说遗嘱执行人是被继承人的代理人,有人说遗嘱执行人是继承人的代理人。实际上他就是执行遗嘱的人,执行遗嘱是他的一项职责。现在我们实行遗产管理制度,遗嘱执行人就是遗产管理人,是遗嘱中涉及的遗产的管理人,他的职责、对他的要求都应当与遗产管理人一致。对遗嘱执行人的根本要求是在继承开始以后,召集继承人公开遗嘱,忠实地按照遗嘱的内容去执行遗嘱。比如,该由某一个继承人继承的遗产就指定他来继承,该遗赠给谁的遗产就遗赠给谁。

第二十讲 侵权责任

今天我们聊的是侵权行为与侵权责任。侵权责任是实施了侵权行为而应当依法承担的民事责任。

一、侵权行为

法律上的侵权行为是侵害他人民事权利的行为,这里的民事权利主要是绝对权,相对权不应该包括在里面。《侵权责任法》①第 2 条专门列举了侵权行为侵害的权利是哪些,最后以"等"作为兜底,《侵权责任法》②第 2 条中列举的那些权利都属于绝对权,都是公示性的权利。为什么是公示的绝对权利? 这主要由《侵权责任法》的性质决定的。

侵权责任的法律制度需要在保护权利人的权利和保护行为人的行为自由两者之间达到平衡,因为法律既要保护人的自由又要保护权利。权利人的权利受到保护,侵害他的权利就要承担责任。只要行为人不是主观上侵

---

① 《民法典》2021 年 1 月 1 日施行后,《侵权责任法》已失效并废除。
② 《民法典》2021 年 1 月 1 日施行后,《侵权责任法》已失效并废除。

害他人权利,都应该享有行为自由,不侵害他人的权利就不应当承担责任。如果你不知道你侵害了他人的权利,也不应当承担责任。如何判断是不是知道侵害了他人的权利?这就需要用一定的方法把权利公示出来。如果行为人侵害了未公示权利也需要承担责任,这不利于保护行为人的行为自由。因为这要求每一个人在实施行为的时候,必须审查行为对象有没有相应的权利,实施的行为会不会侵害行为对象的权利,显然这是不利于保护行为人的行为自由,加重了行为人的负担。哪些权利有公示性?绝对权。如物权、知识产权、人身权,对这些权利法律规定要公示。

绝对权益包括权利和利益,民事绝对权利是有公示性的,一些合法利益法律并没有被规定为权利,很难以一定的方式公示出来,即便是法律应当保护的利益,即侵权行为侵害的对象,针对此类利益法律对行为人的注意义务要求也是不高的。一般认为,只有故意侵害合法利益,而且违反公序良俗,才构成侵权。

侵权行为是一种不法的事实行为。任何一项法律关系的产生都要有法律事实作为根据。法律事实包括行为、事件、自然事实,行为的特点是受人的意志支配。法律为什么要规制行为?因为行为人能够支配行为,法律规定行为人可以实施哪些行为,不可以实施哪些行为,哪些行为是合法的,哪些行为是不合法的,侵权行为就属于不合法行为。事实行为是和民事法律行为相区分的,因为民事法律行为是以发生一定的民事法律后果为目的的,是以意思表示为要素的;而事实行为不是以发生民事后果为目的的,也不是以意思表示为要素的行为,但是它同样会发生法律规定的法律后果。

一个行为是事实行为还是民事法律行为就看行为人实施行为的时候有没有发生民事法律后果的目的,是不是进行了意思表示。事实行为有合法的、法律鼓励的、不具有违法性的事实行为。比如,法律鼓励的创造行为、创新行为。国家鼓励全民创新,行为人创作一个作品就会取得著作权。前面我们讲的无因管理、紧急救助,这些事实行为都是法律鼓励的。

侵权行为是不合法的,它是一种侵害他人权利的不合法的行为。侵权行为的当事人违反的是一种法定的义务,但违反法定义务的行为也不是都属于侵权行为。按照我们国家法律的规定,违约行为违反了当事人约定的义务。有各种类型的法定义务,比如前面谈到的缔约过失责任,缔约过失责任的责任人违反的是缔约过程中的一些义务,缔约过程中的义务是法定的,是法律针对特定的当事人的交易规定的一些当事人须遵循的义务,这些义务是随着交易双方的深入交往逐渐展开的。这种法定义务的特点是发生在特定的交易当事人之间,只有双方进行交易、发生接触才会产生缔约上的法定义务,违反了这个义务,发生的就是缔约过失责任。

侵权行为违反的法定义务不是发生在特定人之间的,是不特定的人所负担的义务。侵权行为侵害的是绝对权,这种绝对权的特点是义务主体是不特定的,任何人都负有不得侵害这项权利、不得妨碍其行使的义务,这些义务是绝对的,是由不特定人负担的,侵权行为违反的就是这种不特定人的义务。一旦有人违反了法律规定的不特定人的法定义务,就会产生侵权责任。

二、侵权责任

《民法典》中规定,侵权责任编调整的是因侵权行为产生的民事关系,侵权行为产生的民事关系就是侵权责任关系。这种责任关系,就侵权行为人来讲,他负担的是侵权责任;就被侵权行为人来讲,他享有的是侵权责任请求权,或者简称侵权请求权;就侵权行为的责任人来说,他承担的是侵权责任。

侵权责任有什么特点?我们掌握侵权责任的特点是为了将其与其他责

任区分开,是为了掌握这种责任的特殊性。我们讲侵权责任特点的时候要特别注意这个问题,即承担侵权责任的方式的多元化。法律明确规定承担民事责任的 11 种方式,大部分适用于侵权责任,我们所说的承担侵权责任方式的多元化就是跟承担违约责任、债务不履行责任和缔约过失责任的方式相比较。承担缔约过失责任的方式就是赔偿;承担违约责任的方式比承担缔约过失责任的方式多一点,还有继续履行以及其他的一些救济措施;但相比较而言,承担侵权责任的方式较多,侵权责任不仅包括损害赔偿责任,我们法律明确规定的一些预防性的救济措施,也属于承担侵权责任的方式。

《侵权责任法》和《民法典》都专门有一条规定了这一点。承担预防性的侵权责任的方式主要是停止侵害、排除妨碍、消除危险。什么情况下停止侵害?当然是侵害已经进行,但还没有结束。这在侵害知识产权的侵权中就很突出,一直冒用他人的商标,使用他人的专利,如侵权还没有结束,就需要停下来。再就是排除妨碍,不法行为妨碍到权利的行使,那么就要消除这种权利行使的障碍。这在现实生活中是非常多的,比如你把一堆石头堆在人家门口,人家出入不便利了,那你必须把石头搬走,这就是排除妨碍。消除危险是指危险现实存在并危及权利人的人身权、财产权利安全的时候,可以要求消除这种危险。因为这种危险是现实存在的,如果不消除就可能会发生损害,造成更大的损失。

侵权请求权跟绝对权的请求权有什么关系?物权请求权包括排除妨碍、停止侵害、消除危险。人格权请求权、人身权请求权也有这些内容。对于二者的关系理论上有一些争议,但是现实生活当中运用起来没有多大的区别。实际上绝对权的请求权本身是潜在的一项权利,正常情况下这项权利是不用行使的。在什么情况下行使?受到侵害的时候就可以行使,妨碍到权利行使、侵害到物权的行为都属于侵权行为。权利受到侵害才需要救济,才发生救济。这是侵权责任的特点,而且往往责任的承担方式是可以并用的,受侵害人可以让行为人停止侵害还可以要求其赔偿损失。返还原物、恢复原状的请求都可以同时伴随赔偿损失的请求。

赔偿损失是承担各种民事责任通用的一种方式,但违约责任的赔偿、缔约过失责任的赔偿、侵权责任的赔偿在赔偿损失的范围上是不一样的。承担缔约过失责任时赔偿的是什么?前面我们提到过,是期待利益,承担违约责任时赔偿的是履行利益。违约赔偿中有一个规则,即可预见性规则,赔偿的范围包括未来利益的一些损失,但不能超过当事人可以预见到的损失。而承担侵权责任时赔偿的范围不是这样的,侵权赔偿也实行完全赔偿规则,赔偿的损失包括侵害的实际损失和可得利益损失。实际损失就是现有财物的损失,比如财物损毁的损失。人身损害损失就是支出的一些费用,还包括未来的一些损失。未来的一些损失就比较复杂了,财产中的未来损失必须是可得利益,没有侵权行为就会得到的。

这里存在一个争议的问题是侵权责任中的赔偿损失适不适用可预见规则?现实生活中出现过几个比较典型的案例:有人把沈阳故宫门口的石狮子撞坏了,石狮子是天价。还有天价葡萄案。有人偷吃了别人的葡萄,结果葡萄品种特殊,葡萄也是天价。如果你预见不到它们的真实价格,赔多少是一个有争议的问题,这需要考虑均衡利益的问题。

侵权责任还有一个特点是法定性。侵权责任是法定的,不是约定的。当事人不能事先约定侵权责任,现实生活中的决斗协议是无效的,两个人进行决斗或者两个人约架并签订生死状,这都是无效的,因为这是在事先约定侵权责任,这种约定是不能发生效力的。事后协商侵权责任是可以的,你是减免还是不减免,赔多还是赔少,这是当事人的权利,但是不能事先约定,权利人不能事先放弃权利。所有的侵权责任都不能约定吗?在实务中也不是这样。比如马戏团跟驯兽师会事先约定,如果驯兽师在驯兽过程中受到了动物的侵害,马戏团是不承担责任的,因为驯兽师干的就是这项工作。再比如钉马掌的人被马踢了，马的主人是不承担责任的，因为他就是干这项工作的。如果马比较特殊，马的主人需要告诉钉马掌的人，没告诉是不行的。如果马就是一般的马，钉马掌的人钉掌的时候不小心让马踢了，这时候马的主人可以不承担责任。

侵权责任还有一个很重要的特点是侵权责任的优先性。侵权责任的优先性是《民法典》总则编在民事责任中规定的，它是由民事责任、行政责任、刑事责任之间的关系决定的，行为人因同一个行为既要承担行政责任也要承担刑事责任，还要承担民事责任时，法律规定，若行为人的财产不足以承担刑事责任、行政责任和民事责任，民事责任优先，即优先用行为人的财产来承担民事责任。比如他要交罚金或罚款，还要向被侵权人支付赔偿金，他的财产不够全部负担的时候，先对民事责任进行赔偿。我强调侵权责任的优先性是指侵权责任作为民事责任，对其他法律责任来说，它具有优先性。侵权责任作为民事责任的一种和其他民事责任之间不存在优先性的问题，如果跟其他责任并存，会发生请求权竞合问题。我国法律规定，同一个行为既构成违约又构成侵权，行为人既可以承担违约责任又可以承担侵权责任，但是不能两种责任都承担，因为这两种责任的性质、目的是一样的，所以不能都承担，只能承担一种，承担哪一种由权利人选择。受害人可以要求他承担侵权责任，也可以要求他承担违约责任，但是受害人不能同时要求他承担两种责任。

侵权责任和违约责任的竞合主要产生于产品瑕疵造成的损害，产品瑕疵造成的损害可产生产品责任，但也可以产生违约责任。过去的法律规定中存在一个问题，如果受害人请求违约责任，按照违约责任，产品损失以外的损失属不属于合同损失？是不属于的，这一块很难请求。如果选择侵权责任呢？其他人身损害、财产损害都可以要求赔偿，但是难以包含对货物本身的损失的赔偿。现在的《产品质量法》已经解决了这个问题，按照现在的

《产品质量法》侵权责任都是可以要求承担的,产品本身的损失也可以包含在赔偿范围内。

侵权责任关系中权利人一方就是权利受到侵害的被侵权人,被侵权人享有的是侵权请求权,这是一个救济权。前面我们提到过侵权请求权跟绝对权的请求权区别在于,它属于救济请求权而不是原权请求权。绝对权的请求权是原权请求权,而救济请求权只有在权利受到侵害需要救济的时候才发生。侵权请求权的根本特点就在于它是救济请求权,这个请求权的基础也就是其发生的根据是什么?就是侵权行为。怎么证明存在侵权行为?需要有权利,要有权利被侵害的事实,侵权责任的被侵权人有权请求对相应人承担侵权责任。侵害责任人为什么要承担责任?因为侵权行为,但是并不是只要侵害了他人权利就要承担责任,让行为人承担责任的最终根据就是归责原则。

三、侵权行为的归责原则

归责原则指的是让行为人承担责任的最终根据。侵权责任的归责原则有一个发展过程,最初的侵权责任归责原则采取的是复仇主义,是以眼还眼、以牙还牙,只要发生了损害,造成损害的人就要承担责任,这种责任被称为结果责任,只要有损害后果就要承担责任,不能免责。古代最初的侵权责任也有免责事由,免责事由实际上是不可抗力,因为古代认为不可抗力是神的力量造成的,所以行为人不承担责任,后来出现了过错责任。让行为人承担责任,不是因为他造成了损害,而是因为他有过错。

过错责任最大程度地保护了行为人的行为自由,这在竞争时代是非常有意义的,是对竞争的一种鼓励。只要主观上没有过错,你的行为最后造成了他人损失,这是没有关系的。其实过错责任原则跟前面我们谈到的私法自治原则是联系在一起的,私法自治原则就是自己的事情自己决定,每个人都要对自己决定的事情负责,都要对自己能够自由选择决定的事情负责,如果行为人不能自由选择、自主决定自己的行为,就不需要负责任。如果行为人可以自由选择,但他选择错了当然要负责任了,这也符合矫正正义的正义观。因为行为人选择错了,造成了他人的损失,现在要把这种不正义矫正过来,他要承担选择行为错误的后果。

随着社会的发展,出现了一些新的问题,特别是在一些企业当中,因为机器的采用等一些新的风险因素的增加,受害人受到的损失可能会得不到救济。比如员工被机器弄伤了,企业不负责,因为企业没有过错,在这种情况下出现了很多社会矛盾、社会冲突、劳资纠纷,因此出现了新的一些理论,在归责原则上就开始出现了无过错责任,有人叫严格责任。实际上严格责任和无过错责任,我理解是有所不同的。严格责任相对过错责任来讲是严格的,它包括过错推定责任和无过错责任。现实生活中随着社会风险的增多,无过错责任已经成为侵权责任中一项重要的归责原则。我国法律规定的归责原则有哪些? 首先是过错责任。法律明确规定过错侵害他人民事权利应当承担侵权责任,过错责任是侵权责任的一般归责原则。什么是一般归责原则? 只要没有其他特别规定都要适用它,任何侵权行为只要法律没有特别规定,都适用过错责任。过错责任要求有过错才有责任,无过错就没有责任。

现代社会的归责原则多元化,除过错责任外,无过错责任也是我国法律规定的归责原则,即不论有无过错,法律规定承担侵权责任的,就应依照法律规定对损害承担侵权责任。

第二十一讲　数人侵权

今天我们谈的是数人侵权。数人侵权与一人侵权相对应，两个或两个以上的侵权行为人实施了侵权行为造成了同一个损害，即为数人侵权。如果是一个人的行为造成的损害，那就让这个人承担责任；如果是两个或两个以上的行为人实施了侵权行为造成同一损害的时候，就会涉及数人来承担，这几个人都要承担侵权责任。他们承担的是怎么样的一种责任？这是数人侵权中应该解决的问题。

一、数人侵权的责任形态

从侵权责任上来讲，有一人责任、数人责任、单方责任、双方责任等不同的类别。一个人对行为的损害后果负责是一人责任，如果是两个以上的人共同负责就是数人责任，若几个人都实施侵权行为，他们都要对侵权后果承担责任。我国法律规定了三种数人侵权责任形态：

（一）连带责任

两个以上的人侵权的时候，如果他们之间是连带关系，就承担构成连带责任。连带责任的特点是被侵权人可以请求任何一个侵权人或者全部侵权人承担全部的侵权责任，如果数个侵权人承担连带责任，被侵权人可以要求任意一侵权人承担全部或部分侵权责任。任何一个侵权人在没有承担全部的侵权责任以前，其责任都不能免除。比如，赔偿责任的数额是100万元，有3个人因共同侵权承担连带责任，其中一个侵权人已经赔了90万元，仍然不能免除责任，因为还有10万元没有赔。只有全部清偿完毕，侵权人的责任才能免除。这是对外部来说的，说的是侵权人和被侵权人之间的关系。

侵权人的责任是有份额的。每个人应该按照一定的比例来承担责任。如果某一个侵权责任人清偿的份额，超过了他应承担的部分，他可以向其他责任人追偿，这是连带责任的一个特点。

（二）按份责任

数个侵权人按照一定的份额对造成的同一个损害承担责任，即为按份责任。按份责任的特点是每个侵权行为人只对自己承担的责任份额承担清偿责任，超过这个份额是没有责任的。被侵权人只能要求某个侵权人就其份额承担责任，不能让其承担全部责任。实际上，每个侵权人的责任是独立的，跟其他侵权人没有关系。特定侵权人承担的责任份额是一定的。被侵权人只能要求侵权人承担该侵权人应当承担的份额，不可能要求他替其他侵权人清偿，如果侵权人多清偿了，就属于替人清偿或代人清偿，侵权人是可以要求返还的。

（三）补充责任

补充责任是指几个侵权行为人都对受害后果承担侵权责任。承担补充责任的债权行为人之间是有顺序的。首先应当由第一顺序的人就整个损害来承担责任，前一顺序人不能承担责任或者不能承担全部责任的，再由后一顺序的责任人来承担责任。补充责任跟连带责任、按份责任的区别在于，补充责任是有顺序的。连带责任的承担是没有顺序的，每个人都应当承担全部责任。补充责任跟按份责任的区别在于，补充责任没有份额，第一顺序的侵权人需要承担全部责任，当第一顺序的侵权人不能完全承担或不能承担的时候，再由后一顺序的人来承担补充责任。既然是补充责任，后一顺序的责任人不应当承担全部责任，只能承担补充责任。

从数人侵权的责任形态上来讲，有连带责任、按份责任、补充责任三种形态。从法律适用上来讲，我们需要注意，连带责任、补充责任都是法定的。法律规定承担连带责任才承担连带责任，法律规定承担补充责任才承担补充责任，如果法律没有特别规定，数人之间的侵权责任形态就是按份责任。

二、法律规定数人侵权中的几种情况

（一）共同侵权或共同加害

两个以上的人共同实施侵权行为造成他人损害的，即为共同侵权或共同加害，共同侵权的侵权人对损害承担连带责任。

什么是共同侵权？两个以上的人都实施了侵权行为，造成了同一个损害，这是数人侵权的基本特点。如果两个以上的人分别实施侵权行为造成了不同的损害，属于分别侵权，不是共同侵权。如果两个以上的人造成了同一个损害，则属于共同侵权。区分共同侵权和分别侵权的关键在于行为是不是共同。关于行为共同性的问题,有主观说和客观说。客观说认为只要两个人实施的行为,客观上具有关联性就构成共同行为。客观说最有利于保护被侵权人,因为共同侵权人承担的是连带责任。

《最高人民法院关于审理人身损害赔偿案件适用法律若干问题的解释》里曾对共同行为采取的是客观说,规定了数人分别实施侵权行为,客观上直接结合造成同一损害的,属于共同侵权行为。解释里区分了直接结合和间接结合,怎么算直接结合? 怎么算间接结合? 这是一个难解的题。一般来说,大家不认可以直接结合和间接结合区分行为是否具有共同性的观点,大家认可的是主观说。

怎么算主观关联? 主要有两种说法:一是意思联络说。行为人主观上有共同的意思联络,才会构成共同侵权。共同性表现在共同的故意上,联络只能是故意的,只有侵权人都是故意的,才是意思联络。这种观点最不利于保护被侵权人,因为其要证明侵权人有故意的意思联络行为,才能让侵权人承担连带责任。二是共同过错说。该说认为,侵权人不一定都有意思联络或故意,但必须都要有过错,可以都是故意,也可以某些是故意、某些是过失,或者都是过失,都可以构成共同侵权。现在大家比较赞同的是共同过错说,对同一个损害的发生主观上有共同过错的时候,构成共同侵权。

(二) 教唆、帮助行为

教唆、帮助行为的特点在于教唆人、帮助人不是直接实施加害行为的行为人,只是教唆他人去具体实施侵权行为,或者是帮助他人,为他人直接实施侵权行为提供一些条件。教唆人、帮助人并没有直接实施侵权行为,他们是通过他人去实施的,而他人是在教唆人的教唆下或者帮助人的帮助下才实施侵权行为造成损害的。教唆人、帮助人和直接实施侵权行为的人承担连带责任。

我国法律规定教唆、帮助无民事行为能力人、限制民事行为能力人侵权的行为人应当承担侵权责任。无民事行为能力人、限制民事行为能力的监护人没有尽到监护职责的，应当承担相应的侵权责任。对这一条怎么来理解？这是我们要考虑的。被侵权人可以要求教唆人、帮助人来承担全部的侵权责任。对直接实施行为的无民事行为能力人、限制民事行为能力人，监护人未尽到监护职责的，也要承担相应的侵权责任，被侵权人也可以要求直接实施行为的无民事行为能力人、限制民事行为能力人的监护人来承担侵权责任，监护人不能证明其尽到了监护职责就要承担责任。

监护人和教唆人、帮助人之间的责任是什么关系？这是最值得讨论、研究的问题，是连带责任，是按份责任，还是补充责任？还是像一些学者讲的不真正连带责任？如果是连带责任，被侵权人可以要求教唆人、帮助人，也可以要求被监护的监护人承担全部责任，但是他们的责任根据是不一样的，监护人基于监护身份承担责任，监护人如果承担全部责任以后，他可不可以向教唆人、帮助人追偿？教唆人、帮助人承担全部责任以后，可不可以向监护人追偿？这些问题我觉得应该从侵权行为的事实上去分析，如果教唆、帮助的是无民事行为能力人，他根本就没有意识能力，他是被人当成工具了。在这种情况下，应该由教唆人、帮助人承担全部责任，监护人承担责任以后完全可以追偿。为什么让监护人承担责任？因为他是无民事行为能力人的监护人。如果被监护人是限制民事行为能力人呢？应当说他有一定的意思能力，但是我国法律没有认可他有责任能力，在这种情况下，因为他没有完全的民事行为能力，还是应该由教唆人、帮助人承担主要责任。监护人承担责任是因为监护人没有尽到教育义务，我觉得监护人承担责任后也可以向教唆人、帮助人追偿。

现实中还有一种情况，教唆人、帮助人也是无完全民事行为能力人，最常见的是教唆人、帮助人是限制民事行为能力人。如果教唆人、帮助人和被教唆、被帮助的人都是无民事行为能力人和限制民事行为能力人,在这种情况下侵权责任怎么承担? 我主张双方的监护人承担连带责任,都承担监护责任。对被侵权人来讲,他可以请求任何一方来承担全部责任。从内部责任的分担来讲,最后有个份额确定问题。份额是怎么确定的? 我比较倾向于根据当事人在侵权损害当中所起的作用,根据原因力来分。哪个是主要原因? 哪个是次要原因? 哪个起决定作用? 哪个起辅助作用? 如果这些分不清,那就是等额了。

(三)共同危险行为造成损害

共同危险行为造成损害是《侵权责任法》①中就规定了的。共同危险行为,是指几个人在同一个时空当中,分别实施了会侵害他人权益的行为,其中某一个人或者某几个人的行为造成了同一个损害。共同危险行为的每一个人实施的行为都有造成这种损害的危险性,但是只有一个人的行为造成了损害,或者只有其中的几个人的行为造成了损害,而不是所有人的行为共同造成了损害,但又不能确定损害是由哪一个人或者哪几个人的行为造成的。比如,几个人同时开枪,把一个人打死了,那个人只中了一发子弹,不是所有人的子弹都中了,这个子弹是谁的枪里的不知道,大家用的都是同种型号的枪、同一种子弹,又是一块开枪的,确定不了是谁把那个人打死的,但是每一个人的行为都有危险性,都有造成这种损害的可能性。

共同危险行为造成的损害由谁来承担责任? 能够确定是谁的行为造成的损害,当然就由他来承担责任,其承担的不是共同危险责任。共同危险责任指的是确定不了具体侵权行为人的,由所有可能造成损害的行为人共同承担连带责任。有的人的行为同损害结果是不存在因果关系的,为什么又

---

① 《民法典》2021 年 1 月 1 日施行后,《侵权责任法》已失效并废除。

让其承担责任呢？实际上是法律推定其行为与损害之间有因果关系，不需要被侵权人去证明有因果关系，法律上推定其要负责任。但是法律上的这种推定也不是不可以推翻的。若想推翻法律的推定，实施共同危险行为的被告需要举证证明自己的行为同损害结果之间不存在因果关系。怎么证明？法律规定必须确定具体的侵权人。你不能说这不是我打的，这不是我的行为造成的，你需要证明这是谁的行为造成的，确定了具体的侵权人，你才可以不承担责任，确定不了就要承担连带责任。共同危险责任的出发点是维护被侵权人的利益。因为被侵权人无法证明是谁造成的损害，只能证明侵权人的范围。谁是具体侵权人，由可能造成损害的人来证明，证明是谁就由谁来承担责任，证明不了，可能造成损害的人都承担责任。法律就是基于这样一种观点，出于维护被侵权人利益的需要规定了共同危险责任。

前面这几种情况中侵权行为人都是共同实施侵权行为的，连带责任基于这种共同性。现实中数人侵权并不都是共同实施的，还有分别实施的。分别实施侵权行为造成同一损害后果有两种情况：第一种情况是每一个侵权行为人的侵权行为都足以造成全部损害。这一个人的行为跟损害后果之间有因果关系，另外一个人的侵权行为也足以造成全部损害，也与损害后果之间具有因果关系，这种情况下的因果关系，在理论上被称为累积因果关系，也称为并发因果关系。

有人把这种分别侵权行为称为并发的侵权行为，由于每一个侵权行为人的行为足以造成全部损害，因此每一个侵权行为人都应该对全部损害承担责任，每一个侵权行为人都应当承担全部责任，也就是连带责任，在这种情况下，侵权行为人尽管分别侵权也承担连带责任。比如，甲和乙给丙投毒，甲的毒药足以把丙毒死，乙的毒药也足以把丙毒死，两份毒药都足以把丙毒死。或者甲给丙下毒，下的毒药足以把丙毒死，乙往丙的心脏狠狠地捅了一刀，也足以让丙死亡。甲和乙需要承担连带责任，即对损害后果负全部责任。问题是一个侵权行为人承担了全部责任以后,对其他的侵权行为人能不能追偿? 我国法律是没有规定的,但是按照我国法律对民事连带责任的规定来讲,连带责任是对外的,对内来讲仍然是有份额的,在这种情况下,他应该是可以追偿的。如果不能追偿的话,一个人承担了责任,另外一个人就完全没有责任了,这也不合理。承担了全部责任的侵权行为人可以向其他侵权行为人追偿,他们之间的份额怎么来确定? 我觉得份额相等,因为每一个侵权行为人的行为都足以造成全部损害,不存在谁的责任大、谁的责任小的问题。

第二种情况是每一个侵权人的行为都不足以造成全部损害,各个侵权行为人的行为结合在一起,才造成了同一个损害。从因果关系上来说,每一个侵权人的行为都是损害发生的原因之一,分别实施的行为属于多个原因,但是造成同一损害后果,属于"多因一果",即这几个原因共同结合在一起,造成这样的一个损害后果,这种情况属于分别侵权。在这种情况下,数个侵权行为人对同一个损害后果承担按份责任,每个侵权行为人都只对他应当承担的份额负责。

怎么确定各个侵权行为人的份额? 确定侵权行为人的份额一般要考虑两个因素:一是过错的程度。谁的过错大谁就多承担,过错少的、过错程度相对低的,当然就少承担一点。二是原因力。侵权行为人的行为在造成损害中所起的作用即原因力,根据原因力的大小来确定份额。一般是根据这两个要素来确定,如果以此确定不了,那只能份额相等。

在确定份额比例上有各种办法,美国法上有市场份额比例原则。这一原则源自一个案例:一个人的母亲怀孕的时候吃了一种药,对他的健康造成损害,他就起诉药厂要求赔偿。可是他母亲吃的这种药是哪个厂家生产的不知道,这种药若干的厂家都生产,然后他就把各个厂家都告了,最后法院根据每个厂家生产的这种药品在市场上的占有份额来确定各被告的责任比例。现在典型的按比例赔偿发生在共同污染中，几家企业排放污水，每家企业排放的污水都控制在法定标准以内，都没有超标，但是一起排放就超标了，河水就被污染了，按照现行法律的规定，各个企业承担的是按份责任。份额怎么来确定？这就需要看排污量，你家排多大的量，他家排多大的量，按照这个比例来确定。类似这种情况中比例是比较容易确定的。但是有些情况中比例确实是不好确定的，比如，甲把乙一拳打倒了，丙也打了乙一拳，两拳把乙打伤，甲、丙两个人分别实施了侵权行为，没有共同过错但是造成了同一个伤害，过错程度差不多，原因力也不好确定，这种情况下我觉得只能是份额相等了。

在数人侵权的情形中，还可能发生补充责任，我们现行法律规定的补充责任主要是安全保障义务当中的补充责任，主要是无民事行为能力人和限制民事行为能力人在教育机构内学习生活期间受到第三人损害的时候的补充责任。

除我们前面讲的几种责任形态，理论上还有一种"不真正连带责任"。不真正连带责任类似于我前面讲的并发的侵权行为造成同一损害时的情形。不同的原因造成了同一个损害，每一个原因的行为人都应该对这个损害后果负全部责任，而每一个人就他人的损害承担责任以后，另外一个人的责任也就消除了。他们之间可不可以追偿也取决于法律的规定。如果法律没有规定可以追偿，那就不可以追偿；法律规定可以追偿，那就可以追偿。我国法律明确规定并发的侵权行为人承担连带责任，而按照连带责任的构成来讲，责任人之间是可以追偿的。

教唆、帮助无民事行为能力人和限制民事行为能力人承担责任的时候，监护人的责任和教唆人、帮助人之间的责任是什么关系？有一种观点上认为它是一种不真正连带责任。教唆人、帮助人基于教唆、帮助行为应当对损害承担责任；监护人基于监护关系、监护人的身份，对无民事行为能力和限制民事行为能力的被监护人实施的侵权行为承担责任。这两个责任的产生原因是不同的,但是每一个人都应当对损害承担全部责任,其中一个人承担了,另外一个人的责任就免除了。承担责任的这个人可不可以追偿? 如果明确规定了这种责任是连带责任,那肯定要追偿,但是法律没有明确规定。监护人承担责任后应该是可以向教唆人、帮助人追偿的,因为毕竟侵权行为人是在教唆人、帮助人的教唆、帮助下造成损害的,教唆人、帮助人是对侵权行为起决定性作用的。

第二十二讲　损害赔偿

　　今天我们聊的是损害赔偿。损害赔偿是侵权责任的承担方式中的重要问题。侵权责任的承担方式当然是有很多的,包括一些预防性的侵权责任承担方式,《民法典》侵权责任编也做了相关的规定,适用于侵权造成不良状态的情形。侵权中通常的情形是损害后果已经发生,不单纯造成不良状态或不良后果,这种情况下的责任承担方式主要是损害赔偿。侵害人身权利的责任承担方式是赔礼道歉、恢复名誉、消除影响,这些不是财产上的责任,财产上的责任就是损害赔偿。传统民法讲到侵权责任就是损害赔偿责任,这是一个根本性的问题,赔偿损害即为侵权人以金钱来赔偿被侵权人的损害。

一、损害赔偿的规则

　　确定损害赔偿的时候应该遵循哪些规则? 怎么来确定赔偿的范围? 赔偿的数额有多少? 这就涉及损害赔偿的规则。

　　一是完全赔偿规则,损害有多大就赔偿多少。损害赔偿是以补偿被侵害人的损害为目的的,因此它应当在损害范围之内,损害的范围有多大,赔偿的范围就有多大。我们讲到侵权责任损害赔偿规则的时候,在完全赔偿规则中有两个例外的规则要注意:第一个例外是法定赔偿限额。针对高度危险责任,法律规定有赔偿限额,只能在这个限额内进行赔偿,损害超过了这个限额,法律的规定是不赔偿。实际上在运输合同赔偿责任中货物运输的货损赔偿也是有限额规定的。又如针对核事故造成的损害,国务院有明确规定的赔偿限额。第二个例外是惩罚性赔偿。损害赔偿是补偿性的赔偿,以补偿损害为目的,损害多少赔偿多少。惩罚性赔偿不是这样的,还要给予侵权人一定的惩罚,因此赔偿的范围、赔偿的数额会超过损害的范围、损害的数额。惩罚性的赔偿必须是补偿性赔偿数额的倍数,最少是一倍。

二是与有过失规则或过错相抵规则。受害人(被侵权人)对损害的发生和扩大也有过错的,要减轻侵权人的侵权责任,这部分的损失受害人(被侵权人)要自己承担,因为其是受害人的过错造成的。为什么现在讲的是与有过失规则而不叫过错相抵规则?因为双方都有过错的时候才适用过错相抵规则。在无过错责任中可不可以适用这个规则?受害人一方有过错,会不会减轻侵权人的责任?赔偿范围是不是要考虑?在上述情况下侵权人的问题,无论有没有过错都要承担责任。所以与有过失规则的提法比较准确,按现在《民法典》的规定,不管侵害人有没有过错,反正受害人有过错,就可适用这一规则。

三是损益相抵规则。侵权人造成损害的时候被侵权人基于损害发生的原因同时得到利益的,应当通过从受损害的数额当中减去这个利益来确定赔偿数额。比如,一栋房子因为侵权人的行为倒塌了,这栋房子值100万元,损失100万元,可是材料还值10万元,那侵权人就应赔偿90万元。实务中的操作可能是让侵权人赔偿90万元,也可能是材料给侵权人,他赔给受害人100万元。

哪些利益是可以扣除的？这是很重要的一个问题。涉及的保险赔偿金额能否扣除？《保险法》中的人身保险和财产保险是不同的，人身保险赔偿金是不能扣除的。一个人对自己的人身进行投保，被第三人侵害的时候，被侵权人可以基于保险合同获得人身保险赔偿金；第三人侵权侵害造成损害的时候被侵权人可以向第三人要求赔偿。第三人的赔偿数额不能扣除保险金的数额，保险金的赔偿也不能扣除第三人的赔偿数额，也就是说被侵权人得到的赔偿可以是双份的，这是《保险法》中规定的。如果是财产保险，情形不同，一辆车投保了财产险，现在这辆车被第三人弄坏了，车坏了受害人可以要求保险公司赔偿。第三人把我的车弄坏了，我也可以让第三人赔偿。《保险法》中也有规定，保险公司给被侵权人赔偿了，被侵权人的侵权请求权就转让给保险公司了，保险公司可以向第三人追偿。被侵权人在第三人那里取得的赔偿数额，保险公司会从保险金中扣除。

现在比较有争议的问题是工伤保险。我国法律只规定了职工造成第三人损害的时候用人单位的责任。用人单位的责任本来包括两部分：一是职工造成第三人损害时用人单位承担的责任；二是职工在工作期间受到损害时用人单位应承担的责任。《侵权责任法》和《民法典》对用人单位一直没有规定用人单位的后一种责任，因为用人单位与职工有劳动合同关系，基于劳动合同关系用人单位需要交纳社会保险，一旦职工受到损害，他享受工伤保险待遇，可以请求工伤保险，用人单位就不用承担责任，工伤保险金由用人单位缴纳。

如果是第三人造成损害呢？受害人当然既可以要求社会保障支付工伤保险金，又可以要求第三人赔偿，受害人能不能双份兼得？对此，理论界有完全不同的观点，而且多数人倾向于不能兼得。我主张应该兼得，因为这是两种不同性质的赔偿，第三人侵权造成的损害，受害人应该得到赔偿。工伤保险类似于人身保险，只不过人身保险是商业保障，工伤保险是社会保障。

另外,受害人受到损害后可能会得到社会各界的慰问或者资助等。比如,有的人受伤很重,他在网上发个帖子,许多人寄来慰问金。这也是因同一损害得到的利益,如果没有这个损害也就没有人给侵权人慰问金。慰问金的数额也不能扣除,性质完全不同。如果是侵权人给的是可以扣除的,比如说你受害了,侵权人把你送到医院并且给你2万元,最后确定赔偿数额的时候是可以从中扣除的,但是其他人给的不可以扣除。社会救助、社会救济不属于损益相抵规则中受益的部分。

损害赔偿当中还有一个规则,学理上都认可,但是法律中没有明确规定,即利益衡平规则抑或损害减损规则抑或酌减规则。在确定损害赔偿数额的时候,应当考虑双方的利益,基于侵权人的具体情况可以酌情减少赔偿数额,这也是完全赔偿的例外规则。适用利益衡平规则必须分清责任,首先要确定完全赔偿的数额,在此基础上进行酌减。如果基于损害的赔偿数额很大,侵权人如果完全赔偿会使他自己的生活陷入绝境,也就是会造成生存上的困难,这时可以考虑适用利益衡平规则。

我记得有这样一个案例,栖霞市有一个农民买了一辆拖拉机,打算出门找活干,结果一出门就发生事故,压死了一个孕妇,农民家里什么都没有,好不容易借钱买了一辆拖拉机,出了事故农民本身也受到损害,如果要完全赔偿,农民倾家荡产也赔不起,这种情况下是不是要考虑适用利益衡平规则,适当地减少赔偿数额?适不适用利益衡平规则需要考虑的情况有很多。首先侵权人不能是故意的,故意侵权是不行的,必须是过失,他不希望事情发生,之前我提到过一个可预见性规则,实际上可预见性规则规定在《合同法》①中,在《侵权责任法》②中没有规定,但是是不是可以在侵权责任的判定中考虑适用这个规则?比如,我们前面谈到的天价葡萄、沈阳故宫石狮案

---

① 《民法典》2021年1月1日施行后,《合同法》已失效并废除。
② 《民法典》2021年1月1日施行后,《侵权责任法》已失效并废除。

中，可以考虑适用这个规则。

二、人身损害赔偿

侵害人身造成被侵权人财产损失的，侵权人给予赔偿，这是《侵权责任法》①和《民法典》都明确规定的。侵害人身是指侵害人的身体，从权利上来说是身体权、健康权、生命权。侵害人身首先会发生身体健康的修复问题，现实利益可以是医药费等，可得利益损失就是误工损失，需要具体情况具体分析。比如医药费必须是治疗伤害而花费的费用，你本来有糖尿病，结果被人打伤而住院，治糖尿病的支出不能算在里面。现实利益只能是因为伤害而发生的现实费用，而且所有的费用都应当以实际需要为准。比如营养费，你需不需要补充营养，这需要由医生来确定。再比如护理费，你要不要护理，需要几个护理，这需要根据治疗的效果来决定，不能一个人受伤了，家里谁有空谁来护理，让侵权人承担全部的护理费，这要看你需不需要这么多人来护理。交通费也是这样的，你需要乘坐什么交通运输工具，要根据当时的实际情况来确定。现实生活中有很多人认为，反正我受伤了，我花了多少钱，你就要给我赔多少钱，这是不可以的。

关于误工损失，《最高人民法院关于审理人身损害赔偿案件适用法律若干问题的解释》关于赔偿范围的标准就有这种规定，比如，误工天数计算到定残日的前一天。造成残疾的需要赔偿残疾辅助器具费和残疾赔偿金。根据相关医疗机构的鉴定意见，需要什么样的残疾辅助器具就用什么样的残疾辅助器具。麻烦的是残疾赔偿金，残疾赔偿金赔偿的是什么？有不同的观点。

---

① 《民法典》2021年1月1日施行后，《侵权责任法》已失效并废除。

第一种观点认为赔偿的是所得丧失。我没有残疾以前收益是多少，因为残疾我不能得到这些收益，这些就是损失，应按照损失的数额对我进行赔偿。这种观点最符合完全赔偿的要求，可是它存在一个问题，有收益的比较好办，以前我一个月收益 10 000 元，现在因为残疾我收益不到了，那你一个月需要赔偿我 10 000 元，这就是损失。没有收益的怎么来确定？这就比较麻烦了。对方可能说，你现在说你一个月收益有 10 000 元，是不是一直是 10 000 元？可能你岗位下调，给你 5 000 元、2 000 元了呢？有不确定的因素。

第二种观点是生活来源丧失说。如果我没有残疾我能保证自己的生活来源，现在残疾了就失去了生活来源，你应该赔偿我这部分的损失。按照这个标准，赔偿的数额能维持他的基本生活需要就够了，这个赔偿是最不利于被侵权人的，因为相对来说数额很低，而且与他实际减少的损失可能差距很大。

第三种观点是劳动能力丧失说。残疾本身就是劳动能力的丧失，因此残疾赔偿金赔偿的应该是因劳动能力丧失而不能得到的收益。这种观点相对来讲是比较合理的，残疾赔偿需要按照伤残等级的各个方面来确定，不是按照他原来的收益来确定，也不是按照他的基本生活需要来确定。

再一个是造成死亡的，当然需要赔偿丧葬费和死亡补偿金。关于丧葬费的赔偿，《最高人民法院关于审理人身损害赔偿案件适用法律若干问题的解释》规定了一个标准，有一种理论认为丧葬费不应当赔偿，因为人早晚会死亡，一定会产生丧葬费，它不是因为侵权而产生的费用，这种说法不能说没有道理，但是如果没有你的侵权，我也不会这个时候死，我不用在这个时间支出，之所以在这个时间支出丧葬费，是因为你的侵权行为，所以你还是应当赔偿的。法律明确规定是要赔偿的，但是丧葬费的赔偿不是按照实际支出的费用赔偿。

死亡赔偿金是比较麻烦的。死亡赔偿金的性质是什么？有不同观点。一种观点认为，死亡赔偿金是被抚养人的抚养费的丧失。生前，抚养费是由被侵权人来支付的，现在他死亡了，这个费用侵权人是要负担的。另一种观点认为，死亡赔偿金是继承利益的丧失。被侵权人如果不死亡，他会得到这些财产，这些财产是由继承人来继承的，现在他死亡了，继承人将来要继承的这份利益丧失了，因此要赔偿，应当说这种观点比较合理。

怎么确定人身损害赔偿的数额？《最高人民法院关于审理人身损害赔偿案件适用法律若干问题的解释》里也有规定，该规定最大的问题是它根据被侵权人的户籍来确定不同的赔偿标准。你是农村户籍就按照农民上一年度的收益标准来计算，你是城市户籍就应当按照城镇人口上一年度的收益来计算。比如，城市户籍的一个小孩到农村户籍的一个小孩家里玩，两个小孩一起出去，结果被害了，得到的赔偿会完全不同。城市小孩可能会得到50万元或60万元，农村小孩可能会得到8万元或10万元，会出现"同命不同价"问题。

《侵权责任法》①在制定的时候，对农村户籍和城市户籍居民能不能适用同一人身损害赔偿标准有很多争议。《侵权责任法》也没有规定同一标准，但是《侵权责任法》②有一条规定，同一侵权行为造成数人死亡的，可以确定同一的赔偿数额。然而规定的是"可以"，而不是"必须"。为什么针对同一个侵权行为要这么确定赔偿数额呢？因为这比较方便，一下就能解决完毕，否则一个一个去确定是很麻烦的，浪费司法资源，而且需要做很多的工作，这等于是一揽子买卖。

人身损害赔偿的死亡赔偿金应该怎么确定？实际上我比较主张死亡赔

---

① 《民法典》2021年1月1日施行后，《侵权责任法》已失效并废除。
② 《民法典》2021年1月1日施行后，《侵权责任法》已失效并废除。

偿有两块：一是生命价值的赔偿；二是收益的赔偿。生命是无价的，没有办法固定，但是应该确定一个基本的额度，比如造成一个人死亡就应该赔偿多少。然后根据收益的差距规定不同的赔偿金这一块需要再调整一下。《侵权责任法（草案）》中曾经提到过有一个中间线，然后上下浮动，这是比较合理的。

最初精神损害赔偿、精神抚慰金包括在残疾赔偿金和死亡赔偿金，后来《最高人民法院关于审理人身损害赔偿案件适用法律若干问题的解释》就没有规定这一块了。现在来讲，假如按照 20 年赔偿金来计算，都是以死亡人 20 年计算收益，被抚养人的抚养费是不是应该包括在这里面？有人说包括在里面，有人说不包括在里面。如果说包括在里面会出现一个问题：有抚养人和没有抚养人都按照 20 年来计算，这怎么回事？我觉得它也解释不了，我们需要考虑被抚养人的问题。司法解释里面讲了被抚养人的费用怎么来计算，比如说未成年人到 18 周岁、成年人 60 周岁以上的如何来计算，司法解释中都有这个规定。如果按照最高人民法院的计算公式来讲，我比较倾向于它是单独计算的。

三、侵害人身权利的损害赔偿

侵害人身权利是指侵害被侵权人的身份权利和人格权利。身份权利主要是监护权、配偶权、亲权；法律明确规定的人格权利是身体权、健康权、生命权、姓名权、名称权、名誉权、肖像权、荣誉权、隐私权等等。身体权、生命权、健康权这三项人格权在理论上被称为"物质性人格权"。物质性人格权是以身体的物质作为载体的人格权利，人的身体是一个物质体，以它为载体的人格权利是物质性人格权。侵害人身的损害赔偿责任实际上是侵害身体权、生命权、健康权的损害赔偿责任。

现在讲侵害人身权利的损害赔偿,这里的人格权利不包括物质性的人格权,应该指的是精神性的人格权。侵害身份权利也会造成财产损失,因为这些人身权利尽管本身不直接具有财产价值,但是它会给权利人带来财产利益,这些权利一旦受到侵害会使权利人应当得到的财产利益不能得到,不应当支出的财产利益增加,不应当减少的财产利益会减少、会丧失。比如,现实生活中亲权受侵害权利人丧不丧失财产利益? 肯定丧失。有人几十年的股东都不干了,到处寻找他的儿子,最后要鉴定、验血、验亲,这些都需要费用,都属于他的财产损失,这都是侵害亲权造成的损失。

拐卖未成年人在民事上就是典型的侵害亲权的行为。有些人格权利本身就会带来财产利益。名誉会影响收入。一个好律师在一个好的律师事务所工作,他的收入是会高的;一个名声不好的律师,好的律师事务所是不会要他的,他的收入就不会高。好的声誉会给企业带来好的名声,那它的产品当然会销售得好了,它的收益就会增加。对信用的利用会带来财产价值。现在人格利益的商业化利用会带来很高的收入。隐私看似也没有什么财产价值,但是权利人可以利用它来获取收益,利用隐私素材来创作,这会带来收入。

怎么构成对其他人身权利的侵害? 特别是人格权,恐怕要结合《民法典》人格权编的规定来看是不是构成对这种权利的侵害。比如说关于姓名权和名称权,《民法典》人格权编中明确规定了"干扰、盗用、冒用他人姓名、名称"都会构成侵权。干扰他人姓名使用是干涉使用权的表现,没有法律根据地规定必须使用什么名字或者不能使用什么名字,这就是干扰。再就是盗用他人的姓名或者名称,现实生活中有很多,有的不知道在哪里合成一张自己和他人的合影挂在墙上,这就是盗用了别人的名义。之前有人找我说:"你有一个叫王磊的博士做了什么事情?"我说:"我不认识这个叫王磊的博士",他打着我的名义说是我的博士,这也是在盗用我的名义。盗名无非是两个作用:一是抬高自己的身价,谋取不当的利益;二是盗用他人的名义做坏事,嫁祸于人。像古代小说写的那样,杀了一个人在墙上写了一个"死"字并且写上名字,有的写自己的真名,有的写的不是自己的名字,是别人的名字,让大家认为人是别人杀的,嫁祸于人,这就是盗名。

再一个就是冒用他人的名义。前段时间讨论的冒名顶替上学,就是典型的冒用他人的名义。这些侵权人必须是故意的,不是故意的不能构成侵权。比如,国务院原总理叫李鹏,还有其他人也叫李鹏,这不属于冒用他人名字,是不会构成侵权的,尽管同名的情况,可能会给其中一个人带来一定的利益,那也不会构成侵权。再比如,现在有些人养宠物,有人给宠物起的名叫"阿猫、阿狗",结果你家的小孩也叫"阿猫、阿狗",这时候你不能说人家侵害了你的小孩的姓名权,或者说是在侮辱你,对方是无意的。如果是故意的就不一样了,我跟那个人是仇家,我对他有意见,我给狗起的名字就叫他的名字,这就是对他的侮辱,侵害了他的名誉权。侵害姓名权、名誉权会造成损失,这个损失一般按照使用许可费的标准确定,使用许可费有很客观的标准。侵害肖像权也是这样,侵害肖像权的一般的损失标准是可以使用肖像的费用的标准。

侵害人身权利的损失怎么来确定?法律规定了两个确定范围:一是被侵权人的损失,你有多少损失就需要证明多少损失;二是损失不能确定的,可以根据被侵权人得到的收入确定,即侵权人因为侵权得到多少收入,按照这个数额进行赔偿。在确定侵权人的收入上,你不能把他全部的收入都作为你的损失来请求。比如他利用你的肖像去做广告,做广告增加的营业收入不完全是你的肖像权的作用,要把他相应的费用扣除。如果这两种方法都证明不了的话,你只能跟侵权人协商赔偿数额,按照《民法典》的规定,双方协商不成的,向人民法院提起诉讼的,由人民法院根据实际情况来判决,也就是说自由裁量权在法院手里,由法院来确定。因为这两种办法你都证明不了,你又协商不成,法院只能根据具体的情况来确定。前一段时间我看《人民法院报》登了一个案例,杭州的一个网红叫李佳琦起诉两家公司,这两家公司侵害了他的姓名权、肖像权。李佳琦要求赔偿的数额是106万元,法院最终判了16万元,法院判决里提到因为李佳琦证明不了他的损失,他也证明不了两家公司的收入,双方又协商不成,根据他的知名度以及具体的情况,最终判了16万元,这就是自由裁量权的体现。

四、侵害财产的损害赔偿

还有一种情况是侵害财产的损害赔偿。侵害财产包括侵占财产,也包括损害财产。侵占财产时首先应当是返还财产,财产有损失的才赔偿损失。损害财产时首先应恢复原状,能够修复的、有必要修复的,先恢复财产原状,财产有损失的还要赔偿损失。侵害财产的损害赔偿是对侵害财产权利造成的受害人财产损失的赔偿,这个损失包括两部分:一是实际损失,即现有财产价值的降低;二是可得利益的损失,即没有侵权行为就可以得到的利益的损失。比如,一个人的运营车辆被损毁了,这辆车的修复费用当然是现实损失,这辆车修复以后也会贬值,价值的贬值也是现实损失。这个人的运营车辆被损害了,这段时间他不能去跑运输了,运营损失就是可得利益损失,这些损失都是赔偿范围之内的,都属于财产损失,侵权人应当予以赔偿。

怎么计算损失?有两个问题:一是以什么时间为准?二是按照什么方式来确定?《民法典》中作了规定,以损失发生的时间为准。理论上有不同的观点,有人主张以诉讼辩论结束为准,有人主张以作出判决的时间为准。我国法律规定以损失发生之日来计算损失,因为在损失没有发生、没有确定以前,损失还不能确定,当然不能开始计算。而这个损失发生以后,这个财产本身的价值确实可能会增加或减少,但这不是损失的问题,是损失的变化问题,所以应以损失发生的时间为准。计算方式是以当时、当地的市场交易交换价格为准,当时的市场价是多少就是多少。但是没有市场价格或者不能估价怎么办? 比如车辆价值的减损。一辆新车被撞坏了,修好后,价值肯定是会减损的,价值的减损按照什么来确定? 它是没有市场价格的,这恐怕只能按照鉴定机构的鉴定来确定。

我们还有必要谈一下侵害知识产权的损害赔偿。《民法典》在损害赔偿这一章里专门有一条规定了侵害知识产权的惩罚性赔偿,现行法律规定的惩罚性赔偿主要是三块:一是侵犯知识产权的侵害赔偿;二是产品缺陷造成人身伤害的赔偿;三是环境污染破坏生态的惩罚性赔偿。知识产权也是财产权利,但法律对侵害知识产权的损害赔偿作了特别规定。

对侵害知识产权的行为适用惩罚性赔偿,必须具备两个条件:一是行为必须是故意的,如果不是故意的,不能适用惩罚性赔偿;二是行为是严重的,如果不严重也不能适用惩罚性赔偿。怎么算严重? 需要根据具体情况来判断,一般来讲多次侵权就算严重。对侵害知识产权的行为适用惩罚性赔偿是非常重要的,这主要是由知识产权的权利性质所决定的。知识产权在知识经济时代是有重要意义的。什么叫有核心竞争力? 你得有知识产权,才有核心竞争力。知识产权的取得很困难,而被侵犯很容易。怎么提高人们创造的积极性? 就要保护知识产权,防止它被侵害。知识产权还有一个特点,一旦被侵害了是难以被恢复的,它跟一般财产不一样,难以恢复到原来的状态。

确定侵害知识产权造成的损失有两种方式:一是侵权人的收益;二是被侵权人的损失,损失一般按照许可费来确定。比如,没有经过我的许可你使用了我的商标,我减少的收入就是许可费的数额,损失是这样确定的。我们需要注意的是,对于侵害知识产权的行为法律都规定了法定赔偿额,如果被侵权人的损失不能确定,侵权人的可得利益不能确定,双方进行协商,协商不成的时候,法院要根据一个法定的赔偿数额来确定。比如《商标法》里规定的是 500 万元,法院根据这个数额来确定。我要强调的是侵害知识产权的惩罚性赔偿不同于法定赔偿,法定赔偿可能本身就存在惩罚性,但是法定赔偿仍然是补偿性赔偿,不属于惩罚性赔偿。刚才我提到惩罚性赔偿,必须是补偿数额的倍数,这是我们在实务中要注意的问题,不要在适用惩罚性赔偿的时候以法定赔偿额为标准,那只是一个基数。

五、精神损害赔偿

精神损害赔偿是指侵权人侵害被侵权人的人身权利,或者具有特定人格意义的特定物,造成被侵权人的精神损害,侵权人给予的金钱赔偿。精神损害就是精神痛苦,对于精神损害能不能适用赔偿,能不能适用金钱的方式进行救济,曾经是个有争议的问题,一种观点认为因为精神损害是精神痛苦,是金钱没办法估价的,是不可估价的,因此不能适用金钱赔偿,这是反对精神损害赔偿最主要的理由。我国在《民法通则》中就认可了精神损害赔偿,精神损害赔偿就是精神抚慰,所以有人叫它精神抚慰金或精神损害赔偿金。

精神损害赔偿实际上有两个价值层面的意义:一是对被侵权人给予一定的经济上的救助、安慰、抚慰;二是具有预防侵权的效力。让造成他人精神痛苦的人赔偿可以预防类似侵权行为的发生,它有这样一个价值层面的意义。按照我们国家的法律规定,必须造成严重的精神损害才发生精神损害赔偿。怎么算严重?这是非常值得考虑的,有学者提出来,就不应该规定"严重"这个词,是否严重本身就确定不了,造成精神损害就应该赔偿。我国法律规定"严重"一词目的是要求精神损害要达到一定的程度才赔偿,不能说一有精神上的痛苦就要求赔偿，我打你一拳，你疼不疼？当然疼了，有的时候疼得很厉害，造成了精神损害，你能要求精神损害赔偿吗？恐怕不行。具体来讲，怎么确定严不严重？恐怕要根据具体侵权行为的各种因素、各个情节的具体状况来确定。我觉得精神损害的严重恐怕不能按照主观标准来判断。不是说主观上感觉到很痛苦、很严重就是严重，主观上感觉不到就不算严重，不能这样来确定。

这里涉及一个问题，对侵害他人人身权造成植物人的人，被侵权人能不能要求精神损害赔偿？对这个问题是有不同观点的。有人说植物人有什么痛苦？他什么都不知道，那还有什么精神损害？都已经造成植物人了，意识都基本丧失了，当然属于严重损害，所以，是否严重应该是一个客观的标准。而且从精神损害赔偿的功能上来讲，如果在这种情况下不适用精神损害的赔偿，那不就相当于鼓励这种行为了，这是不利于预防侵权的。意识丧失构成植物人的受害人，也可以请求精神损害赔偿。

我们国家原来规定侵害人身权利造成精神损害的情形中可以适用精神损害赔偿，后来最高人民法院的司法解释规定具有特定意义的人格利益的特定物受到损害造成严重精神损害的情形中，也是可以适用精神损害赔偿的。《民法典》吸收了司法实务中的规则，明确规定了对侵害具有特定意义的人格物造成精神严重损害的行为人，也可以请求精神损害赔偿。这涉及人格物的问题。

人格物是具有特定人格意义的物品，首先是个"物"。人格物的概念是美国的一个学者最先提出来的。物包括有生命的物和没有生命的物，没有生命的物分为动产和不动产，有一些物不同于一般的动产和不动产，它的价值不在于其财产价值上，而在于其精神价值。它给权利人带来的利益不是财产利益，而是精神利益，这样的物就属于人格物。

哪些物是人格物？对这个问题是有一定的争议的。家传、祖传的一些物品,具有一些特别纪念意义的婚礼录像,还有坟墓,像这样的一些财产构成人格物是没有多大的争议。现在比较有争议的是宠物,有的人养了一条宠物狗,遛狗的时候被汽车压死了,主人哭得不行。他可以要求赔偿的是狗的价值还是可以要求精神损害赔偿? 对此有不同的观点。有人认为,宠物不是人格物,因为人格物本来就是无生命的物,有生命的物不能成为人格物。对宠物的侵害应该适用关于动物特别保护的一些规定。还有人认为,宠物是不是构成人格物需要具体分析,如果宠物跟饲养人确实构成了一种特殊的情感关系,宠物也可以作为人格物来对待。当然,一般来讲不应当将宠物作为人格物来处理。

精神损害赔偿中要注意精神损害不仅是严重的,而且必须侵害了人身权利或具有特定纪念意义的人格物才可以。对非因侵害具体的人身权利而造成的精神损害可不可以赔偿? 这种损害属于一个纯粹精神损害。什么是纯粹精神损害? 侵害人没有侵害你的人身权利,也没有侵害你的人格物,但是确实给你造成了严重的人格损害。比如,一个人在马路边散步,突然看到另一个人被一辆车撞飞并死亡,他吓了一跳,被撞死的这个人跟他没有关系,也不是他的亲属。他受到了精神上的恐吓,回来以后经常做噩梦,他精神上痛不痛苦? 精神损害严不严重? 是严重的,但是这是纯粹精神损害,我国还不承认这种精神损害赔偿。纯粹精神损害跟纯粹经济损失是不一样的,对纯粹经济损失法律规定可以赔偿的时候,是可以要求赔偿的,只是一般也不赔偿。

关于损害赔偿还有两个问题需要说一下。一是关于损失的公平分担问题。一个人在其侵害行为给另外一个人造成损害的时候需要承担赔偿责任,如果都没有过错怎么办? 这是损失分担问题,也就是通常理论上常说的公平责任问题。对于公平责任是不是侵权责任的归责原则,有不同的观点。一种观点认为,它是归责原则;一种观点认为,它不是归责原则,还有人认为它是兜底原则。从法律规定来分析,我觉得公平责任绝对不能是归责原则,我们现在所说的公平责任原则来源于《民法通则》第 132 条①,《民法通则》第 106 条②规定的是侵权责任的归责原则,其规定在民事责任的一般规定里。《民法通则》在侵权责任这一节中的第 132 条才规定:"对损害发生双方都没有过错的,由双方来分担原则。"《侵权责任法》③第 6、7 条分别规定了过错责任原则和无过错责任原则,而对于公平责任规定在第 24 条。从体系上来解释,不可能中间隔了这么多条文,然后又规定一个归责原则,所以公平责任肯定不是一个归责原则。

《民法通则》④中规定:"当事人双方对损害发生都没有过错的,由双方来负担责任。"

该条规定在实务中被一定程度上滥用,出现了"公平责任是个筐,什么东西都往里装"的情况。法院审理中,确定不了谁有过错时,就适用公平责任,造成了公平责任的滥用。所以在理论上就出现了否定公平责任的观点。在《侵权责任法》立法的时候,对公平责任应不应当规定有两种不同的观点。一种观点认为,不应该规定。另外一种观点认为,确实存在双方都没有过错的情况,这种情况下的损失由谁来承担? 如果让受害人自己来承担也是不公平的,因此根据民法公平原则的适用,应该由双方来分担。《侵权责任法》没有规定由双方来分担责任,而且规定根据实际情况,双方分担损失。在这种情况下,当事人基于公平原则分担损失。

《民法典》仍然对公平责任作了规定,但是《民法典》的规定是不同于《侵

---

① 现为《民法典》第 1186 条。

② 《民法典》2021 年 1 月 1 日施行后,《民法通则》已失效并废除,该条内容现为《民法典》第 1165 条:行为人因过错侵害他人民事权益造成损害的,应当承担侵权责任。依照法律规定推定行为人有过错,其不能证明自己没有过错的,应当承担侵权责任。第 1166 条:行为人造成他人民事权益损害,不论行为人有无过错,法律规定应当承担侵权责任的,依照其规定。

③ 现为《民法典》第 1165 条、第 1166 条规定。

④ 现为《民法典》第 1186 条,受害人和行为人对损害的发生都没有过错的,依照法律的规定由双方分担损失。

权责任法》的规定的。《侵权责任法》规定根据实际情况双方分担损失,也就是只要双方没有过错,法院就可以根据实际情况,包括双方的经济状况和损失大小来确定双方应分担的损失。这次《民法典》规定:"依照法律的规定由双方分担损失。"也就是说如果确定双方分担损失,必须有法律规定,法律没有规定的,就不能让双方来分担损失。

从《民法典》的规定来看,哪些情况下要分担损失?这是我们要分析的。实际上《民法典》中没有一个地方讲的是分担损失,讲的是给予补偿。补偿是造成损害的一方拿出一定的财产补给受损失一方,这就是分担损失。比如《民法典》在见义勇为、紧急避险中,讲的都是补偿。再比如,《民法典》侵权责任中规定,完全民事行为能力人暂时丧失意识、失去控制造成损害的,没有过错的要给予补偿。《民法典》规定高空抛物的责任时由有可能的加害人给予补偿。这些补偿都属于分担损失。一定要依据法律规定,法律没有规定的是不可以分担损失的。

损害赔偿的第二个问题是:赔偿费用的支付方式。赔偿费用的支付方式分为一次性支付和分期支付,一次性支付最好了,省得以后发生纠纷,但是在赔偿数额较大的时候,也会造成侵权人一次性拿不出那么多的钱来赔的问题。分期支付就会减轻一次性支付的困难,但是容易发生纠纷。分期支付的时候,被侵权人可以请求侵权人提供担保,如果没有提供担保,那被侵权人就要求侵权人一次性支付。现行法律对支付方式规定的是以一次性支付为原则,分期支付为例外。在国外赔偿支付上有定期金制度,定期金制度会涉及期间利益是不是要适用损益相抵规则的问题。而我国没有规定定期金制度,我国法律规定以一次性支付为原则,分期支付为例外,所以就不会发生定期金制度中应该分期支付,然后一次性支付的利益扣除问题,而且我国法律规定分期支付的时候被侵权人可以要求提供担保,侵权人不能提供担保必须一次性支付,这样做的好处是可减少以后发生的纠纷。

第二十三讲　责任主体特殊的侵权责任(上)

今天我们讲的是特殊侵权责任。《民法典》采取的结构是总分结构,它有总则和各个分编,每一个分编中还是总分结合,各编中的一般规定就是"总"。侵权责任编的第一章是一般规定,第二章是损害赔偿,这两章实际上扮演总则的作用,其他是特殊的侵权责任的规定。第一章讲的是一般规定,第二章讲的是损害赔偿,第三章讲的是责任主体的特殊规定,后面是产品责任、医疗损害赔偿责任等等。

首先我们谈责任主体特殊。责任主体特殊时的责任,许多学者讲的是替代责任,替代责任就是替代别人的责任,实际上替代责任有两种情况的替代:一是人的责任的替代,直接实施侵权行为的人不直接承担责任,而是由其他人承担责任,责任人替直接实施侵害行为的人承担侵权责任。二是不是行为人直接的行为造成的损害,而是他管理管辖下的物造成的损害产生的责任是替代物承担的责任。实际上责任特殊主体这一块不全是这种情况,我在讲主体特殊的时候,有很多地方会提到替代责任的问题,实际上替代责任的情况很复杂,它到底是完全替代别人的责任还是他自己的责任?这本身就有争议,实际上真正的替代责任我觉得只有一种,即共同危险中的责任。不能证明具体的侵权人时,造成共同危险的人都要承担责任,其实只有其中一个人或几个人造成损害,其他人都没有,与这个损害都没有关系,所以原因上是替代,责任上也是替代。

一、监护人责任

无民事行为能力人、限制民事行为能力人造成他人损害的由监护人承担侵权责任,监护人尽到监护职责的可以减轻责任。监护人责任的特殊性在于直接实施侵害行为的是无民事行为能力人、限制民事行为能力人,而承担责任的人是监护人,监护人是侵权责任人。可是监护人并没有实施这个行为,他是基于监护职责而承担责任,所以有人把监护人责任叫作"监护人的替代责任"。

监护人责任的归责原则是什么?对此是有不同的观点的。从我国的法律规定来看,我比较主张无过错责任,监护人一方有没有过错都要承担责任。尽管我国法律中规定监护人尽到监护职责的可以减轻责任,这也不能说是推定过错的问题。实际上监护人尽到监护职责,说明他是没有过错的,但这里的过错跟侵权责任中的过错不是一回事,它是在履行监护职责上的过错,或者说没有尽到相应的监护义务,它可能与被监护人实施的侵害行为本身就没有多大的关系。监护人证明自己尽到监护职责是很难的,一般来说尽到监护职责就不会造成伤害。比如,无民事行为能力人是精神病人,他跑出去把人伤害了。我每天都在监护他,结果他在我上厕所期间跑了。我还能不上厕所吗?能说我尽到监护职责了吗?可以说我仍然没有尽到监护职责,我应该能想到在我离开的这段时间怎么来约束他的行为。

监护人责任是无过错责任。在监护人责任当中，实施侵权行为的人不一定是无民事行为能力人，那直接实施侵害行为的被监护人要不要承担责任？有不同的立法例，也有不同的观点。一般认为，无民事行为能力人没有责任能力，是不承担责任的，只能由监护人承担责任。如果限制民事行为能力人实施侵权行为的时候，对这个行为人有认识能力和判断能力，也就会有过错，他就应当承担责任。

从《侵权责任法》到《民法典》没有规定限制民事行为能力人、无民事行为能力人责任能力的问题。比如一个三岁小孩去玩火，他是不是就不知道玩火的危险性？有时候是很难确定的，所以法律一直没有规定责任能力的问题。实际上这个问题是很大的问题，因为这涉及刑事责任、民事责任的问题。现在的刑事责任年龄又往下降了，原来是十四周岁以上，现在对有些犯罪规定的刑事责任年龄是十四周岁以下。刑事上都要承担责任了，民事上不承担责任，这恐怕说不过去。

对无民事行为能力人、限制行为能力人承不承担责任在过错认定上和责任能力认定上有不同的看法。一般是以认识能力为标准的，你有没有判断能力？有没有认识能力？你能不能去判断、去认识？有人认为，民事责任是赔偿责任问题，有没有能力去赔偿取决于有没有财产，因此有没有责任能力、能不能承担责任，应当从行为人有没有财产上去考虑，这也是一种观点。我国法律规定是有财产的无民事行为能力人、限制民事行为能力人造成他人损害，首先以自己的财产来承担责任。对此规定，有人认为这是以有没有财产作为区分有没有责任能力的标准；还有人认为，这不是对有无责任能力的标准的规定，而是公平原则的适用，他自己有财产并且造成损害，不能让别人来承担责任，首先要用他自己的财产来承担责任，这才符合公平原则。

这两种理解都有道理，现行法律规定对精神病人还说得过去，因为精神病人往往都是成年人，他有自己的财产，有自己的收入，现在他造成了损害，先用他的财产来承担,这是说得过去的。如果是未成年人呢? 特别是在他是一个无民事行为能力人的情况下,他根本就认识不到这些。他的财产可能是别人赠与给他的,现在因为他造成损害了就完全用他的财产来承担责任,很难说是公平的,但是法律是这样规定的。如果是有财产的无民事行为能力人、限制民事行为能力人造成损害的时候,由自己的财产承担责任,不足的部分由监护人承担责任,在这种情况下,监护人承担的是补充责任。如果无民事行为能力人、限制行为能力人没有财产,那他造成的损害应当由监护人全部承担。

《民法通则》①规定,不足部分由监护人来承担,但单位担任监护人的除外。对这个除外规定有两种不同的理解:一种理解是对单位监护人不适用这个规定,被监护人的财产不足以承担全部责任的时候,单位监护人也不承担责任,不负共同责任。另外一种理解是单位担任监护人的,不论被监护人有没有财产都要承担全部责任,不能让被监护人先承担责任。我比较倾向于后面这种理解,前面一种理解是认为单位没有财产,不能让单位去承担责任。《民法典》明确规定,村民委员会、居民委员会、民政部门可以担任监护人,单位担任监护人与自然人担任监护人一样承担责任。

二、委托监护责任

委托监护责任是《民法典》新增加的,以前法律没有这一条规定。委托监护是指监护人将他的监护职责部分的或全部的委托给受托人,受托人应当按照委托协议履行监护人的职责,当然委托人也应当按照协议约定为受托人提供一定的条件。现实中例子很多,许多外地人可能把未成年子女送

---

①　现为《民法典》第 1188 条:无民事行为能力人、限制民事行为能力人造成他人损害的,由监护人承担侵权责任。监护人尽到监护职责的,可以减轻其侵权责任。

到烟台某亲戚家看管,因为烟台的教育质量比较好。我把孩子交给你,结果孩子把人家打伤了,谁来承担责任?以前的司法解释对这种情况有规定,监护人尽管将监护职责委托给受托人来履行,但是监护人的资格没有转移,他仍然是监护人,因此被监护人造成他人损害的,仍然产生监护人责任,因此监护人仍然应当要承担责任。

监护人承担责任因为他是监护人。监护人把监护职责委托给受托人来履行,受托人没有看管好无民事行为能力人、限制民事行为能力人,他要不要承担责任?他要承担责任。监护人和受托人之间的协议不能对抗第三人。被监护人侵害他人,被侵权人要求监护人承担责任时,监护人必须承担责任,他不能以受托人没有履行监护职责作为抗辩事由。他向被侵权人承担责任以后,可以按照委托协议或委托合同的约定,向受托人追偿,因为法律规定受托人没有履行协议的时候,应当承担相应的责任。

实务中若被监护人造成他人损害了,被侵权人直接要求受托人承担责任应当怎么处理?能不能让受托人先去承担全部责任,然后由受托人向监护人去追偿?从我国法律的规定来看,我觉得是不能的。如果被侵权人要求受托人承担责任的时候,受托人应该提出追加监护人作为被告的请求,因为监护人要承担责任。如果提出这项请求,法院应该追加。

我们需要注意的是,委托监护跟协议监护不一样,《民法典》总则编①中规定了协议监护,即具有监护资格的人之间通过协商达成协议确定监护人,协议确定的监护人就是监护人,他是要对被监护人实施的侵权行为承担监护责任的,而委托监护只是将监护职责委托给他人来履行,它不改变监护人的资格,监护人的资格不能通过协议转让给其他人,一定要明确这一点。后面我们会提到的校园侵权责任问题,孩子进入学校了,学校有没有

---

① 现为《民法典》第 30 条:依法具有监护资格的人之间可以协议确定监护人。协议确定监护人应当尊重被监护人的真实意愿。

监护职责？没有,学校不是监护人,你不能把监护人的资格通过协议转让出去。

三、完全民事行为能力人责任

实际上《民法典》侵权责任编第三章讲的是特殊责任主体的责任,而这一条的责任主体并不特殊。完全民事行为能力人是有责任能力的,因此他实施侵权行为的时候只要有过错,就要承担责任,通常情况下按照过错责任的一般规则,没有过错就不承担责任。完全民事行为能力人暂时丧失意识或者失去控制造成他人损害的,不应当承担责任,因为他暂时丧失意识或者失去控制对侵害发生就没有过错了。但是对暂时丧失意识或者失去控制有过错的完全民事行为能力人应当承担侵权责任,这里的过错指的不是对损害发生的过错,指的是对意识的丧失和失去控制的过错。你本来可以避免,但是你没有避免,对此你是有过错的,这时候你就要承担过错。

比如,一个人患有癫痫需要按时服药,如果不服药可能就会发作,他知道自己需要带药并定时服药,但是并没有按时服药,导致癫痫发作,结果把别人打伤了。对侵权人的伤害来讲他是没有过错的,那时候他没有意识能力,控制不了自己,但是对病的发作是有过错的,他如果按时服药就会避免这种情况,他没有按时服药才造成了这种情况,这就有过错,就需要承担责任。

如果行为人没有过错就不能承担责任,被侵权人也没有过错,那谁来承担损失？法律规定的是根据行为人的经济状况对受害人适当补偿。适当补偿就是说受害人也要承担一部分的损失。法律规定的是根据行为人的经济状况,实际上这时候不能单纯根据行为人的经济状况,还要根据受害人的经济状况、损失的大小等因素来考虑。如果损失不大,那就没有必要补偿了;如果损失较大,需要比较双方的经济状况。如果行为人的经济状况好于受害人的经济状况,那就应当多补偿一点,多承担一点;如果行为人的经济状况跟受害人的经济状况相当,差别不大,这时候的适当补偿是大家都分担一半损失。

在认定行为人对自己丧失意识或者失去控制有没有过错上,我国法律中规定完全民事行为能力人因为醉酒、滥用麻醉药品或者精神药品暂时丧失意识或者失去控制造成他人损害的时候,他是应当承担侵权责任的,视为他有过错。你只要是因为酒醉、滥用精神药品或麻醉药品而暂时丧失意识或者失去控制,你就是有过错的,你就应当承担侵权责任。这种法律上的推定,你是不能推翻的,除非有相反的事实,如果你没有醉酒、没有滥用麻醉药品或精神药品的事实,你就推翻对你过错的认定。

四、用人单位责任和劳务派遣责任

用人单位责任和劳务派遣责任是《民法典》第 1191 条规定的,这一条有两款:第一款规定的是用人单位责任,第二款规定的是劳务派遣责任。用人单位责任在其他国家和地区的法律中一般都称为雇主责任,也有人称为使用人责任,还有人简称为用人责任。我国法律为什么要规定用人单位责任?实际上我国的法律把用人单位责任分成了两部分,根据使用人是单位还是个人把它分成了两部分。如果使用人是单位,规定的是用人单位责任;如果使用人是个人,规定的是个人劳务关系责任。

用人单位责任是指用人单位对工作人员在执行工作任务当中造成他人损害的,由用人单位承担的侵权责任。按照我国法律的规定,用人单位和工作人员之间是劳动关系,用人单位包括法人、非法人组织、个体工商户,它们跟雇员都要签订劳动合同，形成劳动关系，基于这种劳动关系被使用人执行用人单位的工作任务，在此过程中造成第三人损害的，由用人单位来承担责任。

雇主责任有两种责任：一是雇员在进行工作任务中造成第三人损害的责任；二是雇员在履行工作职责、完成工作任务中自身受到损害的责任。

用人单位跟雇员之间是劳动关系，按照《劳动法》的规定需要缴纳社会保障金、工伤保险金，因此用人单位的职工自身受到损害的时候，按照《工伤保险条例》的规定，享受工伤保障待遇。也就是说职工受到损害，这部分的损失是通过工伤保险来救济的，由工伤保险给予救济后，用人单位不再承担责任，它是通过缴纳工伤保险金分散了自己的责任风险，所以我们现在讲的用人单位责任只有一种，即工作人员在执行工作任务当中造成他人损害，用人单位承担的责任。有人讲用人单位责任也是替代责任，是用人单位替它的工作人员承担的责任。有人认为，工作人员就是用人单位的职工，工作人员完成工作任务的行为就是用人单位的行为，因此用人单位的责任是自己责任，不是替代责任，这也是有道理的。

我们要注意的是责任的构成，第一，必须是用人单位的工作人员造成损害的责任，其他人造成的损害不属于这种责任；第二，工作人员造成他人损害的行为本身构成侵权行为，它要符合侵权行为的构成要件；第三，损害必须是工作人员在执行用人单位工作任务中造成的损害，损害必须发生在工作任务的执行期间。

什么算是工作任务？不能机械地来认定，只要是为完成工作任务所必须的行为都属于工作任务。用人单位的律师要求免除责任的时候，必须要证明工作人员不是因执行工作任务而造成损害，至于说他是不是按照用人单位的指示去执行工作任务的，是没有关系的。受害人一方的律师需要强调损害是工作人员在执行工作任务中造成的。

　　《民法典》特别规定了，用人单位承担责任以后，是可以向故意或有重大过失的工作人员去追偿的。《侵权责任法》中没有规定追偿的问题，司法实务当中一直是承认用人单位可以追偿的。需要注意的是，用人单位是向故意或有重大过失的工作人员去追偿，如果工作人员在执行工作任务中仅因一般过失造成他人损害，用人单位是不能追偿的。

　　劳务派遣责任是用人单位责任中的一种特殊情形，劳务派遣人员和用人单位之间是劳动合同关系，而劳务派遣人员和使用人之间是用工关系。现在劳务派遣的用工方式很常见，在这种用工方式中，接受劳务派遣的用工单位使用的工作人员在执行工作任务中造成他人损害的，由用工单位承担责任，这里讲的不是用人单位，而是用工单位。用人单位跟工作人员是有劳动合同的，而用工单位跟用工单位使用的工作人员之间是没有劳动合同的，执行用工单位工作任务的人与用人单位之间是有劳动合同的。接受劳务派遣的用工单位的工作人员在执行工作任务当中造成他人损害的，用工单位应当承担侵权责任。它承担的侵权责任和用人单位责任在构成要件上是没有区别的。派遣单位需不需要承担责任？我国法律当中规定劳务派遣单位有过错的承担相应的责任。在这种情况下，派遣单位责任承担的是过错责任，这跟用工单位责任是不同的，用工单位责任是无过错责任，是不考虑过错的。而派遣单位责任是过错责任，过错是在没有按照派遣协议派遣适当的工作人员上的过错。

　　劳务派遣单位承担责任的前提是必须是派遣人员在派遣期间在用工单位造成损害，如果他不是在派遣期间造成损害，派遣单位也不承担责任。比如，我派遣你去干半年，十二月底应该回来，结果你没有回来，还在那里继续干，我不知道，你也没有跟我说，这期间造成的损害我是不承担责任的。派遣人员执行的是用工单位自己的事务，如果是执行其他的事务，派遣单位也是不用承担责任的。派遣单位还必须在选派人员上有过错，否则也不需要承担责任。

派遣单位怎么算有过错？一般来讲，派遣协议里会规定派遣人员的条件，派遣人员必须符合这个条件。比如，派遣协议里约定派遣一个电工，结果你派了一个不具备电工资格的人来，当然是不可以的。派遣协议里约定派遣一个司机，结果你派了一个没有取得驾照的人来，当然也是不可以的。派遣协议约定派遣一个开大货车的人，结果你派了一个拿 C1 驾照的人，当然也是不可以的。但是派遣单位不对派遣人员的人格提供担保，如果他派的这个人的资格符合要求，但是因为人格上有缺陷，在执行工作任务中造成损害，那他不需要承担责任，因为他没有过错，但是协议另有约定的除外。必须是他派遣的不合格的人造成了损害，他才有过错，才能承担责任。如果他派的人当中有不合格的，也有合格的，结果恰恰是合格的人造成了损害，那他的派遣是没有过错的。比如，派了五个司机，有四个司机是合格的，有一个司机是不合格的，结果就是这四个合格的司机中有人出事了，派遣单位是没有过错的。

《民法典》的规定跟《侵权责任法》的规定有所不同，《民法典》规定派遣单位有过错的承担相应的责任，《侵权责任法》规定的是承担相应补充责任。从现行法律规定来看，派遣单位承担的责任应该属于按份责任，不是连带责任，也不是补充责任。派遣单位有过错时需要承担一定的责任份额，相应的份额是跟它的过错和行为的原因力相适应的。

五、个人劳务关系责任

个人劳务关系责任是比较特殊的。我们国家把使用人责任分成两块，个人劳务是没有劳动合同的，这不是劳动合同关系，而用人单位跟使用人和被使用人之间是劳动合同关系，我们把这种个人之间没有劳动合同关系的称为个人劳务关系。随着现代服务业的发展,特别是家政服务的发展,个人劳务关系越来越多,你跟你雇的保姆或清洁工之间都是个人劳务关系。你说你是通过家政服务公司找的,他跟家政服务公司之间可能是劳动关系,这是另外一回事。

个人劳务造成损害的责任有两种情况:一种情况是劳务提供人在提供劳务服务中造成他人损害的,由接受劳务的人承担责任,也就是由雇主来承担责任。因为雇员是为雇主提供服务的,雇员服务创造的利益是归雇主享有的,因此雇主对雇员的活动造成的损害也应当承担责任,这是报偿理论的体现,也就是利益归谁,责任也就归谁。

《民法典》规定,接受劳务人承担责任以后,可以向故意或有重大过失的劳务提供人追偿。我要强调的是这个规定跟最高人民法院的司法解释的规定不同,原来的司法解释规定故意或有重大过失的雇员承担连带责任,《民法典》没有规定承担连带责任,仍然由接受雇员的雇主承担责任,其在承担责任以后可以追偿。由雇主承担责任是比较合适的,一是报偿理论的支持;二是雇员的流动性太大了,而且雇员的经济能力也不强,所以从保护被侵权人的利益的角度来讲,让雇主来承担责任是合适的。

另外一种情况是劳务提供人在提供劳务当中自身受到损害,在这种情况下责任怎么承担? 按照现行法律的规定,如果劳务提供人自身受到损害,自己有过错的自己来承担,双方都有过错的双方承担。如果是雇员自己的过错造成的损害,当然由雇员自己承担责任。比如,我雇了一个人给我做饭吃,雇员切菜的时候把自己的手指头切断了,他让我来赔偿,恐怕不太合适。再比如,我让你来打扫卫生,你把地弄湿滑倒了,你让我来赔偿,恐怕也不合适。但是如果雇主在指示上有过错,对损害的发生双方都有过错,那么双方各自承担相应的责任。理论上曾经也有争议,有人主张雇员在提供劳务合同当中自身遭受损害的,雇主也应当承担责任,除非雇员故意或有重大过失。现行法律规定,要求谁有过错谁来承担责任,都有过错双方分担责任。

　　雇员在提供劳务当中可能会受到第三人侵害,此时第三人也应当承担侵权责任。为了保护雇员的利益,法律规定雇员也可以要求雇主给予补偿。因此,在这种情况下,劳务提供人的雇员是有选择权的,他可以选择向第三人请求侵权损害赔偿,他也可以请求雇主给予补偿。如果他要求雇主给予补偿,雇主应当给予补偿,但是他在补偿以后,有权向第三人追偿。需要注意的是,《民法典》明确规定的是补偿,在这种情况下雇主承担的不是侵权责任,而是一种补偿义务。

六、承揽人、定作人的责任

　　承揽人、定作人的责任是最高人民法院的司法解释中曾经规定的,《民法典》也作了明确规定。承揽人和定作人之间的关系,既不同于劳动关系,也不同于个人劳务关系。承揽人是以自己的物力、财力、人力,独立、自主地为定作人完成一定工作任务的。

　　承揽人在完成工作任务期间造成他人损害或者自身遭受损害的,定作人是否承担责任?一个人要盖一所房子,这个人找了一个包工队,给了包工队 10 万元,要求他们包工包料地把房子盖起来。在盖房子的过程中,施工人在上梁的时候,不小心摔伤了,房主要不要承担责任?还有一种情况,在盖房子的过程中,施工人抛砖的时候把别人打伤了,谁来承担责任?房主要不要承担责任?承揽人、定作人责任涉及的就是这些问题。

　　如果按照使用人责任,你让我过来干活,我又造成了损害,你当然要承担责任。我来干活是给你盖房子,是给你干的,利益是你所得的,损害当然由你来承担。承揽中不是这样的,承揽人是独立地完成承揽工作。因此,他应当对自身造成的损害承担责任。但是承揽人毕竟是给定作人完成的工作,因此定作人也不能完全不承担责任。

现行法律规定定作人在指示上、定作上、选任上出现过错,也需要承担责任。比如,这项工作任务有特别的危险性,一般承揽人不知道的,你应该告诉承揽人,这个任务有什么特殊危险。特殊的危险性、特殊的要求,定作人没有告知承揽人,那定作人就有过错,他需要承担责任。如果这个特殊的危险性、要求,承揽人是知道的,就不需要定作人特别告知。因为提的要求不合理而造成损害,当然是有过错的。

如果完成某项工作任务,承揽人应当具有相应资质,结果定作人没有选择有相应资质的承揽人来完成任务,那他就是有过错。比如盖房子,建筑队要有建造农村房屋的资质,但你选了一帮根本就不懂盖房子的人,那你在选任上就有过错,选任上有过错,也要承担相应的责任。

定作人有过错承担相应责任的时候,定作人和承揽人之间是一种什么样的责任关系?连带责任必须要有法律明确规定和当事人约定,因此承揽人和定作人之间的责任关系不是连带责任,他们之间只能是按份责任。定作人只能承担与他的过错和原因力相应的责任份额,也就是说如果对损害的造成,定作人完全没有过错,全由承揽人承担责任。如果损害完全是定作人的过错造成的,完全由定作人承担责任,如果双方都有过错,承揽人也有一定的过错,定作人也有过错,那应当按照过错、原因力来确定过错一方的相应责任份额。

第二十四讲 责任主体特殊的侵权责任(下)

一、网络侵权责任

网络侵权是网络时代出现的问题,但是网络侵权并不是一种特殊的侵权行为,它在构成要件上没有什么特殊性,它就是通过网络这种形式、利用了网络的平台,实施的侵害他人权利的行为。从归责原则来讲,网络侵权适用一般过错责任,网络用户或网络服务提供者实施了侵害他人权利的不法行为,而且有过错的,他才承担侵权责任。网络上实施侵权行为主要侵害知识产权、人格权,不会侵害物权。

网络用户在网络上侮辱他人、损害他人的名誉,或者传播他人的作品,侵害他人的著作权,当然要承担侵权责任。网络服务的提供者要不要承担责任?是他提供的服务,如果没有他提供网络平台,不会发生这种侵权行为。这是网络侵权责任中要解决的问题。

在网络侵权责任中有两个规则:

一是避风港原则。避风港原则指的是网络服务提供者避免承担责任的规则,即网络服务提供者在什么情况下对网络用户的侵权行为不承担责任。避风港原则包括通知规则。权利人在知道自己的权利受到网络用户侵害的时候,应当向网络服务提供者发出通知,要求网络服务提供者采取删除、遮蔽、断开链接等一些措施,防止或避免损害扩大。权利人的通知需要包括两方面的基本内容:第一,证明侵权的初步证据,以初步证明网络用户的行为侵权了,网络服务提供者一看确实侵权了,那当然应采取措施了。如何证明网络用户侵权?必须提供有关证据。第二,权利人的真实信息。为了让网络服务提供者能联系到你,要提供你的真实信息。网络服务提供者收到通知以后,会及时地采取一些措施,同时为了避免给网络用户造成损害,他需要把通知转给网络用户。权利人的通知转给网络用户以后,网络用户应该发出反通知,来证明自己没有实施侵权行为,他也要提供自己的真实信息,以便其他当事人能够联系上你。

网络服务提供者接到反通知以后,网络用户提出抗辩不承认侵权,网络服务提供者还能不能继续采取一些措施?如果继续采取这样的措施,可能会造成对用户的侵权。因此这时候法律要求网络服务提供者把反通知告诉给权利人,让权利人及时到有关部门投诉,或者向法院起诉。如果权利人在合理期间内没有向有关部门提起权利主张,也没有向法院起诉,网络服务提供者应当在合理期间内停止自己采取的一些屏蔽措施。如果他采取了这些措施,当然他对网络用户的侵权不承担责任。如果是因为权利人的过错,网络服务提供者采取的断开链接、屏蔽等措施,造成了网络用户的损害,用户可以让权利人承担责任。在这种情况下网络服务提供者对网络用户实施的侵权行为不承担责任。

二是红旗原则。红旗原则和避风港原则的作用正好是相反的,避风港原则讲的是什么情况下网络服务提供者不对网络用户的侵权行为承担责任,红旗原则讲的是网络服务提供者在什么情况下应当对网络用户实施的侵权行为承担侵权责任。实际上我们讲网络侵权特殊就特殊在网络服务提供者不是直接实施侵权行为的,直接实施侵权行为的是网络用户,他只是一个服务提供者,但他知道或者应当知道网络用户实施侵权行为而没有采取相应的措施造成损害的,应当承担侵权责任。

《侵权责任法》①关于网络侵权只有一条规定,《民法典》用了四个条文规定网络侵权,这四条中的最后一条讲的就是红旗原则。网络服务提供者承担责任的前提是他知道或者应当知道网络用户利用网络实施侵权行为侵害他人权利,没有及时地采取措施,现行法律明确规定此时他要跟网络用户承担连带责任。为什么要承担连带责任? 因为网络服务提供者知道网络用户实施这个行为侵权了,又没有采取措施,仍然提供服务,提供服务就是为网络用户侵权创造了条件,就是提供了侵权的帮助。按照《侵权责任法》②和《民法典》关于数人侵权的规定,教唆、帮助他人侵权的,承担连带责任。网络服务提供者帮助网络用户实施侵权行为的,同样应当承担侵权责任。

但是怎么算知道或者应当知道? 网络服务提供者一般没有审查义务。但是权利人知道后通知他,他就应当知道了,权利人通知了,网络服务提供者又不采取措施,那就不适用避风港原则了,应当适用红旗规则来承担责任了。

二、违反安全保障义务责任

违反安全保障义务也属于特殊侵权。违反安全保障义务是一个典型的不作为的侵权,它以负有安全保障义务为前提。有义务采取一些安全保障

---

① 《民法典》2021 年 1 月 1 日施行后,《侵权责任法》已失效并废除。
② 《民法典》2021 年 1 月 1 日施行后,《侵权责任法》已失效并废除。

措施就有作为的义务；没有采取安全保障措施就是不作为，因此造成损害要承担侵权责任。违反安全保障义务责任有几个问题需要讲一下：

首先，谁有安全保障义务？按照《民法典》的规定，经营场所的经营者、公共场所的管理者、群众性活动的组织者，他们才有安全保障义务。哪些是经营场所？进行经营活动的都属于经营场所，像银行、商场、商店、饭店都属于经营场所，经营场所是向不特定的人提供经营服务的，负有安全保障义务。

经营场所有经营时间，如果不是在经营时间内，经营者有没有安全保障义务？这恐怕要考虑，实务中有这样的例子。经营场所对不在经营时间内进入经营场所的人员也负有安全保障义务。安全保障义务是不受时间限制的，如果是在经营期间经营者肯定是有安全保障义务的，如果不在经营期间也应该对进入经营场所的人负有安全保障义务。

其次，哪些是公共场所？车站、码头、广场肯定属于公共场所，公共场所必须对公众开放，如果不对公众开放的场所就不属于公共场所。最高人民法院典型案例第 140 号中，有一个人掉进了一个水池里，那个地方是不对公众开放的，所以法院判定那个水池不属于公共场所，该场所的管理者就不对不特定的人负有安全保障义务。如果你进入了非公众场所，管理者本来就不负有安全保障义务，如果你在其中受到损害，你不能请求管理人承担违反安全保障义务的责任。

再次，群众性活动的组织者，什么是群众性活动？群众性活动主要指的是有组织、大规模的活动。比如游行，像苹果节、葡萄节等一些节日的庆祝活动，庙会、灯会，都属于群众性活动。群众性活动的组织者负有安全保障义务，如果造成了损害，组织者要承担责任。安全保障义务人违反了安全保障义务造成损害的才承担责任，怎么算违反安全保障义务？只要未尽到安全保障义务就要承担责任。你不承担责任就要证明你尽到了安全保障义务。

怎么算尽到安全保障义务？违反安全保障义务造成的具体损害可能有很多。一是管理者的设施(设备)造成损害。比如你到一个有管理者的公众场所去活动，结果被不合格的器材造成损害，这也是管理者的责任。我们看到过一些报道，宾馆或者酒店晚上没有开灯，导致房客摔倒了，经营者肯定没有尽到安全保障义务。尽没尽到安全保障义务应该根据不同的服务类型来具体分析。

最近颁布的最高人民法院典型案例 141 号的裁判要旨中指出，安全保障义务人的安全保障义务应当规定在合理的限度内，不能无限地去要求。典型案例 141 号是一个来自广东的案子，在村委会管理的范围内，有一个人到村里管理的一棵树上摘水果摔下来了，这个人把村委会告了，认为村委会违反了安全保障义务造成损害。法院审理时认为，安全保障义务应该在合理的限度内，村委会规定了不准随意上树摘水果，原告作为一个成年人完全知道，因此村委会已经尽到了安全保障义务，是不用承担责任的。

这个案子给我们很多的启示，实际上现实中发生了很多类似的案例。比如，几个小孩到水库里游泳淹死了，水库的管理者有没有责任？村子的路边上有一个水塘，有人路过这个地方，因为道路泥滑，翻车到了水塘里面，村里的管理者有没有责任？这就要考虑这些地方属不属于公共场所，属不属于经营场所？如果属于经营场所、属于公共场所，它的经营者、管理者就负有安全保障义务。他有没有履行安全保障义务，这就要考察了，如果有警示标志，采取了一些防护措施，甚至拉了防护网，应该算尽到了安全保障义务。如果他根本没有采取这些措施呢？恐怕就很难说他没有责任。

没有尽到安全保障义务，直接使受害人受到损害，安全保障义务人承担的责任是直接责任。违反安全保障义务人的责任的另外一种情况是间接责任，即现行法律中规定的因为第三人侵权造成他人损害，负有安全保障义务人没有尽到安全保障义务的，需要承担相应的责任。

我们需要注意的是,这一规定跟《侵权责任法》^①的规定有所不同。"因为第三人行为造成他人损害,第三人承担侵权责任,经营者、管理者或组织者未尽到安全保障义务的承担相应的补充义务",这一规定跟《侵权责任法》^②的规定没有什么不同,但是下面这一句是《侵权责任法》^③里没有的:"经营者、管理者或者组织者承担补充责任后可以向第三人追偿。""承担相应的补充义务"中的"相应"是跟什么相应? 按照《侵权责任法》^④的规定,我是倾向于这个"相应"是应当跟安全保障义务人没有尽到安全保障义务的过错、原因力相应,因为其承担的是补充责任。第三人应该承担责任,当第三人承担不了的时候,安全保障义务人也是承担与过错、原因力相应的这部分,他不会去承担其他的部分。比如,我的原因力占二成,那我承担 20%,占三成的话,我承担 30%。《民法典》的规定不同了,安全义务保障人可以追偿了,因此《民法典》中的"相应",我更倾向于相应于第三人承担不了或者没有承担的这部分。受害人没找到第三人,第三人是谁不知道,他只能要求你来承担。这时候你只能全部承担,或者第三人承担不了的部分,由你来承担。真正的责任人是第三人,因此可以向第三人追偿,但是第三人承担不了的时候,不能让受害人自己承担。《民法典》里的"相应"跟《侵权责任法》里的"相应",我倾向于是不同的,因为这里有追偿的问题。

第三人侵权里最主要的问题是第三人过失能不能构成侵权? 还是只能是故意才能构成? 这个问题从《侵权责任法》^⑤颁布以后就存在,到现在法律也没有明确规定。但是从解释上,有许多人主张第三人侵权发生在第三人故意,而不是过失的情形中。比如,某个商场在搞活动,商场的人很多,地

---

① 《民法典》2021 年 1 月 1 日施行后,《侵权责任法》已失效并废除。
② 《民法典》2021 年 1 月 1 日施行后,《侵权责任法》已失效并废除。
③ 《民法典》2021 年 1 月 1 日施行后,《侵权责任法》已失效并废除。
④ 《民法典》2021 年 1 月 1 日施行后,《侵权责任法》已失效并废除。
⑤ 《民法典》2021 年 1 月 1 日施行后,《侵权责任法》已失效并废除。

面湿滑,大家都在商场里抢购,其中一个顾客被另外一个顾客碰了一下,因为地太滑了,这个顾客就摔倒了。因为地滑顾客才摔倒,顾客的损害跟商场是有关系的,也确实是第三人碰了他一下他才摔倒的。在这种情况下,第三人和商场之间是补充责任关系吗? 商场承担责任以后还能去追偿吗? 显然我觉得是不可以的,因为第三人不是故意的。如果第三人的行为为故意行为,第三人应该承担责任,安全保障义务人没有尽到安全保障义务才承担相应的补充责任。安全保障义务人承担补充责任以后,还可以进行追偿,因为根本的责任人就是第三人,就是故意造成损害的行为人,安全保障义务人在这里没有尽到的安全保障义务是防范第三人侵害的保障义务,而不是其他的保障义务。

三、教育机构的侵权责任

教育机构的侵权责任是指无民事行为能力人、限制民事行为能力人在教育机构内学习、生活期间受到损害的,由教育机构承担的侵权责任。教育机构包括幼儿园、各级学校(公立的、私立的),以及其他教育机构,如经过批准的辅导班等。这种侵权责任有人叫作"校园伤害事故侵权责任",它的保护对象是无民事行为能力人、限制民事行为能力人,不包括完全民事行为能力人。

有一年我们学校有一个大学生在校园里被外面的人给伤害了,后来就有人问我学校有没有安全保障义务? 学校是没有安全保障义务的,大学生不属于教育机构的侵权责任所保护的对象。教育机构的侵权责任保护的对象必须是无民事行为能力人、限制民事行为能力人,不包括完全民事行为能力人。大学生如果在校园内受到侵害,尽管大学是教育机构,但是它不负这个责任。

教育机构的侵权责任是对在教育机构内学习、工作期间的无民事行为能力人、限制民事行为能力人所受到的人身损害的赔偿责任，需要注意的是这里的损害不包括财产损害，它只能是人身损害。比如，一个中学生在学校住宿期间从床上摔下来了，这是人身损害，会发生学校有没有侵权责任的问题。但是如果是学生的钱包丢了，或者学生的电脑被人拿走了，就不属于教育机构的侵权责任的范围。

构成这种责任要求受害人必须在教育机构内学习、生活期间受到损害。这是对时间、活动区域的限制。时间是在学校生活、学习期间，放假当然不算了，放学后当然也不算。回家的路上也不能算，不过如果是在学校的校车上的话，那就算了，校车是学校空间的延伸。前段时间有个报道，牟平某学校带着学生去熟悉农作物。如果学校带学生到地里活动期间造成损失或损害了，学校承不承担责任？要承担责任，因为该活动是校内活动的延伸。有些学校组织春游、秋游等这些活动，虽然离开了学校，但是也属于学校活动的延伸。

这种责任的主体是教育机构，教育机构包括幼儿园、各级教育的学校，也包括教育培训机构，像现在经过批准的辅导班，辅导班管理不好也是要承担责任的。这些机构不仅仅灌输知识，也有保护义务。

需要注意的是，教育机构的责任不属于监护人责任。以前有人认为，未成年人进了幼儿园或教育机构，监护人就把监护职责转给教育机构了，不是这样的，教育机构不承担监护职责，监护职责是不能转移的，但若教育机构和监护人间有委托监护关系，另当别论。教育机构跟安全保障义务人不同的地方在于，他不是对所有人的，只是对进入教育机构内进行生活、学习的无民事行为能力人、限制民事行为能力人负有特殊的安全保障义务。

对于教育机构责任的归责原则曾经有不同的观点，从《侵权责任法》①

① 《民法典》2021年1月1日施行后，《侵权责任法》已失效并废除。

到《民法典》都没有明确规定是过错责任,是过错推定责任,还是无过错责任。现行法针对教育对象是无民事行为能力人还是限制民事行为能力人采取了不同的归责原则。教育对象是无民事行为能力人的,教育机构责任的归责原则是过错推定原则。只要受害人受到了损害,就推定教育机构有过错,教育机构就应当承担侵权责任。

过错推定最大的好处是什么?原告不需要证明被告的过错,只需要证明被告给我造成了损害就可以了。原告(无民事行为能力人)受到损害要求教育机构承担责任时不需要证明教育机构有过错,而教育机构只有证明自己尽到了管理职责才可以不承担责任,也就是没有过错才可以不承担责任。

之所以实行过错推定,一是因为无民事行为能力人本身没有自己的保护能力,因此对教育机构应该赋予更高的保护义务;二是因为无民事行为能力人本身没有足够的认识能力。你让他认识教育机构是不是尽到了管理职责,他怎么能认识到?既然他认识不到教育机构尽没尽到管理职责,他怎么能负举证责任?有人认为可以让监护人代理,监护人从哪里了解事实?监护人不能从孩子那里了解,孩子是说不明白的,因此不需要让孩子讲,让教育机构讲,教育机构要证明自己尽到了管理职责。说实在的,教育机构有时候很难证明自己尽到了管理职责,一般来讲,尽到了管理职责就不会造成损害。

不同的教育机构,其管理职责应该是不一样的。比如,幼儿园、小学、中学的管理职责肯定是不一样的。如果教育对象是限制民事行为能力人,法律规定的归责原则是过错责任。限制民事行为能力人在教育机构内受到人身损害,教育机构没有尽到管理职责的,应当承担侵权责任,如果尽到了管理职责是不承担责任的。限制民事行为能力人如果受到人身损害,要求教育机构承担责任,需要证明教育机构没有尽到管理职责。没有尽到管理职责就是管理上的过错,因为限制民事行为能力人本身就有自我保护能力,在这种情况下,他对客观事物有判断认识能力,造成了损害学校有没有尽到管理职责是有判断能力的,是能够证明的。

怎么来认定是否尽到管理职责?需要根据对不同的教育机构的不同要求来确定,幼儿园对幼儿的管理职责应该要求最高,对小学生的管理职责又是另一回事。学校尽没尽到管理职责,需要根据具体的情况来看。比如,某中学组织学生上体育课,篮球架倒了,把学生砸伤了,该学校管理的设施不到位,当然要承担责任,这是绝对没有问题的。再比如,打篮球过程中两个运动员相撞,一个人把另外一个人撞伤了,学校要不要承担责任?如果让学校承担责任,那学校以后还敢组织活动吗?打篮球本来就是有风险的活动,过程中肯定会发生碰撞。

再比如初中生军训,初中生都属于限制民事行为能力人,训练当中有一个学生晕倒在地上,结果死亡了,学校有没有责任?如果这个学生体质特殊,没有人知道,训练中出现这种意外,学生倒地的时候学校马上采取措施进行救助,最后没有救过来,这时候学校有没有责任?学校是没有责任的,因为学校尽到了管理职责。如果学生的家长告诉学校,我家孩子体质特殊,孩子不能参加这些活动,但是学校仍然要求孩子参加活动,这时候学校有没有责任?学校知道但是没有尽到管理职责,这就有责任了。学校课间的时候男生跑到外面互相挤,结果把一个人挤倒,摔了一下,学校有责任吗?有人认为,学校不应该让学生在课间打闹。这就有点违反人性了,学生能不打闹吗?在学校责任上,一方面要严格加强管理,强化学校的管理职责;另一方面也是应该将学校的责任控制在合理的限度内。现在有些学校让学生课间只能在课桌旁待着,甚至最好连厕所都不去,万一在上厕所的路上倒了呢?这就是矫枉过正了。

教育机构的责任中还有第三人侵权的问题。第三人侵权造成被教育者人身损害的,如果学校没有尽到管理职责,也要承担相应的补充责任,教育机构在承担补充责任以后，可以向第三人追偿。这里的第三人必须是学校以外的人，不能是学校以内的人。也就是既不能是这个学校里面的受教育者，也不能是这个学校里面的工作人员。如果是这个学校里面的工作人员造成损害，包括体罚学生等，这就属于教育机构的侵权责任中的一种情况，即在教育机构内受到损害。

教育机构以外的人如果在脱离教育机构管理的区域造成损害，那就不会产生这个责任。这里的教育机构没有尽到管理职责，指的是在防范第三人侵害上没有尽到管理责任。比如，学校有义务设置保安人员，防止第三人闯入校园造成损害，学校没有设置相应的人员或者没有采取相应的措施，或者学校的保安人员在第三人进来的时候没有采取措施，都属于没有尽到管理职责。在这种情况下，《侵权责任法》①的规定跟《民法典》的规定是不同的，《民法典》增加了有关追偿的规定，对受害人从第三人处得不到的赔偿，教育机构应该负补充责任，当然最终的责任人是第三人。

教育机构承担责任以后有权向第三人追偿，为什么向第三人追偿？因为第三人是最终的责任人，应该负责的是第三人。为什么让教育机构承担责任？一是因为教育机构没有尽到管理职责。二是受害人可能找不到第三人或者不知道第三人。比如，第三人把在校学生打伤后跑了，第三人是谁，没人知道，或者知道第三人是谁，但是不知道第三人跑到哪里了，这怎么告？受害人只能让学校赔。在这种情况下，教育机构就只能先行赔偿了，教育机构什么时候找到第三人，什么时候再向第三人追偿。

---

① 《民法典》2021年1月1日施行后，《侵权责任法》已失效并废除。

图书在版编目(CIP)数据

郭明瑞民法讲演录/郭明瑞著.—上海：上海人
民出版社,2023
ISBN 978 - 7 - 208 - 18364 - 3

Ⅰ.①郭… Ⅱ.①郭… Ⅲ.①民法-中国-学习参考
资料 Ⅳ.①D923.04

中国国家版本馆 CIP 数据核字(2023)第 138272 号

责任编辑 冯　静　周文臻
封面设计 一本好书

郭明瑞民法讲演录
郭明瑞 著

出　　版　上海人民出版社
　　　　　(201101　上海市闵行区号景路 159 弄 C 座)
发　　行　上海人民出版社发行中心
印　　刷　上海商务联西印刷有限公司
开　　本　787×1092　1/16
印　　张　19.5
插　　页　2
字　　数　239,000
版　　次　2023 年 9 月第 1 版
印　　次　2023 年 9 月第 1 次印刷
ISBN 978 - 7 - 208 - 18364 - 3/D·4150
定　　价　88.00 元